普惠金融研究前沿系列丛书

U0874775

数字金融能力与家庭福祉

曾恋云 著

中国金融出版社

责任编辑：贾　真
责任校对：孙　蕊
责任印制：陈晓川

图书在版编目（CIP）数据

数字金融能力与家庭福祉/曾恋云著．—北京：中国金融出版社，2023.12

ISBN 978－7－5220－2248－2

Ⅰ.①数…　Ⅱ.①曾…　Ⅲ.①数字技术—应用—金融业—研究　Ⅳ.①F83－39

中国国家版本馆CIP数据核字（2023）第241269号

数字金融能力与家庭福祉
SHUZI JINRONG NENGLI YU JIATING FUZHI
出版发行　中国金融出版社
社址　北京市丰台区益泽路2号
市场开发部　（010）66024766，63805472，63439533（传真）
网上书店　www.cfph.cn
（010）66024766，63372837（传真）
读者服务部　（010）66070833，62568380
邮编　100071
经销　新华书店
印刷　河北松源印刷有限公司
尺寸　169毫米×239毫米
印张　14.25
字数　217千
版次　2023年12月第1版
印次　2023年12月第1次印刷
定价　52.00元
ISBN 978－7－5220－2248－2

鸣谢

上海仁达普惠金融发展研究基金会资助出版

摘要

当前及未来一段时期，我国家庭福祉的不确定性加剧，突出表现在以下几个方面：第一，“发展不平衡不充分的问题”①。新冠疫情之前，我国正处在绝对贫困不断减少、相对贫困有所增加的阶段，而新冠疫情则给拓展脱贫攻坚成果带来了新的挑战。第二，产业与劳动力市场变迁。从“零工经济”的兴起，我们已经看到了社会经济形态变迁及其背后的收入不稳定特征，对我国家庭金融规划和准备提出的新要求。与此同时，当前多达两亿人的“灵活就业”从业人员面临更为严峻的生存压力，他们可能无暇顾及家庭未来的金融规划。第三，我国也是一个正在加速老龄化的社会。以上情况表明，我国家庭需要自身在金融规划和准备上肩负更大的责任，而从调查数据可以看出，相当一部分家庭的金融规划和准备是不足的。那么，这样的情况是金融排斥引起的吗？事实上，近年来我国数字金融的发展为包容服务弱势群体带来了巨大机会。然而，面对这种“破坏性变化”，不仅监管部门和传统机构需要作出调整，金融消费者也需要在能力上进行提升。他们可能表现为理财参与率低、数字信贷使用不恰当或数字金融风险意识和应对能力不足等。根据上述时代背景，以及T20②、亚洲开发银行研究所、世界银行扶贫协商小组③等国际智库对数字金融素养的前沿关注，本书提出了数字金融能力与家庭福

---

① 新华社，2020年12月3日，《中共中央政治局常务委员会召开会议 听取脱贫攻坚总结评估汇报 中共中央总书记习近平主持会议》，国务院扶贫开发领导小组办公室网站。

② T20，即Think20，是二十国集团（G20）的研究和政策咨询网络。

③ 世界银行扶贫协商小组（Consultative Group to Assist the Poor，CGAP），是由30多个主要发展组织组成的全球伙伴关系，致力于通过包容性的金融服务来改善穷人的生活。

祉的关系这个研究课题。首先，文献综述部分结合跨学科理论演进对福祉的含义和理论背景进行了评述，辨析了家庭福祉和数字金融能力的概念和理论基础，并梳理了数字金融能力与家庭福祉关系的理论基础和实证证据。其次，理论框架部分根据人力资本理论、实证证据、经济原理及类似的理论研究，阐释了数字金融能力作为一种数字时代人力资本的合理性和重要性，构建了包含数字金融能力投资的生命周期模型，并通过纳入对相对消费和金融行为的考虑，进一步将效用模型拓展为以福祉最大化为目标变量的家庭福祉模型。最后，实证研究部分对理论模型进行了验证，并为我国家庭数字金融能力建设提供了影响因素分析、国际经验总结和政策建议。

按照递进式的研究逻辑，本书共包含 7 章，各章节内容安排和主要结论如下。

第 1 章，导论。本章首先介绍了研究背景，明确了理论意义和现实意义；其次介绍研究思路、研究框架及研究方法；最后总结了本书研究创新和局限。

第 2 章，文献综述。本章首先对福祉的含义及其在社会科学中的理论背景进行了分析，比较了社会福祉指标和微观福祉指标的优缺点，明确了微观福祉的理论基础和研究价值。其次，对家庭福祉相关概念进行了辨析，明确了家庭福祉与个人福祉的区别，探讨了主观福祉和客观福祉分别包含的维度，并进一步辨析了关于客观福祉的四个重要问题。再次，围绕数字金融能力，比较了电子金融、互联网金融和数字金融三个概念以明确本书所称数字金融的含义，梳理了从数字能力、金融能力到数字金融能力相关研究的演进历程，明确了研究数字金融能力的意义，并尝试在比较相关概念的基础上，对数字金融能力进行界定。在此基础上，梳理了数字金融能力与家庭福祉关系的理论基础。最后，通过总结实证研究中的经验证据，对数字金融能力可能通过减少相对贫困、改变金融行为而影响家庭福祉分别进行了讨论。

第 3 章，理论框架。本章首先基于人力资本理论、实证证据、经济原理以及类似的理论研究，阐释了数字金融能力作为一种数字时代人力资本的合理性和重要性。其次，构建起包含数字金融能力投资的两期生命周期模型，通过消费者剩余和无差异曲线图分析了数字金融能力投资如何通过实际收入效应、财富积累效应和缓解流动性约束效应提升生命周期效用最大化水平。最后，通过纳入对不完全理性的考虑，结合数字金融能力对相对消费和金融行为的影响，将上述生命周期模型拓展为以福祉为最大化目标变量的家庭福祉模型，并通过横向和纵向的相对消费论述了数字金融能力可能通过减少以消费衡量的相对贫困来影响当期福祉，通过促进积极的金融行为来提升对未来福祉的预期和掌控感。相应地，当期非理性的过度消费偏好或缺乏积极的金融行为，会有损于生命周期的福祉水平。由于数字金融能力的提升受到初始数字金融能力、个体天然能力禀赋、努力或时间投入、货币投入、其他人力资本存量以及社会环境条件的共同影响，而不同的弱势群体通常在个体禀赋条件各方面存在不同的困难，那么，弱势群体的数字金融能力投资可能需要不同程度的社会环境条件支持或公共服务提供。

第 4 章，数字金融能力对相对贫困的影响。本章主要采用中国家庭金融调查数据，首先检验了家庭数字能力和金融能力的反贫困作用及其交互效应。结果表明，在处理内生性问题的前提下，数字能力和金融能力均显著地减少相对贫困发生概率；交互效应显示，在数字能力或金融能力越低的水平上，相对贫困群体占比越大，另一种能力减少相对贫困的条件边际效应也越大，这种交互特征将有助于缩小贫富差距。其次，本章首次对数字能力和金融能力的交融部分——“数字金融能力”进行衡量，检验结果显示，提升数字金融能力会显著减少相对贫困发生概率，并且对弱势群体的减贫效应更大，间接作用渠道包括提升收入、促进财富积累、缓解流动性约束以及影响购物渠道，最终减少以消费衡量的相对贫困的发生概率。最后，通过将被解释变量从是否相对贫困替换为相对贫困深度、创新地引入高斯联结函数（Gaussian Copula）方法处理内生性的方式验证了模型结果的稳健性，并通过补充数据检验发现数字金融风险意识的提升更有利于投资者实现风险收益匹配、风险程度适中的收益水平。本章实证结果值得反思的是，对相对贫困群体而言，如果数字金融能力仅达到了参与数字交易的水平，而未达到参与多样化投资的程度，那么由数字金融能力促进的更高的消费意愿有可能不利于家庭为意外、医疗、养老等家庭金融规划做好准备。在家庭福祉不确定性加剧的当下，相关能力建设项目需要格外关注更高层次数字金融能力的培养。

第 5 章，数字金融能力影响家庭福祉的作用渠道——相对贫困与金融行为视角。本章继续采用中国家庭金融调查数据，实证研究数字金融能力是否通过减少相对贫困、促进金融行为来影响家庭福祉。首先检验了对于家庭福祉而言，绝对消费和相对消费的不同作用，结果显示绝对消费水平与家庭福祉之间没有显著关系，而在处理内生性问题的前提下，相对贫困深度越深的家庭越不幸福。其次检验了数字金融能力、相对贫困、金融行为与家庭福祉的传导关系，结果显示数字金融能力同时通过减少相对贫困、改变金融行为来影响家庭福祉。其中，以消费衡量的相对贫困代表的是家庭当前的经济状况，金融行为影响的是家庭对未来财富的预期。因此，数字金融能力对当下家庭福祉的影响，既包含对当前经济状况的满意度，也包含对未来财富的预期和掌控感。

第 6 章，我国家庭数字金融能力建设——影响因素分析、国际经验总结及政策建议。本章首先通过统计分析发现，即使在以“数字原住民”为代表的年轻群体中也存在明显的数字金融能力“鸿沟”。虽然数字金融服务具有低门槛、低成本的特征，传统上居住在农村、低收入、低资产、低教育程度等弱势群体依旧是数字金融能力的弱势群体。基于 3.1 节提出的数字金融能力投资的生产函数，对我国家庭数字金融能力的影响因素进行研究，结果表明数字能力和金融能力对数字金融能力具有正向的交互促进作用。一方面验证了数字金融能力是数字能力和金融能力的交融部分，另一方面也揭示了数字金融能力可能“强者愈强”的特征。相应地，由于数字金融能力关系家庭福祉，外生干预可能是必要的。根据分组检验结果，短期而言，直达社区/村层面的外生干预对提升农村家庭和低收入家庭的数字金融能力可能更为有效。长期而言，农村和低收入地区教育条件的改善、教育机会的丰富、教育视野的开阔可能是改善诸多问题的根本之道。其次，本章总结了提升数字能力和金融能力的国际经验，并提出了我国家庭数字金融能力建设的政策建议。

第 7 章，结论及研究展望。本章归纳全书结论，并尝试指出了进一步研究方向。

本书的贡献主要体现在以下层面。

(1) 本书首次提出了数字金融能力的概念，并基于人力资本理论，阐释了数字金融能力作为一种数字时代的人力资本的合理性和重要性。

(2) 本书拓展了 Delavande、Rohwedder 和 Willis (2008)，Lusardi、Michaud 和 Mitchell (2017) 关于金融素养的生命周期模型，基于对当下数字金融供给与需求的观察，指出了数字金融能力超越金融素养的层面，并通过对实际收入效应、财富积累效应和缓解流动性约束效应的分析，相对全面地搭建起包含数字金融能力投资的生命周期模型，更充分地体现出数字时代的家庭经济活动特征。

（3）在 Ng（2003）福祉模型的基础上，本书纳入了对数字金融能力、横向和纵向的相对消费、金融行为的讨论，将上述生命周期模型进一步拓展为以福祉作为最大化目标变量的家庭福祉模型。Ng（2003）指出，停留在偏好层面而没有深入福祉的层面的福祉经济学是不完整的。本书为福祉层面的研究作出了新的尝试。

（4）本书首次尝试了同时分析数字能力和金融能力对家庭相对贫困的影响，以及两种能力的交互效应，揭示了对缩小贫富差距的启示，并由此引出对数字金融能力的进一步实证分析，首次检验了数字金融能力对家庭客观福祉（相对贫困）和主观福祉（幸福）的影响效应和相应的作用机制。

（5）本书首次对数字金融能力建设的相关问题进行探索，包括哪些社会群体是数字金融能力的弱势群体，对不同的社会群体而言更有影响力的驱动因素，国际上有哪些相关经验，以及我国家庭的数字金融能力建设可以从哪些方面着手。

关键词： 数字金融能力　相对贫困　金融行为　家庭福祉　数字金融能力建设

目录

第1章 导 论

1.1 研究背景

1.1.1 家庭福祉的不确定性加剧

当前，我国仍存在“发展不平衡不充分的问题”。2019年新冠疫情暴发之前，我国正处在绝对贫困不断减少、相对贫困有所增加的阶段（Piketty、Yang和Zucman，2019；李实、李玉青和李庆海，2020）。而意料之外的新冠疫情正在使世界脱贫事业失速，甚至倒退。世界银行在2020年8月发布警告称，新冠疫情可能导致1亿人重新陷入极端贫困。联合国机构发布《2020年世界粮食安全和营养状况报告》提出，到2020年底，约有8300万人至1.32亿人因新冠疫情引发的经济衰退而挨饿。事实上，新冠疫情只是众多不确定性中最引人注目的一个。随着2020年11月23日我国所有贫困县全部脱贫，当下和未来一段时期，除了“发展不平衡不充分的问题”，我国亿万家庭[①]之福祉[②]还可能面临其他不容忽视的威胁。

“零工经济”的兴起与大量“灵活就业”从业者的涌现正在对社会保障体系形成挑战。世界银行发布的《2019年世界发展报告》提出，未来劳动力市场将日益变成零工，如何投资人力资本、提高全球竞争力将成为各国面临的重要问题。近年来，数字经济的发展也为我国“零工经济”的兴起提供了适宜的土

① 本书将家庭定义为共享收入、共担支出的家庭成员组成的团体。相应地，家庭规模可多至几世同堂，也可只有1人，取决于是否共享收入、共担支出。

② 福祉的定义参见2.1节、2.2节及附录1。

壤，实际上，这正是“共享经济”“平台经济”背后劳动力市场的一项重要特征。与此同时，2020 年 8 月，国家人力资源和社会保障部等部门数据显示，我国灵活就业从业人员规模达 2 亿人左右。他们当中，小商小贩多、生活服务业就业多、大龄失业人员多，抗风险能力弱。无论是零工，还是灵活就业从业者，他们都具有收入相对不稳定的特征，需要自身肩负起更大的家庭金融规划责任。而在经济结构调整、新冠疫情冲击及不确定的国际局势背景下，生存的压力更可能挤出这些家庭对未来教育、医疗、养老以及意外风险对冲的考虑。

人口结构的变迁也可能威胁未来家庭福祉。虽然目前我国人口老龄化比例距离诸多发达国家尚有距离，但中国社会科学院发布的《人口与劳动绿皮书：中国人口与劳动问题报告 No. 20》显示，“十四五”时期我国劳动力供给侧与需求侧均出现重大变化，人口老龄化加速，劳动年龄人口持续减少，就业总人口出现下降。这意味着，未来一段时期，劳动力市场中的家庭可能承受更大的经济压力，而日益扩大的老龄群体也需要提前对不确定性有所防范。

面对加剧的不确定性，所有家庭都应该在金融规划上有所准备。而从调查数据来看，相当一部分的家庭都存在准备不足的情况。例如，一直以来我国居民都被认为偏好储蓄，似乎家庭的流动性投资应该较为充足。然而，根据 2017 年的中国家庭金融调查数据（CHFS），流动性投资[①]超过 3 个月消费支出的家庭仅占约 48%。除此之外，商业保险参与率为 15%，参与了其他任何一种金融投资的比率仅为 11%。以上数据足以体现我国家庭金融准备的缺乏。相应地，准备越不充足的家庭就处在越大的风险暴露中，其福祉就越受到运气或环境的支配。

1.1.2 数字金融发展带来机遇与挑战

近年来，数字金融[②]的发展为提升金融包容性带来了机会。其中，数字支付是我国数字金融发展最为突出的领域。麦肯锡全球支付报告指出，中国成为全球数字支付行业收入增长的引擎，如此强劲的增长也给商业世界带来了突出的“破坏性变化”（Bansal、Bruno、Denecker、Goparaju 和 Niederkorn，2018）。当早点摊、菜市场都码商遍布时，我们也确实可以窥探到基于

① 流动性投资的定义参见 4.3.2 小节。

② 数字金融的定义及与电子金融、互联网金融相比较的概念辨析参见 2.3.1 小节。

更多数据积累的数字金融未来。

数字金融发展的挑战在于数字支付之外，突出体现在以下三个层面。

第一，当互联网理财已经具备了低门槛、低成本的特征，公众的理财参与率却依旧较低。根据 2020 年第二季度的《中国家庭财富指数调研报告》，2019 年我国家庭互联网理财产品参与率为 11.3%，虽然相较前两次调查数据已经出现了稳步提升，但仍然处于较低的比例。对互联网理财参与率的关注并非意味着所有家庭都应该参与，而是观察到在传统投资渠道存在诸多额度门槛和成本限制的情况下，互联网理财有望成为提升包容性的有效渠道。除此之外，在 2019 年新冠疫情隔离措施的倒逼下，众多金融机构都更加深刻地感受到业务线上化的紧迫感。越来越多的金融业务线上化运营则意味着服务入口的迁移和可得性场景的变化。从上一小节提到的调查数据可以看出，除存款和商业保险外，目前参与了任何一种金融投资（不限渠道）的家庭比例整体还较低。而从长期来看，金融投资收益率的微小差异都可能导致家庭财富的进一步分化。因此，适应和运用互联网理财服务可能是诸多经济弱势家庭尤其需要关注的。

第二，数字信贷变得越来越容易获取，而消费者认识和管理数字信用的能力却未同时提升。近年来，不仅银行信用卡发卡量不断提升，越来越多的互联网平台也开始提供信贷服务。信用扩张的效果同时见于各类供应商显著增长的利息收入，以及一些银行信用卡不良率的抬头。参照部分发达国家信用卡市场发展的经验教训，消费信贷快速扩张的时期，既可能是消费推动经济繁荣的阶段，也可能同时是众多家庭陷入债务泥潭的过程。从公开数据来看，我国数字信贷（含数字消费信贷）的使用率已经明显超过互联网理财的使用率。而从部分网友对数字信贷记录接入征信系统的态度可以看出，在此之前，数字信用并没有被珍视和恰当地管理。以史为鉴，我们是否可以在消费信贷扩张的进程中做得更好？让更加灵活的数字信贷真正发挥缓解流动性约束、增进福祉的功能，而不是助长过度的消费主义和增加债务负担。

第三，消费者的数字金融风险意识及应对能力也有待提升。数字金融服务在带来便捷与包容的同时，也可能会减少消费者置身一项事关风险的活动的意识。尤其是从截至目前的数字金融发展演进特征来看，最容易渗透的往往是那些以非纯粹金融服务获客的模式，即数字金融服务往往融入了一个个数字生活场景当中。相较从前“高冷”的金融服务，更低门槛、更贴近需求的服务固然是更“友好”的，但在金融科技领域的开拓者不断创新的同时，也出现了层出不穷的“高仿”骗局，这就要求消费者有能力去识别服务的性质和供应商的资质，明确使用服务的风险与权责。

通过上述三个层面的观察可以看出，虽然数字金融的发展为缓解金融排斥带来了机遇，但面对这种“破坏性变化”，不仅监管部门和传统机构需要作出调整，金融消费者也需要提升能力。尤其对于原本受到金融排斥的群体而言，这种能力的差异很可能意味着家庭资源配置效率和福祉的差异。

1.1.3 数字时代的人力资本外延正在拓展

1947 年出版的《乡土中国》（费孝通著）曾指出，“最早的文字是庙堂性的，一直到目前还不是我们乡下人的东西”。并且认为，“如果中国社会乡土性的基层发生了变化，也只有发生了变化之后，文字才能下乡”。费孝通想要表达的是，因为当时的乡土社会圈层小，不需要文字符号，只需要语言就可以很好地传情达意，所以“文字下乡”会收效欠佳。

反观数字技术的发展，最早的智能设备和通信服务都是为相对富裕的群体所享有的。那么，当下情况是否已经发生了改变？我们可以观察到的是，随着智能设备和通信服务的价格不断下降，越来越多的普通家庭真正进入了“数字时代”。数字化已经在深刻地改变着亿万个家庭的生活方式。尤其是依旧不确定的疫情状态，催化了信贷、理财、保险、信托等各种金融业务的全流程数字化探索。那么，面向未来，是否大多数家庭都需要合理使用数字金融产品和服务的能力？这个问题的答案取决于是否大多数家庭都会逐渐参与到数字经济生活当中。当家庭参与到数字经济生活中时，就可能接触到各类数字金融风险，也更可能接触到更加容易获取的数字信贷和让人眼花缭乱的数字金融投资产品。

之所以提到“文字下乡”的例子，是因为目前的情形与当年有类似之处。只是更好地适应时代变革、运用技术的能力尚未被广泛地视为一种人力资本。实际上，一些国际智库已经认识到了这种人力资本对于未来家庭福祉的重要性。例如，在 2019 年的 T20 会议中，Morgan、Huang 和 Trinh（2019）提出了对“数字金融素养”的关注。他们认为“数字金融素养”将会在数字时代的教育中变得愈加重要。尤其是“零工经济”盛行的前景下，人们需要更多地为自身的金融规划负责任。消费者也需要更多地使用金融科技产品、防止金融欺诈的经验。他们建议 G20 国家共同制定评估工具，推动数字金融教育，并重点面向弱势群体。

综上所述，当前我国广大家庭之福祉正面临加剧的不确定性，需要在家庭金融事务中做更好的准备，但相当部分的家庭准备不足。数字金融的发展为改善这种情况带来了机会，而众多家庭却缺乏合理运用数字金融产品和服务的能力。他们可能表现为理财服务参与率低、数字信贷的使用不恰当或是数字金融风险意识和应对能力不足，难以实现数字金融服务可以带来的价值。合理运用数字金融服务的能力应该被视为一种数字时代的人力资本。本书对这种人力资本与家庭福祉的关系展开研究，并为相关能力建设提供理论与实证参考。

1.2 研究意义

1.2.1 理论意义

Atkinson（2011）曾在顶级经济学期刊上大声疾呼，号召福祉经济学回归到经济学者的研究日程当中，并且在经济学教学中占据相当位置。尤其是应该为事关人类福祉的表态提供符合道德标准的理由和证据。Ng（2003）研究指出，福祉经济学是不完整的，因为只停留在研究偏好的层面，而没有真正深入福祉（幸福）的层面，福祉才是终极目标。

需要特别说明的是，本书所称“福祉经济学”即英语中的“Welfare economics”。中文经济学书籍习惯将其翻译为“福利经济学”。根据词义及该学科的起源、演进以及发展趋势，本书认为使用“福祉经济学”更为适合。首先，从词义来看，在朗文、牛津、柯林斯英语词典中，“Welfare”的首要释义是福祉（Well-being）或者说康宁、幸福，第二、第三释义才是指主要由政府提供的各种福利。那么，接下来看这个多义词在“Welfare economics”中应该取何释义。该学科的历代学者围绕“Social welfare function”和“Welfare”的最优分配进行了长达一个世纪的争论。那么，他们讨论的“Welfare”是什么？按照庇古的定义，是“Satisfaction utility”（Pigou，1912），即满意度效用。按照近半个世纪在该领域作出了卓越贡献的华人经济学家黄有光的定义，是福祉、幸福、快乐（Ng，2004 及其中译本）。从本质上看，福祉经济学研究的是“Social welfare”在不同经济状态下更高或更低的学科。在这个意义上，“Welfare”显然应该取“Well-being”的释义，即福祉经济学研究的是社会福祉的高低，而不是政府福利在不同经济状态下的高低问题，政府福利只是实现不同社会福祉的渠道之一。此外，随着心理学、行为经济学等相关学科的发展，经济学领域也逐渐增加对人的心理和行为层面的关注，而不局限于围绕“利”的理性经济人假设。尤其是在福祉经济学中，最大化的目标正在从围绕消费偏好的决策效用，拓展到研究更为终极的福祉（幸福）层面。在2015年诺贝尔经济学奖获奖致辞中，因福祉经济学领域的研究获此殊荣的Angus Deaton特别提道，“我相信这些作品有着内在的统一性。它涉及福祉（Well-being)，曾经被称为（Welfare）……”（Deaton，2016)。可见Welfare economics中Welfare的含义实际为福祉（Well-being)。

本书深度结合对当下时代的技术背景与社会经济背景的观察，尤其是家庭福祉的不确定性加剧，家庭金融准备不足，数字金融发展带来机遇与挑战，通过阐释和定义数字金融能力，将其纳入数字时代的人力资本分析当中，丰富了人力资本研究的范畴。在此基础上，构建了数字金融能力与家庭福祉关系的理论框架，并围绕理论框架实证研究了数字金融能力减少相对贫困的效应和作用渠道，数字金融能力、相对贫困、金融行为和家庭福祉的传导关系，以及数字金融能力的影响因素，最后为数字金融能力建设提供了相关国际经验总结和政策建议。

福祉的分配、公共政策的制定和公共物品的提供是福祉经济学的重要研究领域。本书的研究指出了数字金融能力在客观福祉和主观福祉分配中的重要作用，但同时提供了理论分析和实证证据说明依靠家庭（尤其是弱势家庭）自身进行数字金融能力这种人力资本的投资可能存在困难，需要公共政策的关注和公共服务的提供。不过，这种人力资本投资并非一次性的转移支付，而是能够产生自我强化效应的“人的资源”。

总体而言，本书丰富了人力资本研究的范畴，为福祉经济学研究提供了贴近时代背景的理论拓展和实证经验。

1.2.2 现实意义

本书的现实意义体现在以下四个方面。

一是启发社会各界对数字金融能力的关注。在数字金融的发展为提升金融包容性带来巨大机会的背景下，我们需要注意到数字金融领域存在特别的知识、技能，也存在特别的风险，因此有必要对数字金融能力进行特别关注。在当今社会中，更好地管理家庭经济资源的能力实际上已经不再是一项“锦上添花”的能力，而是所有人应该具备的人力资本。在家庭的经济资源存在差异的情况下，人力资本的差异可能会进一步加剧经济资源的差异。

二是为后疫情时代的减贫事业提供参考。新冠疫情暴发之前，我国正处在即将消除极端贫困，但距离共同富裕还有相当距离的阶段。当前尚未结束的新冠疫情为世界减贫事业带来了新的挑战。本书将相对贫困以及相对贫困深度作为家庭福祉的客观指标，详细地分析了数字金融能力减少相对贫困的效应以及作用渠道，提出了数字金融能力建设需要注意的问题，尤其是关于不同层次的数字金融能力与家庭长远客观福祉关系的讨论，可以为后疫情时代的减贫事业提供有益的参考。

三是为我国数字金融能力建设的重点和方法提供了实证证据、国际经验和政策建议。国际上关于数字金融能力的研究还处在萌芽阶段。本书明确了我国数字金融能力建设的重点人群、重点领域，以及对于不同社会群体的数字金融能力而言，更有影响力的驱动因素。在此基础上，总结了关于数字能力和金融能力建设的国际经验，结合我国的实际情况，提出了较为具体的我国数字金融能力建设的政策建议。

四是为宏观经济的长远发展提供了人力资本和家庭福祉层面的微观思辨。数字金融能力的公共投资有利于家庭更好地管理家庭经济资源，更好地应对不确定性，从而提升幸福感。众多心理学研究表明，人在幸福、快乐的状态下才会有更高的生产率、更大的创造力。与之相反，如果众多家庭都处在风险暴露当中，他们会更多地生活在生存的焦虑中。数字时代的种种消费繁荣容易让人沉醉其中，这是广大家庭只具备了参与数字交易的能力，而不具备更高层次的管理数字信用、数字金融风险以及家庭资产组合的能力时更容易出现的。真正的可持续发展需要人力资本的提升，需要技术进步，需要更高的生产率和创造力。家庭是宏观经济的微小细胞，是科学家、高级技师、管理人才的来处和归处。如果众多家庭都主要凭借运气而不是依靠能力来管理家庭经济资源，家庭福祉会处在更大的不确定性中，而家庭福祉的剧烈波动会限制家庭自身的各类人力资本投资选择。最终，宏观层面，则可能损失经济高质量发展所需的人力资本，还有可能因为大量的非理性金融行为而危及金融稳定。因此，数字金融能力投资不仅仅关乎数字时代的公平问题，也关乎宏观经济的长远高质量发展。

1.3 研究思路与研究框架

1.3.1 研究思路

本书遵循“观察社会经济现象—提出初始研究问题—阅读文献—确定核心研究问题—梳理和评述文献背景—构建理论框架—提出实证问题—进行实证检验—总结研究结论和启示”的研究思路。

在观察到家庭福祉的不确定性加剧、数字金融发展带来机遇与挑战的基础上，笔者首先提出了“如何让数字金融的红利增进广大家庭福祉”的基本问题。通过梳理国内外文献，发现了国际智库对“数字金融素养”的前沿关注，认识到数字金融发展面临的挑战很可能与能力不适应密切相关。由此，初步引出本书的核心研究问题——数字金融能力与家庭福祉的关系。

第 2 章和第 3 章是本书的理论部分。第 2 章首先非常简要地探讨了福祉的含义及其在社会科学中的理论背景，尤其是在福祉经济学发展历程中关于基数效用和序数效用的长期争议和启示，明确了福祉的含义及微观福祉的研究价值。其次，基于文献综述对本书所涉及的家庭福祉和数字金融能力概念进行了辨析。最后，分析既有研究为数字金融能力可能如何影响家庭福祉提供的思路和证据，总结出两条主要的作用渠道。第 3 章着重提出本书的理论框架，首先阐释了数字金融能力作为一种数字时代人力资本的合理性和重要性；其次在经典微观框架下，构建包含数字金融能力投资的生命周期模型，分析数字金融能力投资的实际收入效应、财富积累效应以及缓解流动性约束的效应；最后进一步纳入对相对消费、金融行为的考虑，将上述经典生命周期模型拓展为以福祉为最大化目标变量的家庭福祉模型。

在理论框架的基础上，本书提出了三个实证问题，并在第 4 章至第 6 章予以检验和分析。

第一个实证问题是，数字金融能力是否有利于增进家庭的客观福祉？通过哪些渠道增进家庭的客观福祉？这些渠道是否包括提升收入、积累财富和缓解流动性约束？以消费衡量的相对贫困以及相对贫困深度作为家庭的客观福祉指标，第 4 章首先实证检验了数字能力和金融能力对相对贫困的交互影响，指出了这种交互影响缩小贫富差距的作用。其次，引出数字能力与金融能力的交融部分——数字金融能力，并检验了数字金融能力的减贫效应和作用渠道，验证了数字金融能力可以通过提升收入、促进财富积累、缓解流动性约束和影响购物渠道来减少家庭相对贫困的概率。在稳健性检验中，分析了在相对贫困群体中，数字金融能力减少相对贫困深度的效应、作用渠道，以及在不同社会群体中的异质性。通过比较不同作用渠道的间接效应占比，讨论了未来数字金融能力建设需要关注的层面。此外，基于补充数据，进一步检验了数字金融风险意识与投资收益水平的关系。

第二个实证问题是，数字金融能力是否通过减少相对贫困、影响金融行为来增进家庭福祉（幸福）？因为根据第 3 章的理论分析，数字金融能力除了影响家庭的客观福祉，还会通过家庭的金融行为来影响家庭对未来财富的预期和掌控感。第 5 章首先比较了家庭绝对消费和相对消费（以相对贫困衡量）与家庭福祉的关系，发现绝对消费越多，家庭福祉并不会显著增加，而相对贫困却与家庭福祉显著负相关。其次，通过结构方程模型，检验了数字金融能力通过减少相对贫困、影响金融行为来增进家庭福祉的关系。在稳健性检验和异质性分析中，本书进一步通过替换解释变量构造方式的形式，检验了研究结果的稳健性，并较为详细地讨论了异质性分析的启示。

第三个实证问题是，如何进行数字金融能力建设？第 6 章将这个问题的解析拆分为若干步骤：首先，分析了哪些群体是数字金融能力的弱势群体，尤其是在所谓的“数字原住民”中数字金融能力的分布状况。其次，实证检验了对于不同社会群体而言更有影响力的驱动因素。在此基础上，总结了国际上关于提升数字能力和金融能力的经验教训。最后，综合本书研究结果、国际经验及我国实际情况，提出了我国数字金融能力建设的政策建议。

第 7 章对本书所有结论进行了总结，并提出了进一步研究方向。

1.3.2　研究框架

图 1-1 按照章节顺序，直观地展示了每一章的研究内容。本书基于该框架开展全书的研究。

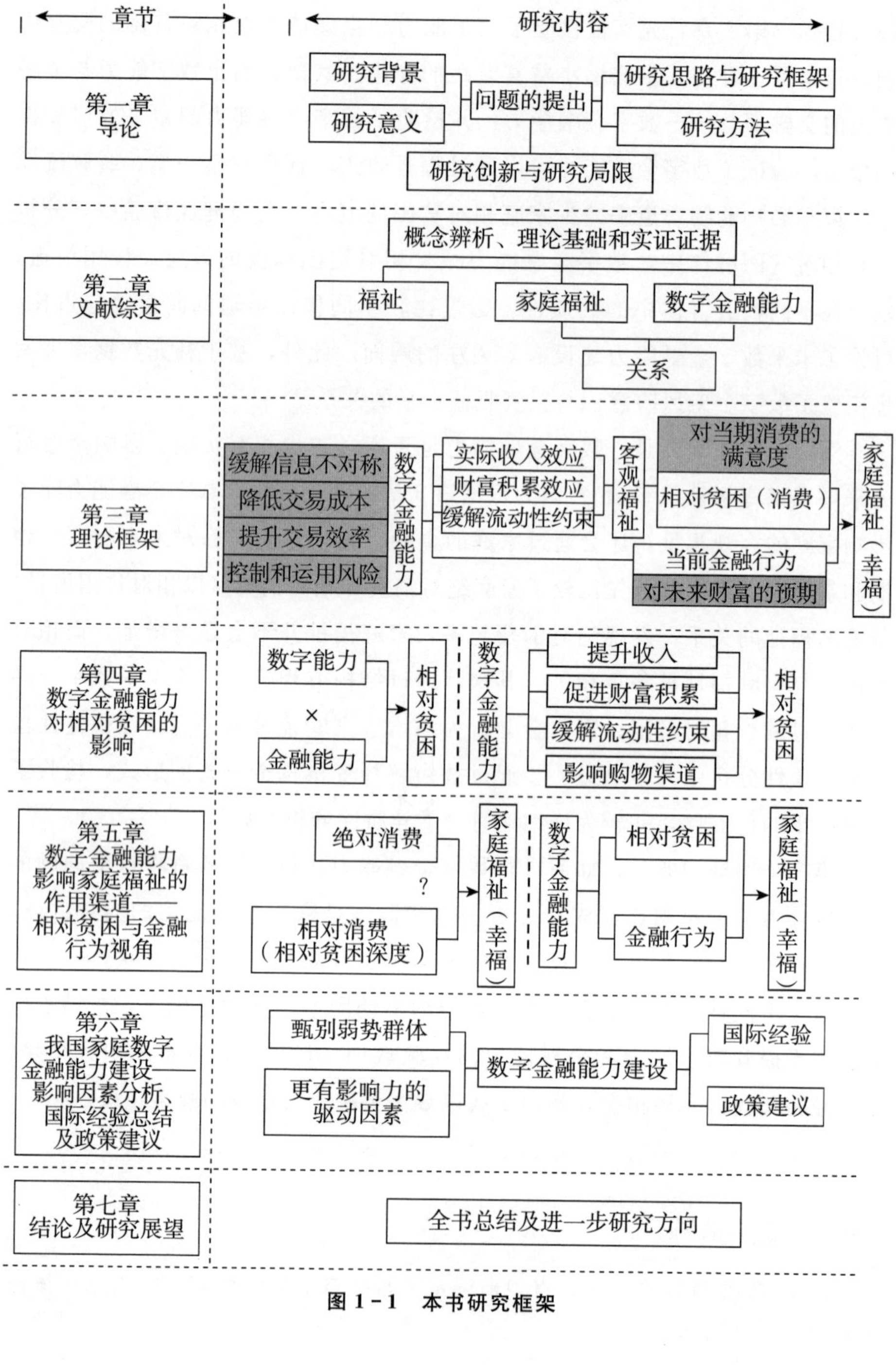
章节
研究内容
第一章
导论
研究背景
研究意义
问题的提出
研究思路与研究框架
研究方法
研究创新与研究局限
第二章
文献综述
概念辨析、理论基础和实证证据
福祉
家庭福祉
数字金融能力
关系
第三章
理论框架
缓解信息不对称
降低交易成本
提升交易效率
控制和运用风险
数字金融能力
实际收入效应
财富积累效应
缓解流动性约束
客观福祉
对当期消费的满意度
相对贫困（消费）
当前金融行为
对未来财富的预期
家庭福祉（幸福）
第四章
数字金融能力对相对贫困的影响
数字能力
×
金融能力
相对贫困
数字金融能力
提升收入
促进财富积累
缓解流动性约束
影响购物渠道
相对贫困
第五章
数字金融能力影响家庭福祉的作用渠道——相对贫困与金融行为视角
绝对消费
?
相对消费（相对贫困深度）
家庭福祉（幸福）
数字金融能力
相对贫困
金融行为
家庭福祉（幸福）
第六章
我国家庭数字金融能力建设——影响因素分析、国际经验总结及政策建议
甄别弱势群体
更有影响力的驱动因素
数字金融能力建设
国际经验
政策建议
第七章
结论及研究展望
全书总结及进一步研究方向

图 1-1　本书研究框架

1.4 研究方法

以观察社会经济现象为基础，本书的研究采用了文献分析归纳、理论框架构建、实证分析等主要方法。

在文献综述过程中，本书通过文献分析归纳方法对研究对象进行了概念辨析，并对变量之间的可能关系进行了研究证据的收集、整理和评述。

在理论框架构建过程中，由于已有文献还未见得关于数字金融能力作为一种人力资本的研究，本书首先根据人力资本的概念、数字金融能力的特征，对数字金融能力作为一种数字时代人力资本的合理性和重要性进行了阐释。其次，基于经典微观经济假设，构建了包含数字金融能力的两期生命周期模型，并采用消费者剩余、无差异曲线图以及影响机制逻辑推导进行分析。最后，参考 Ng（2003），Clark、Frijters 和 Shields（2008），纳入对相对消费和金融行为的讨论，将效用模型拓展为以福祉最大化为目标变量的两期生命周期福祉模型，进一步分析数字金融能力对横向和纵向的相对消费、金融行为及家庭福祉的影响。

在实证分析过程中，本书首先采用了统计分析方法描述数据特征，在必要时采用分组统计分析来刻画不同群体之间的差异。其次采用了迭代主因子分析法（iterated principal factor analysis）来构建能力评分、能力指数指标。在检验变量基本关系时，根据变量性质，采用了 probit 回归、有序 probit 回归、最小二乘回归方法。在处理内生性问题时，采用了两阶段的控制函数方法（Control Function Approach）、高斯联结函数方法（Gaussian Copula Approach），并使用 Durbin-Wu-Hausman 检验对内生性进行检验。在检验中介渠道的间接效应时，采用了一般结构方程模型（General Structural Equation Model）及 bootstrap 生成间接效应抽样分布的实证推导代表样本。在异质性分析中，采用了分组回归方法对不同样本中的变量关系进行检验。

1.5 研究创新与研究局限

1.5.1 研究创新

目前关于数字金融能力的研究还是一个新的领域。基于已有研究成果，本书的创新点可能体现在以下五个方面。

第一，首次提出了数字金融能力的概念，并基于人力资本理论，阐释了数字金融能力作为一种数字时代的人力资本的合理性和重要性。

数字金融发展带来了提升金融包容性的机会，但截至目前，对数字金融服务的应用还存在不足，尤其体现为，数字支付使用率的迅速提升，伴随互联网理财服务参与率低，数字信用管理不当，以及应对数字金融风险的能力建设不足。结合相关学术萌芽思想以及实践观察，数字金融能力应该被视为数字时代家庭管理经济资源的重要能力。长远来看，数字金融能力的“鸿沟”可能意味着家庭经济资源的进一步分化。

第二，拓展了 Delavande 等（2008）和 Lusardi 等（2017）关于金融素养的生命周期模型，基于对当下数字金融供给与需求的观察，指出了数字金融能力超越金融素养的层面，并通过对实际收入效应、财富积累效应和缓解流动性约束效应的分析，相对全面地搭建起包含数字金融能力投资的生命周期模型。

相较金融素养或金融能力，数字金融能力的关键区别在于，它与便捷的数字交易、更加容易获取的数字信贷、日新月异的数字金融投资品以及层出不穷的数字金融风险息息相关。相应地，数字金融能力不仅关系着家庭的金融投资收益率，也关系着数字时代的亿万普通家庭能否高效率地参与交易（既作为买方，也作为卖方），提升实际收入。数字金融能力还关系着家庭，尤其是从前受到金融排斥的家庭，能否在紧急情况下缓解流动性约束，并且不至于过度负债、越贷越贫；关系着家庭能否恰当地进行风险控制和风险响应，保护和积累财富。因此，围绕数字金融能力的生命周期模型更能体现当下微观家庭的经济活动特征。

第三，在 Ng（2003）福祉模型的基础上，纳入对数字金融能力、横向和纵向的相对消费以及金融行为的讨论，将上述生命周期模型进一步拓展为以福祉最大化为目标变量的家庭福祉模型。

Ng（2003）曾指出，停留在偏好层面而没有真正深入福祉层面的福祉经济学是不完整的。本书为福祉层面的研究作出了新的尝试。其中，特别值得关注的是关于绝对消费和相对消费的福祉效应的探讨，以及不同层次的数字金融能力会对横向的相对消费和纵向的相对消费产生怎样的影响。如果家庭的数字金融能力只停留在参与数字交易的层面，而不具备控制数字金融风险、管理数字信用、利用数字金融产品优化家庭资产组合的能力，那么，这样的家庭可能会通过实际收入效应在当前看起来过得更好（可能存在非理性偏好，过度的消费主义），而在未来陷入糟糕的境况。由于当前过多的绝对消费不一定会提升福祉，而未来消费的大幅减少会显著降低福祉，那么生命周期的福祉是可能受损的。在家庭福祉不确定性加剧的背景下，本书紧密结合数字时代社会经济背景的福祉研究也具有现实价值。

第四，首次尝试同时分析数字能力和金融能力对家庭相对贫困的影响，以及两种能力的交互效应，揭示了对缩小贫富差距的启示，并由此引出对数字金融能力的进一步实证分析，首次检验了数字金融能力对家庭客观福祉（相对贫困）和主观福祉（幸福）的影响效应和作用机制。

第 4 章和第 5 章的实证分析验证了第 3 章提出的理论框架。从不同中介渠道所贡献的间接效应占比来看，数字金融能力通过提升收入、促进财富积累和缓解流动性约束实现的减贫效应约占总效应的 30%，其他主要由消费渠道的改变和消费意愿的提升贡献。这意味着样本家庭的数字金融能力确实促进了原本被价格和选择范围抑制的消费需求的实现。未来这种占比会出现怎样的变化、会对家庭长远福祉形成怎样的影响值得进一步关注。

第五，首次对数字金融能力建设的相关问题进行探索，包括哪些社会群体是数字金融能力的弱势群体，对不同的社会群体而言什么是更有影响力的驱动因素，国际上有哪些相关经验，我国家庭的数字金融能力建设可以从哪些方面着手。

通过第 6 章的实证分析，展示了数字金融能力的“鸿沟”并不仅仅存在于中老年“数字移民”群体。即便是在年轻的“数字原住民”群体中，依旧存在非常明显的数字金融能力“鸿沟”。与此同时，通过比较不同的外生干预因素发现，仅仅数字层面的社会环境改善可能并不足以提升弱势群体的数字金融能力，而是需要更具体的数字金融层面的外生干预。结合本书研究成果、国际经验和我国的实际情况，第 6 章从基础设施、措施和体系多角度提出了数字金融能力建设的政策建议。

1.5.2 研究局限

本书的研究也存在诸多局限，有待进一步讨论和分析。

第一，本书构建的两期生命周期模型相对简单，而生命周期中消费、收入和财富的变化可能存在多个重要阶段，未来可以在此基础上进行更详细的拓展分析。

第二，由于目前包含数字金融能力相关变量的全国性调查只有本书所采用的中国家庭金融调查数据，且 2017 年才开始包含相关变量，而本书写作期间 2019 年数据尚未对外开放使用，因此，本书主要采用了截面数据进行分析。虽然在第 4 章稳健性检验第四部分尝试采用了补充数据，但可用的构成维度也相对有限，未来还应尝试动态地、全面地检验相关变量关系。

第三，本书使用的福祉指标较为单一。以联合国发布的《世界幸福报告》为例，福祉指标通常包含生活满意度、积极情感和消极情感三个方面。在数据可得的情况下，未来的相关研究可以尝试纳入更全面的福祉指标。

第四，本书在理论框架中所探讨的实际收入效应，涉及消费价格变化所带来的购买力变化，在本书所用数据中没有体现该过程的变量。因此，第 4 章的实证分析只检验了数字金融能力对货币收入的影响而未能检验实际收入的变化。

第五，国际上关于素养和能力的分析，往往还会考虑识字程度、计算能力以及文化背景（价值观）的影响。本书在实证分析数字金融能力的影响因素时，以教育程度代替了识字程度和计算能力，但教育程度可能还包含了其他隐性因素，如社交圈等。因此，在数据可得的情况下，关于数字金融能力的影响因素分析还可以更加细致。

总体而言，本书的研究还可以在未来进一步细化和拓展。

第 2 章　文献综述

基于文献梳理和评述，本章首先介绍福祉的含义及理论背景，探索微观福祉的理论基础和研究价值。其次，对家庭福祉的相关概念进行辨析。再次，比较数字金融能力相关概念，明确研究数字金融能力的实践与理论背景，并对数字金融能力进行界定。最后，探讨数字金融能力与家庭福祉关系的理论基础，并总结已有实证研究提供的数字金融能力可能通过何种渠道影响家庭福祉的经验证据。

2.1　福祉的含义及其理论背景

2013 年 11 月，《中共中央关于全面深化改革若干重大问题的决定》提出，"坚持社会主义市场经济改革方向，以促进社会公平正义、增进人民福祉为出发点和落脚点"。也就是说，增进人民福祉是改革与发展的根本目的。其后，在关于生态文明建设、扶贫攻坚、安全生产、依法治国等方面的重要政策中，都指出了人民福祉的"出发点"和"落脚点"地位。将人民福祉作为发展的目的和政策的方向，体现出福祉的终极价值。那么，究竟何为福祉？

研究福祉经济学的黄有光（2013）认为，福祉与幸福和快乐都是同义词，只是在使用习惯上存在区别。福祉就是幸福，就是快乐。乍见之下，如此简单的界定似乎与其终极价值地位以及所牵涉的众多社会发展的方方面面不甚匹配。因此，此处结合古今中外"福祉"词义的变迁，以及与之相关的社会科学中的跨学科理论，对此进行简要的辨析，以阐明本书所研究的福祉的含义、理论演变及研究价值。

通过对国内外"福祉"相关词汇的词义变迁进行梳理可以发现（见附录

1)，一是“福祉”和“幸福”的词义非常相近，“福祉”可以理解为“幸福”的书面语。二是“福祉”的物质、运气层面的词义最早出现，指境遇或生活中的好运，其对立面是境遇或生活中的不确定性。虽然在少数国家，“好运”的含义有所减弱甚至消失，但在世界部分地区其仍然是“福祉”或“幸福”的全部或主要含义。三是与“快乐”含义相近的精神层面的“福祉”词义的出现以及重要性提升可能与物质生活的发达程度相关。所以，仅仅从词义的演变也可以看出，增进福祉，最基础的是要更好地应对物质生活中的不确定性。

现代社会科学对人类福祉的衡量通常包含三种方法，一是基于规范式理想标准（Normative ideals），二是满足偏好的商品和服务的决策效用，三是基于主观经验的体验效用（Diener 和 Suh，1997；Diener，2009）。相应地，人类福祉包含社会福祉指标、微观经济福祉和主观幸福感三个跨学科的含义，以下简要介绍其理论背景。其中，重点评述微观经济福祉的理论演进及启示。

2.1.1 社会福祉指标

社会福祉指标是指基于规范式理想标准提出的体现福祉的社会指标。例如，早在 18 世纪，法国的夏斯泰勒侯爵（Marquis de Chastellux）即通过《幸福，历史上人类命运的考量》（Chastellux，1772）指出了历史上影响人类福祉的重要因素，包括较低水平的奴役、战争和饥荒等代理指标。可以看出，Chastellux（1772）所研究的社会福祉指标反映的是社会上大多数人的命运，涉及自由平等、安定和富足等含义。

现代社会科学中，社会福祉指标主要出现在经济学、心理学和历史学的研究中，也常常基于某种哲学思想。常见的指标可能涉及教育、卫生健康、治安、生态以及经济等领域。例如，联合国可持续发展解决方案网络于 2020 年发布了第八份《世界幸福报告》（UNSDSN，2020），在承袭第一份报告起的传统（衡量和汇报超过 150 个国家的主观幸福感和生活满意度）的基础上，特别引入了幸福的环境指标（包括社会环境和自然环境）来解释主观幸福感和生活满意度，可视为当前的社会福祉指标。其中，社会环境指标包括人均 GDP、出生时的健康预期寿命、人际信任、做人生关键决定的自由、慷慨

(参与慈善活动)、政府和商业腐败情况、福祉的不平等状况[1]及城镇化。自然环境指标包括气候状况、环境之美(绿化程度,是否靠近水域)、环境污染(空气质量、噪声)。可以看出这些指标涉及了卫生健康、生态和经济领域。

社会福祉指标具有较为明显的优缺点(Diener 和 Suh,1997)。其优点在于客观性、多维度并且能体现社会的规范主义理想。例如,就婴儿死亡率、环境污染和识字率而言,公众普遍会认为婴儿死亡和环境污染都是不好的,识字率高是好的,并且,比起单一的经济指标或者主观指标,更能体现社会福祉的不同维度和价值观。其缺点在于部分指标在某些地区可能难以获取,选择和衡量指标仍然难以避免主观性并且不能准确地反映人们的福祉体验。例如,在婴儿大部分都在家里出生的地区,婴儿死亡率往往难以统计。又如,指标可以选择不同的权重,而不同的权重可能导致衡量结果差异巨大(如 Becker、Denby、McGill 和 Wilks,1987)。再如,Campbell、Converse 和 Rodgers(1976)研究发现,社会福祉指标与人们自我评估的主观幸福感只存在中等的(modest)相关性。

综上所述,社会福祉指标通常被认为可以客观并且多维度地描述符合一个地区规范主义理想的社会福祉情况,但实际上,其也常常在变量选取和指标设计上被质疑存在的主观性,并且面临一些指标难以获取、汇总指标不能反映个人实际福祉情况的问题。后者引出了微观福祉指标的重要性。

2.1.2 微观经济福祉

对微观经济福祉[2]的经济学研究较为系统地出现在福祉经济学[3]中,主要研究对象是关于商品和服务消费偏好的决策效用,以及相应的分配问题。福祉经济学在20世纪经历了从产生、流行到从主流经济学中奇怪消失(Atkinson,2001)的过程,实际上代表了福祉经济学领域在方法论上的发展、争议

---

① 该报告衡量福祉的不平等(inequality of well-being)采用的是以生活满意度评分的80分位点值除以20分位点值的比值,认为其比标准差更能体现福祉的不平等状况,并且发现该指标比收入的不平等更能解释个人的生活满意度。

② 此处强调"微观"经济福祉,是为了和上述"社会福祉指标"相区别。

③ 关于"福祉经济学"与"福利经济学"的比较和说明,参考本书在1.2.1小节理论意义部分的解释。

和困境（McCain，2019）。尤其是围绕是否能对效用进行测量，应该采用基数效用还是序数效用来描述微观经济福祉，是否需要、如何纳入关于分配的主观价值判断，如何实现最优分配，历代福祉经济学家进行了长达几十年的争论。直到 20 世纪末 21 世纪初，心理学、行为经济学乃至神经科学领域的研究为福祉经济学注入了新的活力。

“福祉经济学之父”庇古关注的是满意度效用（satisfaction utility），这是一种基数效用（cardinal utility）。他认为，“福祉是满意的心理回报”（psychic return of satisfaction）（Pigou，1912），并且“福祉所包含的范围极其广泛”。因此，为了明确研究的范围，庇古将研究范围限制在“能直接或间接被货币测量的那部分社会福祉”，称为“经济福祉”（Economic welfare）（Pigou，1920）。庇古的福祉经济学建立在两个重要的命题之上，一是个人实际收入的任意增加也使满意度增加；二是货币收入从富人转移给穷人将使满意度增加（Pigou，1951）。庇古还讨论了政策对国民收入的总量和分配的不同效应，这种效应后来被称为平等和效率的“大权衡”（Okun，1981），受到福祉经济学家的普遍关注。

20 世纪 40 年代中期，与现代微观经济学同时建立起来的新福祉经济学向庇古的基数效用论提出了挑战。新福祉经济学认为效用是不可测量的，应该避免主观的价值判断，采用序数效用、以偏好顺序替代效用函数，并且普遍基于帕累托准则来论证社会福祉的改进（Hicks，1939；Robbins，1932，1938）。为了在序数效用的框架下继续探讨庇古关于通过富人向穷人转移财富来增加社会满足总量的讨论，Kaldor（1939）和 Hicks（1939，1940）先后提出了目标于社会改进的“卡尔多准则”和“希克斯准则”，均论及了假设性的（而非实际的）补偿标准。不过，Scitovsky（1941）很快证明了这些准则会自相矛盾。

在新福祉经济学基础上，经济学家尝试在承认部分价值判断的必要性的同时，构造社会福祉函数和社区无差异曲线（Baumol，1946；Bergson，1938；Lange，1942；Samuelson，1953，1956）。然而，虽然他们提出的社会福祉函数在原则上可以为更好的公共政策提供确切的答案，但实际上合适的社会福祉函数的形式依旧是未知的，也就无法解答实际问题。此外，在不确定福祉分布的好坏标准的情况下，他们对补偿标准的发展和社区无差异曲线的研究依旧是结果不明的。同一时期，现代博弈论通过对风险前景的概率评估来衡量效用（von Neumann 和 Morgenstern，1944），为解决基数效用论和序数效用论的争议带来了新的机会，但在当时并未得到福祉经济学家的青睐。

20 世纪 50 年代，主张基数效用论的福祉经济学家迎来了短暂的胜利，但也引来了序数效用主义者的进一步争论。通过引入更多关于人的行为、心理的思考，Little（1950）对此前关于补偿标准和社会福祉函数的研究进行了批判，提出关于福祉的客观描述和价值判断是不可分的①，并且认为“福祉经济学与伦理学”也是不可分的，“福祉本身就是一个价值术语”。Fleming（1952）则综合满意度效用、享乐效用和偏好效用重新整理了福祉经济学理论，其采纳了 Lange（1942）效用可比性观点。Robertson（1952）也重申了 Lange（1942）对三者之间两两偏好比较实际暗含了效用的数值可测量性质。此前持序数效用论的 Robbins 则重新表达了其对基数效用论的肯定，并且指出，认为所有问题的解答都可以在自己的领域内找到答案是一种幼稚的想法（Robbins，1953）。Robbins 的观点在如今多学科融合的背景下来看是富有远见的。在承认可测量性的基础上，Kennedy（1954）进一步对效用的人际可比性和可加性提出了质疑，认为效用的可测量性不等于人际可比性和可加性，原因在于体验的不可分性——“效用就是感质（qualia），而感质是不可分的，两个感质加起来也得不到新的感质”。此外，坚持序数效用论的 Hicks（1954）则继续认为基数效用与实际行为是无关的。

20 世纪 50 年代中期之后，关于基数效用和序数效用的对错争论逐渐平息。从福祉经济学和微观经济学在 20 世纪后半期至今的发展来看，序数效用论明显更占上风。与此同时，福祉经济学领域的争论聚焦到了分配问题上。先后有 Arrow（1951）、Inada（1964）、Sen（1970）、Blau（1971）、Osborne（1976）等针对新福祉经济学的理性人、序数效用、帕累托条件等假设围绕社会福祉函数提出了一系列“不可能定理”。此外，Harsanyi（1953）、Samuelson（1964）、Foley（1967）、Rawls（1971）等围绕基于理性价值判断的社会契约理论展开了关于社会公平的研究。然而，无论是关于社会福祉函数的持续争论，还是围绕“无知之幕”的哲学辨析，并没有为社会分配理论在实践

① Little（1950）的观点实际类似 Williams（1985）所提出的“厚伦理概念”。

中的运用提供理想答案。不过，经过福祉经济学家的长期论证，分配问题的解答似乎找到了一种比较切合实际的做法，即在难以实现最优解的情况下，对现实中的有限个数政策进行比较则是可以实现的。

20 世纪后期至 21 世纪初，心理学、行为经济学以及神经科学的研究成果向以序数效用论为基础的福祉经济学带来了挑战（Kahneman、Wakker 和 Sarin，1997），以 Ng（1997）、Easterlin（2003）、Layard（2005）为代表的一批经济学家开始将福祉或效用诠释为幸福、快乐。值得关注的是，Ng（1979，1981，1997，2003，2004）在基数效用论的基础上，逐步构建起了一套相对完善的福祉经济学体系，并且针对社会福祉状态比较提出了弱式多数人偏好标准（WMP），得到了 Mueller（1989）的认可。在诸多著作中，Ng 旗帜鲜明地表达了其快乐主义幸福观，并认为快乐、幸福、福祉都是一样的，只是人们在不同情境下选择的不同用词而已。将时间和他人考虑在内的净快乐（快乐减去痛苦）最大化应该是人类个体和整体应该追求的。这意味着，全生命周期的福祉是个体的终极价值，全人类的福祉是人类发展的终极价值。在辨析基数效用的合理性上，黄有光（2013）举了一个有趣的思维实验例子。假设存在三种情况：（1）什么都没发生；（2）被普通一只小蚂蚁咬了一口；（3）被抛进沸腾的水池里。黄有光（2013）认为，无论感受者是谁，我们都可以 99.99%地确信，（2）比（3）好的程度“数以万倍计地”好于（1）比（2）好的程度。进一步地，黄有光（2013）认为，快乐（或者说福祉、效用）虽然被认为是主观的，但实际上是客观地反映在我们的神经系统中的，是进化而来的生物属性。虽然目前要精确地测量快乐或痛苦还存在困难，但存在困难“并不代表快乐或效用不是基数可量的”。

纵观福祉经济学所经历的约一个世纪的发展演进，经济学家大致对“微观经济福祉是人们通过商品和服务满足的决策效用”这一点意见基本一致，但关于什么是效用，效用是否可以测量还是只能排序，如何实现社会效用的最大化或者最优分配，福祉经济学经历了从基数效用论发端，然后被序数效用论占据主导地位，而后在其他学科的影响下，可能向基数效用论回归的过程。之所以说“可能”，如 McCain（2019）所言，目前 Ng 势单力薄，而序数主义在经济学家中取得了“文化胜利”，也许需要“等待行为经济学中不断增加的证据证明序数主义就是错的”。

2.1.3 主观幸福感

主观幸福感（Subjective well-being）是指个人对生活满意度、积极情感和消极情感的主观评价，属于体验效用（贺京同、那艺和郝身永，2014；Diener 和 Suh，1997；Dodge、Daly、Huyton 和 Sanders，2012；Headey 和 Wearing，1991）。主观幸福感包含认知和情绪两个维度。其中，生活满意度是个人对生活的认知评价，积极情感和消极情感则是愉快和不愉快的情绪状态。关于主观幸福感的研究最早出现在心理学科的研究中，后来逐渐出现与经济学（Deaton，2012）、人类学（Reddy，2001）和神经科学（Berridge，1996）等学科相融合的跨学科研究。Diener（1984）等研究发现，主观幸福感受到个人、家庭、经济环境、法治环境以及文化传统等诸多因素的综合影响。

综上所述，经济学、心理学和历史学等研究中的社会福祉指标可以通过规范式理想标准、多维度地评估不同社会的整体福祉水平，但在指标的设计、变量的选择及数据的获取上容易存在争议或困难，并且难以体现每个社会个体真实的福祉体验，由此引出微观层面的经济福祉和主观幸福感的研究价值。微观经济福祉及其分配是福祉经济学研究的核心内容。从福祉经济学的发展历程来看，发端自英国经济学家庇古的这门经济学分支经历了从基数效用论开始，到逐渐被序数效用论主导，再到可能回归到基数效用论的过程。通过回顾约一个世纪的持续争论，“站在巨人肩膀上”的我们可以较为清晰地认识到，虽然还不能准确度量，但微观经济福祉在性质上是基数可量的，如何实现更好的分配是值得继续探讨的课题。目前经济学者需要做的是减少对个体差异的回避并尝试去解决利益的冲突，让福祉经济学回归到 Keynes 所说的“道德科学”（moral science）（Wright，1989）。

作为近半个世纪基数效用论的倡导者，华人经济学家黄有光（Yew-Kwang Ng）的诸多著作为进一步研究奠定了基础。他认为，全生命周期的福祉是个体的终极价值，全人类的福祉是人类发展的终极价值。近年来，心理学、行为经济学等相关学科对主观幸福感的探索正在为微观福祉的研究提供更多的帮助。社会调查所得的主观幸福感指标可能是目前相对容易获取、得到相当程度认可的微观福祉度量指标（Di Tella 和 MacCulloch，2006）。

2.2 家庭福祉的相关概念辨析

根据 2.1 节的讨论，家庭福祉应该是指家庭的幸福。然而，虽然“家庭幸福”在日常生活中时常被谈及，但究其本质，幸福或者快乐乃是主观感受，是需要反映在个人的生物基础（如大脑/神经）上的，而不能被作为家的住所或者其他存在所承载。个人福祉在概念上更为清晰（Deaton，2019）。因此，考虑到家庭可能涉及不止一位家庭成员，本部分首先需要明确家庭福祉和个人福祉的关系。此外，在关于家庭福祉的实证研究中，除了主观幸福感(Subjective well-being)，尚存在许多用于代表家庭福祉的、细化的主观和客观福祉指标，本部分也进行了简要的梳理和讨论。

2.2.1 家庭福祉与个人福祉

以幸福为定义，家庭福祉在理论上是家庭中个人福祉的无加权总和，但在实证研究中，目前调查所得的主观幸福感指标（幸福指数）尚不具备可加性。

从理论上讲，家庭福祉可以视为个人福祉的无加权总和，这一点可以从社会福祉与个人福祉的相关研究得到。社会福祉是个人效用水平的函数（Mirrlees，1971）。在有限识别力基础上，即使是完全理性人也会面临无差异的非传递性[①]（Ng，1975）。为了使偏好能够用效用函数表示，可以假设其偏好是无限敏感的，那么可以用如下效用函数来表示：

$$y P^i x \leftrightarrow U^i(y) - U^i(x) > \epsilon;\ x R^i y \leftrightarrow U^i(y) - U^i(x) \leqslant \epsilon$$

其中，ϵ 即是福祉的“最小识别量”（Edgeworth，1881）。Ng（1975）基于上述效用函数证明，如果弱式多数人偏好标准（WMP）[②] 是恰当的，唯一

① 类似 Ng（2004）第 5 章中的咖啡加糖的例子。假设以 $f(x)$ 代表对咖啡加了 x 勺糖的偏好。一个人可能不能感受到加 1 勺糖和 1.5 勺糖的区别，即 $f(1) \sim f(1.5)$；当两杯咖啡分别加了 1.5 勺糖和 2 勺糖时，他也没有感受到区别，即 $f(1.5) \sim f(2)$；可是，当两杯咖啡分别加了 1 勺糖和 2 勺糖时，他能够明显地识别 $f(1)$ 优于 $f(2)$。该例即体现了无差异的非传递性。

② 弱式多数人偏好标准（WMP）是指对任意两个选择 x 和 y，如果没有人喜欢 y 胜于 x，而且（1）如果人数 I 是偶数，至少有 $I/2$ 的人喜欢 x 胜于 y，（2）如果 I 是奇数，至少有（$I-1$）/2 的人喜欢 x 胜于 y 而且另外有一人在 x 上的效用水平不低于在 y 上的，那么在 x 上的社会福祉要高于在 y 上的（Ng，2004）。

可被接受的社会福祉函数是个人效用的无加权总和。Mueller（1989）认为，WMP 足以支持边沁功利主义的社会福祉函数。因此，具体到每个家庭，家庭福祉也应该是个人福祉的无加权总和。

从实证研究及相关技术的进展来看，福祉（作为幸福、快乐）的加总还受到技术的限制。截至 2020 年，对福祉的直接衡量主要通过主观幸福感调查获取，通常包含生活满意度、积极情感和消极情感。自 Bradburn（1969）、Andrews 和 Whithey（1976）和 Campbell 等（1976）问世之后，世界范围内的大量调查都是基于他们的方法。例如，2017 年中国家庭金融调查问卷询问受访者，“总的来说，您现在觉得幸福吗?”受访者需要从“非常不幸福”“不幸福”“一般”“幸福”“非常幸福”五个选项中选择一个级别来代表自己的幸福程度。又如，2018 年中国家庭追踪调查也让受访者自我评估，“觉得自己有多幸福（0 分代表最低，10 分代表最高)?”联合国可持续发展解决方案网络（SDSN）与盖洛普（Gallup）合作发布的《世界幸福报告》也采用了类似的幸福指数。虽然相关调查结果已经被认为具备相当的可靠性（Di Tella 和 MacCulloch，2006；Stutzer 和 Frey，2004），却缺乏人际可比性和可加性。因此，关于主观幸福感与其他变量的关系的实证研究，要么是围绕个人的，如 Binder 和 Freytag（2013）关于个人参与志愿服务与其主观幸福感的研究；要么是以家庭经济决策者的主观幸福感来代表家庭幸福，如尹志超，岳鹏鹏和陈悉榕（2019）关于金融市场参与对家庭幸福影响的研究。

2.2.2 主观福祉与客观福祉

除主观幸福感外，实证研究中的主观福祉还包含若干围绕物质生活的主观福祉指标（Material well-being），以及基于心理学科的、细分的精神福祉指标（Mental well-being），都可以视为构成个人福祉且可能存在相互重叠的部分。而客观福祉指标则类似于规范式理想标准，如经济条件、健康、教育等，究其本质是影响福祉的重要因素，而不是福祉本身，只是因为易于获取和计算而在实证研究中成为福祉的代理指标。

围绕物质生活的主观福祉指标通常是对个人或家庭的物质生活某个层面的满意度、感受甚至是期待。例如，对个人或家庭财务状况的满意度（Xiao，Tang 和 Shim，2009），对财务状况的期待（Osiichuk 和 Shepotylo，2020），对居住和食品等物质生活水平的满意度（Bohnke，2008），财务安全感（Andrews和Withey，1976），对产品质量、价格、服务质量和特征的消费满意度（Leelakulthanit，Day和Walters，1991）等。Sirgy（2012）认为，这些围绕物质生活的主观福祉指标均可以称为物质福祉（Material well-being），与金融福祉（Financial well-being）、经济福祉（Economic well-being）和消费者福祉（Consumer well-being）。不过，Sirgy（2012）将一些客观经济指标也包含在物质福祉指标中，与此处的分类存在区别。精神福祉指标（Mental well-being）则包括情感福祉（Emotional well-being）、心理福祉（Psychological well-being）、社交福祉（Social well-being）及是否免于抑郁（The absence of depression）等，属于细分的心理学指标（Syrén，Kokko，Pulkkinen和Pehkonen，2019）。调查所得的上述主观福祉指标与主观幸福感调查所得的幸福指数类似，也不具备人际可比性和可加性。

客观福祉指标包括微观指标和宏观指标。最常见的微观指标是家庭收入、消费和财富，以及以这些指标衡量的贫困程度（Calvet、Campbell和Sodini，2007；Deaton，2019），其他微观指标还包括营养和健康状况、受教育程度等（Wineman、Mason、Ochieng和Kirimi，2017；Yang，2018）。最常见的宏观指标是GDP、人均GDP、GDP增长率、通货膨胀率和公共支出等（Levin等，2011）。客观福祉指标的优点在于更有可能在实证研究中实现人际可比性和可加性（而不仅仅是理论上的基数性质）。甚至一些非经济指标也可以进行客观度量，例如，营养状况可以使用摄入卡路里数，受教育程度可以使用受教育年限指标，从而较为容易地实现计算和比较。

2.2.3 关于客观福祉的进一步讨论

由于本书所关注的相对贫困问题也属于客观福祉指标，因此，此处特别讨论四个相关问题。一是客观福祉指标与福祉的关系；二是最常见的微观指标中，收入、消费和财富，哪个指标更能体现福祉水平；三是如何处理客观福祉指标在家庭之间的可比性问题；四是如何定义相对贫困。

第一，要始终明确常用的客观福祉指标只是福祉的代理指标，本质上是影响个人和家庭福祉的重要因素，是“方法”（means）而不是“目的”（ends），并且并非在所有情况下都是有效的“方法”。例如，Diener和Biswas-Diener（2002）通过对相关文献进行梳理发现，能够促进主观幸福感的经济指标并不是高收入，而是人们的物质需求是否得到满足，尤其是基本的物质需求。也就是说，经济指标与福祉并非线性的正相关关系。又如，人均 GDP 反映了一国平均的生产力水平，比起 GDP 总量更接近个人福祉，但由于分配和再分配制度的不同，平均水平并不能代表个人福祉。以日本为例，该国 2015—2019 年人均 GDP 排名处于小幅波动、略有提升的状态。然而，根据《世界幸福报告》，日本在 2017—2019 年幸福调查中排名从前一份报告（2015—2017 年）中的第 54 位下降至第 62 位，其原因很可能在于其贫富差距的扩大。虽然该国基尼系数一直保持在低位，但其再分配前基尼系数自 21 世纪以来不断上升，而再分配收益又主要流向了老年群体，导致大量的退休前群体福祉下降。这个例子也印证了用于衡量公平的某些指标也可能失灵。

第二，虽然最广为使用的是收入指标，但消费指标在理论和实践中都是更好的福祉指标。从理论来看，根据 Friedman（1957）永久收入假说，比起当前收入，消费是更好的福祉指标，因为人们会根据对永久收入的期望来调整消费行为。从实践来看，以农户或者零工为例，他们的收入通常存在季节性波动。农户可能遭遇丰收年和灾荒年，即使按年收入计算也可能存在较大波动性。相较而言，消费则会更加平滑，更能体现当前的福祉水平（Meyer 和 Sullivan，2003）。

第三，虽然客观福祉指标易于获得和计算，实证研究中我们仍然需要考虑不同家庭规模带来的可比性问题。有两个方面的原因：一方面，在经济学研究中，作为微观经济主体的通常都是家庭[①]而非个人。这是因为收入、消费、资产等经济资源通常是由家庭成员共享的。即使统计资料中记录了个人的收入、消费等数据，也需要考虑其与家庭成员共享的问题。另一方面，由于家庭人数存在差异，直接比较家庭总体的经济资源也是不合理的。因此，在实证研究中，存在两种主要的处理方式。一是在家庭中取人均数。这种方法比较常见；二是将规模经济考虑在内。例如，Yang（2018）所取的等价家庭收入（equivalized household income）即是用家庭收入除以家庭人数的平方根。不可否认的是，家庭内部的规模经济是显而易见的。但 Deaton（2019）

① 当然还包含企业。本书主要讨论家庭。

指出，目前讨论等价规模的相关文献还不能令人满意，直接取家庭人均支出可能仍然是最好的方式。

第四，对相对贫困的研究始于若干经济学家的定性分析，后逐渐发展为基于社会调查的定量分析。相对贫困可以被界定为一种心理感受，指存在某种欲望但又难以满足时的体验（Eskelinen，2011）。例如，亚当·斯密在《国富论》中即指出，在他的年代，如果出现在公众场合时不能穿上一件亚麻衬衫，则可能因为贫穷而感到不光彩［Smith，2008（1776）］。相对贫困也可以被界定为相比起他人的弱势经济地位。这种定义早期见于马克思的理论分析当中。他认为随着总产出的增加，人们的需求、欲望等会同时增长。相应地，即使绝对贫困减少了，但相对贫困可能会增加［Marx，1959（1844）］。此外，因为福祉经济学领域的研究获得诺贝尔经济学奖的 Amartya Sen 认为，比较不同地区的贫困问题可能需要不同标准的最低必需品，个人能力的绝对剥夺对应着商品、收入和资源的相对剥夺（Sen，1981）。关于贫困的社会调查始于 1886 年英国商人 Charles Booth 对伦敦东区贫民窟的关注，后发展成为针对整个伦敦的调查，成为《伦敦人民的生活与劳动（1889—1903）》［*Life and Labour of the People in London*（1889—1903）］的基础工作。以此为起点，西方世界出现了一系列类似的调查研究（Walkowitz，1992；O' Connor，2001）。总体而言，相对贫困线的设定更多见于发达国家（Chen 和 Ravallion，2012[①]）。例如，欧洲共同体统计局（Statistical Office of the European Community）将贫困线设定为各国调查样本中平均支出的 50%（Gustafsson 和 Lindblom，1993）。在实践中，平均支出或中位数支出的 50% 或 60%都是较为常见的相对贫困线（Nolan，2007）。总体而言，相对贫困体现了微观经济主体相较其他某些经济主体的相对匮乏，可能表现为无法负担一些常见的商品（可能并非生存必需品），也可能是与某些经济主体的经济资源存在较大差异（即使并非极端贫困）。定量研究中通常采用微观经济主体的经济资源相较所在群体均值或中位数值的一定比例差异来衡量。

① Chen 和 Ravallion（2012）还提出了弱相对贫困（weakly-relative poverty）的概念，即在考察相对贫困时，如若相对贫困线低于绝对贫困线，应该采用绝对贫困线，而非相对贫困线。经统计比较，在本书所采用的数据期间，我国农村居民人均消费支出最低的省份的相对贫困线高于当年的绝对贫困线，故不需对相对贫困变量进行调整。

通过对上述四个问题的讨论可以看出，在使用客观福祉指标时，需要特别注意这些指标的适当性问题：首先，要明确其性质，作为福祉的代理指标，它们并不具备与福祉的简单线性关系；其次，要结合理论和实际对不同指标进行判断，例如消费比收入更能体现当下的福祉水平；再次，要处理好家庭之间指标可比性问题；最后，围绕相对贫困问题存在定性和定量分析，定量分析体现了微观经济主体在群体中的相对经济位置。

综上所述，以幸福为定义，家庭福祉在理论上是家庭成员个人福祉的无加权总和。由于调查所得的主观幸福感指标尚不具备可加性，关于家庭福祉的实证研究可能转化为针对个人或者家庭经济决策者福祉的研究。主观的物质福祉指标和细分的精神福祉指标可以视为个人福祉的不同构成，它们可能存在相互重叠的部分，并且在数学属性上与幸福指数类似，即尚不具备可加性。客观福祉指标本质上是福祉的代理指标，优点是易于获取和计算，但并不是福祉本身，需要注意其适用性。

2.3 研究数字金融能力的背景及其界定

基于已有文献中的理论与实证研究证据，本部分首先通过比较电子金融、互联网金融和数字金融三个概念，明确本书所称数字金融的含义；其次梳理数字能力与金融能力交互影响家庭客观福祉的证据，以及数字金融创新与风险对能力提出的新要求，明确研究数字金融能力的意义；最后评述了数字能力和金融能力概念的产生和发展，并尝试在比较金融素养和数字金融素养的区别、素养和能力的区别的基础上，对数字金融能力进行界定。

本书提出“数字金融能力”概念的动机源于对数字能力和金融能力影响客观福祉（如相对贫困状况）的实践观察。一方面，数字能力和金融能力对客观福祉的影响很可能存在交互效应。尤其是当具备一定数字能力时，家庭的金融能力可以更好地促进客观福祉的提升。但这在微观实证研究中还缺乏直接证据。另一方面，随着金融科技不断深入数字经济生活，传统的数字能力或者金融能力的概念，已经不足以描述人们在应对数字经济生活中的金融事务时所需具备的能力。数字金融产品和服务涉及了特别的知识、风险和权责问题，合理使用数字金融产品和服务的能力可能对家庭客观福祉形成重要影响。

2.3.1 比较电子金融、互联网金融和数字金融

技术与金融的交融自古有之。以货币为例，古代至近代，从实物货币、金属货币到纸币的演变，无不体现着技术的变迁（彭信威，1958）。到了现代，布雷顿森林体系的崩溃、信用货币的大行其道，也可以说与货币本位金属的生产技术密切相关。因此，货币形态的变迁可谓是一个不断与技术磨合、提升交易效率并探索降低各类成本的过程。与之类似，我们也可以在金融服务、金融市场的变迁历程中找到技术演变的痕迹。

电子金融、互联网金融和数字金融都是“技术＋金融”组成的概念。通过梳理已有研究可以发现，这三个概念在内涵和外延上都存在重合的部分，但所强调的关键技术存在区别。

电子金融的实践与理论最早出现，在上述三个概念中也最为宽泛。根据Allen、Mcandrews和Strahan（2001）的定义，电子金融是指使用电子通信和计算技术提供的金融服务和金融市场。上述定义强调了两类关键技术——通信和计算。根据Allen等（2001）的回顾，1918年，电报这种非数字的电子通信技术已开始被用于银行间结算。而数字通信技术的理论诞生自20世纪40年代末期（Shannon，1948），真正进入实践运用则是在50年代微型芯片和半导体晶体管问世之后。互联网的前身ARPANET开发自60年代，但直至90年代万维网的问世才真正变得公众可用。因此，单从技术范围来看，“电子”的范围大于“数字”，因为存在非数字的电子通信技术；“数字”的范围大于“互联网”，因为存在非互联网的数字通信技术，并且“数字”还意味着一些互联网之外的数据和计算技术。

然而，互联网无疑是影响最为重大的通信技术。谢平和邹传伟（2012）最早提出互联网金融模式的概念，即敏锐地观察到以互联网为代表的现代信息科技，将对人类金融模式产生根本影响。根据2015年人民银行等十部门发布的《关于促进互联网金融健康发展的指导意见》，互联网金融是传统金融机构与互联网企业利用互联网技术和信息通信技术实现资金融通、支付、投资和信息中介服务的新型金融业务模式。从上述关于互联网金融的学术和政策角度的讨论可以看出，互联网金融的概念并不止于对互联网技术的关注，但充分强调了互联网技术的关键作用。

数字金融的发展实际早于商业互联网的应用（Banks，2001）。早在 20 世纪 70 年代，基于数字技术的自动取款机（ATMs）和证券交易即已出现。不过，当时模拟系统的数字化还远未完成。随着互联网时代（尤其是“Web2.0”时代）的到来，数字金融迎来了一个跃升的阶段。这个阶段的关键特征即是用户主动搜索并开始产生海量的数字内容，成为数字金融发展的重要生产资料。根据欧洲委员会网站①的定义，数字金融是一个用来描述新技术对金融服务行业的影响的术语。它包括改变了提供银行和金融服务的传统方式的各种产品、应用、过程和商业模式。已有金融机构和新的市场进入者通过人工智能、社交网络、机器学习、移动应用、分布式账本技术、云计算和大数据分析带来了新的服务和商业模式。可以看出，上述定义描述的重点是“Web2.0”以来的数字技术对金融服务行业的影响。

综上所述，数字金融的概念比电子金融更加具体地强调数字技术（正是数字技术在通信和计算方面的不断进步引致了该领域的大部分效率提升），比互联网金融更加包容了互联网技术之外的数字技术，但在外延上实际与国内学者探讨的互联网金融非常相似（Shen 和 Huang，2016）。除此之外，数字金融也是建立在与数字经济生活深度交融的基础之上的，而不仅仅是已有的金融服务数字化。

2.3.2 数字能力与金融能力交互影响家庭客观福祉的证据

近十年来，数字经济的加速发展带来了新的减贫机会（World Bank，2016）。通过对数字金融服务发展实践进行观察不难发现，一个家庭在具备某种数字能力的情况下，其通过发挥金融能力而降低贫困可能性的渠道变多了。以下从金融能力的不同维度，提供若干数字能力促进金融能力发挥作用的间接证据。

就收支管理而言，基于数字支付的网络购物有助于对海量商品进行瞬间比价，买到更实惠、更丰富的商品，减少偏远农村的生活成本（Couture、Faber、Gu 和 Liu，2018）。就储蓄投资而言，越来越多的证据表明数字支付

① European Commission，Digital Finance［EB/OL］. https：//ec. europa. eu/info/business-economy-euro/banking-and-finance/digital-finance _ en.

以及以此为基础的投资服务有助于提高储蓄倾向、丰富投资行为（Jack 和 Suri，2011；Nandhi，2012）。就信用和债务管理而言，数字记录为许多从前被拒之门外的群体提供了新的融资机会（Owens，2018；Wamalwa、Rugiri 和 Lauler，2019）。

这些间接证据给我们的启示是，在更高的数字能力水平下，金融能力可以实现减贫的总效应应该是更高的，数字能力和金融能力对贫困的影响很可能存在交互效应。截至 2020 年，关于这种交互效应的实证研究还非常少见，本书将尝试填补这个空白。

2.3.3 数字金融创新与风险对能力提出的新要求

伴随金融科技日新月异的发展，我们还可以观察到，数字金融产品和服务深度融入数字生活场景的特征，意味着人们需要有能力去识别这些服务的性质，以及其背后的风险和权责问题，对有利的产品和服务加以应用、对有害的风险加以规避。此前的数字能力和金融能力相关研究对这些方面的考虑存在不足。Morgan 等（2019）在 2019 年的 T20 会议所提出的数字金融素养概念已经体现出了对数字金融产品和服务和数字金融风险的特别关注。相较其他新兴经济体或发展中国家，我国近年来一直走在数字金融发展的前列，尤其体现为移动支付不断提升的渗透率。这实际上意味着越来越多的群体正在加入数字经济活动中。在此背景下，即使他们没有使用其他种类数字金融服务的意愿，也很可能会在一个个数字生活场景当中接触到各类数字金融服务，甚至层出不穷的数字金融风险。

关注这种变化的重大意义在于，其既为金融部门包容服务更多的弱势群体带来了机会，也可能带来一些新的风险和权责问题，还可能导致受数字鸿沟影响的群体所面临的资源配置处境进一步恶化。对于整个社会而言，这意味着不平等程度的加大，可能导致一系列连锁反应（Dablanorris、Kochhar、Suphaphiphat、Ricka 和 Tsounta，2015；Neckerman 和 Torche，2007；Piketty 等，2019）。

对于普通家庭而言，即使是在市场有效的情况下，投资的失误也可能带来巨大的损失。不仅如此，当新的细分金融市场产生时，当家庭被附以更高的金融行为要求时，投资失误和损失就更有可能发生（Shiller，2003）。当前我国的情况正是如此。新的数字金融产品和服务不断涌现，其中既可能有非常好的、能够改变弱势家庭命运的服务，也可能有骗走微薄血汗钱的欺诈陷阱，非专业人士往往应接不暇。与此同时，随着数字经济生态的不断演变，更多的工薪阶层正在向自由职业者、短期合同工或是创业者转变，他们不仅在工作中承担了更多商业风险带来的不确定性（杨滨伊和孟泉，2020），还需要对生命周期中各个阶段的金融事务负起更多的责任——近要应对收入不稳定、意外支出，远要做好子女教育、医疗和养老准备。这意味着，数字时代对家庭金融能力有了新的、更高的要求。家庭不仅需要平衡收支、保持流动性、控制债务、设置风险屏障以及实现资产保值增值等传统意义上的金融能力（Atkinson、McKay、Collard 和 Kempson，2007；Lusardi，2011），还需要不断地适应如雨后春笋般出现的数字金融产品和服务，“用其优，避其劣，维己之权益，护家庭之福祉”。这种情况在以我国为代表的新兴经济体、发展中国家尤其值得关注，因为金融科技也让金融服务的可获得性大大提升（郭峰等，2020），给弱势群体带来了增进福祉的机会。

综上所述，重视数字金融能力与传统上数字能力和金融能力概念的区别的意义在于，数字金融发展带来的机会与挑战都是不容忽视的。适应和利用好数字金融产品和服务的重要性并不仅仅体现在数字金融服务本身。因为无论形式如何变化，金融部门都是经济资源配置的枢纽。随着经济和金融活动愈加数字化，数字金融服务将成为越来越多金融服务的入口、资源配置的渠道。数字金融能力的鸿沟将造成资源配置渠道和效率的不公平，甚至影响反贫困等重要事业的进程。因此，探索研究数字金融能力对家庭福祉的影响，不仅有利于对当前数字经济生活形成更深的理解，也可能对减少家庭福祉分配的不平等具有重要意义。

2.3.4 数字金融能力的界定

由上述小节的讨论可知，数字金融能力衍生自数字能力和金融能力，但又与传统上数字能力、金融能力概念的关注重点存在区别。以下分别对数字能力、金融能力和数字金融能力概念的产生与演变过程进行简要评述，并提出本书对数字金融能力的界定。

2.3.4.1 数字能力

自数字素养的概念提出以来，数字能力的相关研究已经走过了20余年的历程，但其重要性却并未削减，尤其是在非发达国家和地区。实际上，数字技术并非新鲜事物，从20世纪七八十年代微型计算机出现就开始改变普通人的生活。然而，近年来国际组织和学者却特别指出要关注数字素养（如 Lyons、Kass-Hanna、Liu、Greenlee 和 Zeng，2020）。这是因为最开始拥有微型计算机、手机和智能数字设备的通常是相对富裕的群体。随着智能数字设备的成本和通信服务费不断下降，越来越有可能走入贫困人口等弱势群体的生活。数字服务更加丰富甚至智能化，越来越有可能成为实现社会发展和公平的助推器。

Gilster（1997）最早提出了数字素养的概念，其将数字素养较为宽泛地界定为数字时代的读写能力。Martin（2006）进一步探讨了数字素养包含的维度，包括使用数字技术的意识、态度、合理使用技术的能力，以及实现创造性的社会行为并对此过程进行反思的功能。可以看出，Martin（2006）讨论的范畴已不再局限于读写的层面，不仅是一定技术背景下内在具备的知识水平，还包含了与外在环境的合理互动，并实现一定的功能。

英国德比大学的高等教育及再教育领域非营利组织 JISC（Joint Information Systems Committee）近期提出了数字能力框架（University of Derby TEL，2020），包含以下六个关键领域：即信息通信技术（ICT）生产率和熟练度，信息、数据和媒体素养，数字创造、问题解决和创新，数字沟通、合作和参与，数字学习和发展，数字身份和福祉。可以看出，最新的数字能力框架涉及了数字经济生活的方方面面。

2.3.4.2 金融能力

金融能力更具体地对应家庭的金融决策，是指在一定的社会经济条件下，消费者作出符合自身最佳金融利益的金融决策的内在能力，包括用于管理自有资源以及理解、选择、使用满足需求的金融服务的知识、技能、态度和行为（World Bank，2013）。

早在20世纪90年代，学术界就已经开始关注金融素养。Hilton（1995）将金融素养界定为对金钱及其管理的理解。这个简单的定义实际可以覆盖从个人或家庭预算到国际货币市场如何运行等广泛的领域。这意味着对于不同的群体而言，提升金融素养的重点可能是不同的。例如，Cutler（1997）对金融素养的讨论，主要从中年群体的角度探讨了退休收入、医疗财务和长期护理方面的知识。

金融能力层面的探索始于 21 世纪初英国金融服务管理局对成年人金融能力框架的多份研究报告（FSA 和 BSA，2002，2006）。相较金融素养聚焦于金融知识与技能的掌握，金融能力还强调行为主体从金融服务和金融政策中获得实际的好处（Johnson 和 Sherraden，2007），特别关注行为或者说“实现”的层面。相关调查通常会涉及受访者在收支管理、储蓄投资、信用和债务管理、财务规划等方面体现出来的金融能力。

2.3.4.3 数字金融能力

现有研究尚缺乏对数字金融能力的明确定义，但与其相关的实践线索和学术观点已经开始萌芽。例如，经济合作与发展组织（OECD，2017）指出，消费者和小微企业应该具备能够充分利用日益数字化的金融服务的素养。又如，Lyons 等（2020）展示了数字素养和金融素养对金融包容性的重要影响，并提出需要重新定义传统金融素养，将数字素养的相关内容纳入其中。尤其近两年来，国内外开始出现对数字金融素养的定义。

以下基于已有相关研究，在比较数字金融素养与金融素养、金融素养和金融能力等概念的基础上，探索对数字金融能力进行界定，并进一步阐释数字金融能力与金融能力的区别。

（1）比较数字金融素养与金融素养。通过比较既有研究中数字金融素养与金融素养在定义上的差别，我们可以明确数字金融素养是紧密围绕数字金融产品和服务的概念。例如，在经典的金融素养“三问”中，关注的重点并不是具体的金融产品和服务，而是询问了复利、通货膨胀和风险分散三个金融知识点。相较之下，已有研究对数字金融素养的界定突出表现为，紧密地围绕数字金融产品和服务的使用展开，通常包括关于数字金融产品和服务的意识（awareness）、知识、风险应对及权益维护等（李东荣，2020；Morgan 等，2019；Prasad、Meghwal 和 Dayama，2018；Saini，2020）。根据对文献的梳理，数字金融素养最早出现在印度学者的研究中（Prasad 等，2018；Saini，2020），但这些早期研究主要探讨的是数字支付、网上银行系统的相关知识，体现出近年来印度当局对发展数字化支付体系的重视。来自亚洲开发银行研究所（ADBI）的 Morgan 等（2019）最早在 2019 年的 T20 会议中提出了较为全面的四个维度，包括数字金融产品和服务的知识、数字金融风险的意识、数字金融风险控制、消费者权益和赔偿程序的知识。可以看出，Morgan 等（2019）着重强调了与合理使用数字金融产品和服务各个环节相关的必要知识。与之类似，李东荣（2020）指出，数字金融素养是在数字化时代体现金融素养的新维度、新领域，包括但不限于数字金融基础知识、数字金融风险意识、数字金融使用和风险管理技能、数字金融消费者责任能力和权利能力等方面。

数字金融素养与金融素养的定义呈现出这种差异，是因为数字金融素养的概念正是在数字金融发展对人们经济生活的影响更加深入的背景下提出的。数字金融服务不仅在形式、载体上区别于传统金融服务，也不同于其他数字服务，因为涉及经济资源的传递、交换和管理，这就意味着更为突出的风险和权责问题。截至 2020 年，数字金融产品和服务在我国的流行在很大程度上建立在非纯粹金融活动的基础上，例如电子商务、社交网络。这样固然是更贴近需求的，但也需要消费者有能力去识别服务的性质，明确风险与权责。因此，强调数字金融产品和服务相关知识、风险意识、权责知识的重要性就显得比传统金融产品和服务更为突出。相较而言，此前金融素养的概念对这些层面关注非常不足，这也意味着未来相关能力建设项目需要进行调整。

（2）比较金融素养与金融能力。由于是对“素养”的探讨，上述研究在外延上没有强调相关的行为实现，即能力层面的关键内容。而根据上述对金融能力的介绍，金融能力与金融素养的关键区别在于是否包括对金融行为的关注。之所以强调金融行为，是因为许多研究发现，金融教育（尤其是信息传递式的金融教育）可以增长金融知识，却并不能很好地转化为金融行为（Fernandes、Lynch 和 Netemeyer，2014；Miller、Reichelstein、Salas 和 Zia，2014）。这意味着金融能力蕴含着实实在在的行动，而不仅仅是对金融知识的了解。因此，本书在数字金融素养概念的基础上，进一步提出对数字金融能力的关注。

（3）界定数字金融能力。综合上述文献梳理和讨论，本书将数字金融能力定义为，在数字时代背景下，个人或家庭使用数字金融产品和服务以满足自身经济利益的能力，包括是否了解并合理使用对自身有利的数字金融产品和服务，是否具备数字金融风险意识并恰当地应对数字金融风险，是否了解数字金融产品和服务使用中的权责知识并合理维护自身的权益。数字金融能力的概念在数字金融素养的基础上强调了相关行为的实现，也区别于传统上金融能力的概念，更加紧密地围绕数字金融产品和服务。

之所以在上述定义中包含家庭，是因为根据本书对家庭的定义（见1.1.1 小节脚注①），家庭是共享收入、共担支出的家庭成员组成的团体。这意味着家庭成员之间具有密切经济关系。相应地，存在如下可能，即并非所有家庭成员都具备上述能力包含的所有知识和行为特质，而是存在差异和重叠的。在此基础上，通过家庭成员的密切经济关系而实现家庭数字金融能力的全部特质。例如，一个夫妻双方组成的家庭，有可能其中一方只具备日常开支中需要用到的参与数字交易的能力，而另一方却具备理解、选择数字金融投资产品的能力。又如，一个两代同堂且都使用数字支付的家庭，处于青年期的家庭成员可能更熟稔于数字消费信贷，处于中年期的家庭成员则对通过数字渠道进行投资更得心应手。由于他们是共享收入、共担支出的，不同家庭成员的不同数字金融能力会共同作用于所在家庭的福祉水平。因此，当对家庭福祉进行研究时，关注家庭的数字金融能力更为合适。

（4）进一步比较数字金融能力与金融能力。从字面上看，数字金融依旧是金融，数字金融能力也应该是金融能力的一部分。因此，为进一步辨析数字金融能力与金融能力的区别，以及提出数字金融能力概念的意义，从以下三个角度进行阐释。

首先，从逻辑分析的角度，数字金融能力确实应该是金融能力的一部分。尤其是我们可以假想若干年后，假设没有其他重大技术突破，数字技术依旧是影响金融发展的关键技术，所有金融服务都具备了数字金融的形式。那么，在该假想的未来，我们有可能已经没有必要区分金融和数字金融，金融能力和数字金融能力。

其次，从金融发展的角度，尤其是包容性金融体系发展的角度，虽然当前支付、信贷、理财等主要的金融服务种类已经同时具备了数字和非数字的服务形式，但数字形式的金融服务凭借其低边际成本可以实现的包容程度确实是前所未有的。在家庭福祉不确定性加剧、数字金融发展带来机遇与挑战的背景下，我们需要格外重视如何去让机遇产生价值，以及如何为应对挑战做更好的准备。本书提出的数字金融能力概念即是从需求方的层面进行的探索。

最后，从学术演进的角度，在包含金融能力的定义和衡量的已有文献中，对数字金融能力相关维度的关注是非常不足的。传统上，金融能力包含平衡收支、保持流动性、控制债务、设置风险屏障以及实现资产保值增值等层面（Atkinson 等，2007；Lusardi，2011）。可以看出，金融能力的概念是比较宽泛的，而数字金融能力的概念更为具体地对应着对数字金融产品和服务的恰当使用。重视这种差别的根源，以及这种差别的意义，笔者认为在于，当前以及未来一段时间，数字金融产品和服务带来的机遇与挑战都是不容忽视的。

例如，我国许多消费者是从社交网络、电子商务开始接触到数字交易的，这意味着数字金融服务是作为数字服务的一部分出现的。如此蕴含在数字生活场景中的数字金融服务实际比传统的金融服务更便捷了，但是也容易让人忽视其金融属性以及可能伴生的风险问题。一方面，相较其他数字服务，数字支付直接涉及资金的流转，其使用者就更容易遭遇欺诈等资金相关的风险。另一方面，在数字支付的基础上，其他的许多真真假假的数字金融服务，如信贷、理财等，变得特别容易实现。这些服务既有可能是很好的、能够改善弱势群体人生轨迹的服务，也有可能是不负责任的、过度营销的，甚至带有欺骗性质的服务。因此，在越来越多群体开始使用数字支付的背景下，人们实际已经暴露其中，既面临减少金融排斥的机会，也面临一些特别的挑战，如认识和选择数字金融投资品、管理数字信用、认识和应对数字金融风险等。从已有的文献来看，这些内容都不包含在传统的数字能力和金融能力的维度中。

相应地，本书在数字能力、金融能力和数字金融能力这三种能力的衡量上，基于已有研究避免了使用重合的构成变量（见第 4 章）。也就是说，数字能力和金融能力的构成维度按照已有的相关研究进行衡量，数字金融能力的构成变量既没有出现在数字能力的构成变量中，也没有出现在金融能力的构成变量中。在此基础上，本书旨在探索，按照传统的方法衡量数字能力和金融能力对家庭福祉的影响是否存在交互作用，那么这种交互作用，可以在一定程度上阐释为数字金融能力的作用。

总体而言，从逻辑上讲，数字金融能力应该是金融能力的一部分，但已有研究中的金融能力概念对数字金融能力的关注非常不足，而现实当中，数字金融发展带来的机会和挑战都是不容忽视的，所以在未来一段时期，我们需要格外关注数字金融能力。

2.4 数字金融能力与家庭福祉关系的理论基础

数字金融能力与家庭福祉关系的理论基础主要包括消费或储蓄理论假说、消费或储蓄的约束条件分析以及福祉经济学领域的前沿研究。

在经典理论模型中，获取收入、进行储蓄主要动机在于实现某种消费或财富目标，如平滑消费（预防性动机、生命周期动机）、享受利息（跨期替代动机）等，以实现生命周期的效用最大化（朱国林，2002）。然而，宏观层面的储蓄率在国与国之间呈现出非常大的差异，这引致了微观层面关于消费或储蓄的约束条件的相关研究，如金融素养、技术等（Karlan 和 Morduch，2010）。在经典微观分析框架的基础上，自 20 世纪后期以来，福祉经济学借助心理学和行为经济学的发展，进一步从以偏好为基础的效用最大化分析向更为终极的福祉层面的跨学科研究迈进（Ng，2004）。

2.4.1 消费或储蓄理论假说

由于消费和储蓄存在此消彼长的关系，相应地，消费与储蓄的理论假说总是紧密相关的。Keynes（1936）最早讨论了八种储蓄动机，包括预防性动机、生命周期动机、跨期替代动机、改善动机、独立动机、创业动机、遗赠动机和贪婪动机。Browning 和 Lusardi（1996）在此基础上补充了首付款动机。实际上，正如 Browning 和 Lusardi（1996）所言，任何单一的解释都不可能适用于所有群体，甚至不能解释单一微观经济主体的全部行为，不同动机可能互为补充。以下简要评述主要的消费或储蓄理论假说。

2.4.1.1 绝对收入假说、“消费悖论”和消费漂移理论

20 世纪 30 年代至 50 年代，围绕 Keynes（1936）最早在总量分析的基础上提出的关于消费的绝对收入假说，Kuznets（1942）和 Goldsmith（1955）等经济学家尝试依据长期经验数据进行验证，发现了长期和短期消费函数不一致的“消费悖论”，Smithics（1945）为解释这种悖论提出了消费漂移理论。

Keynes（1936）提出的消费函数从宏观角度对消费的决定因素以及就业问题进行了分析。在该函数中，消费仅由收入解释，因此被称为绝对收入假说。Keynes（1936）用平均消费倾向（Average Propensity to Consume，APC）和边际消费倾向（Marginal Propensity to Consume，MPC）来衡量消费与收入的关系，分别代表平均每单位收入中消费所占比例和每增减1元收入所引起的消费变化。在20世纪30年代“大萧条”背景下，Keynes（1936）认为，MPC和APC都存在递减的趋势，会导致有效需求不足，出现小于充分就业的均衡，由此指出了市场调节可能失衡的情况，提出了国家干预经济的必要性。

然而，此后许多经验证据都表明Keynes的观点存在与现实不符的情况，被当时的经济学家称为“消费悖论”。其中比较有代表性的是Kuznets（1942）对MPC和APC长期变化趋势的研究和Goldsmith（1955）对储蓄长期变化趋势的研究。Kuznets（1942）基于1869—1938年美国的消费和收入数据研究发现：从长期来看，APC没有显示出下降趋势，由于收入沿着长期趋势增长，MPC与APC持平；在繁荣期，APC低于长期平均水平，在衰退期，APC高于长期平均水平。Goldsmith（1955）基于1897—1949年的储蓄数据研究证实了Kuznets（1942）长期消费函数稳定的结论。这两项研究表明，在短期中，消费函数是非线性的，APC大于MPC；在长期中，消费函数是线性的，APC等于MPC。

Smithies（1945）最早尝试对绝对收入假说与Kuznets所展示的数据之间的不一致进行解释，认为美国历史上的一些特殊因素使消费函数发生了漂移，主要包括：农村到城市的人口迁移；收入分配倾向于更平等的趋势；生活水平提升的历史趋势。上述三个现实因素减弱了平均储蓄率的自然增长，使得该历史阶段的数据呈现出Kuznets（1942）中看似矛盾的结果。

总体而言，Keynes（1936）消费函数突破了传统的就业均衡理论，但由于其主要采取了总量和短期的角度分析国民收入的决定，对收入在个体和时间上的分配关注不足。Kuznets（1942）和Goldsmith（1955）通过对长期数据的分析指出了Keynes观点与实证数据不符的情况，但他们得出的长期和短期消费函数的差异（被称为“消费悖论”）也依旧导致了困惑。Smithies（1945）将这种悖论解释为消费函数因为城镇化、收入均等化和收入增长预期等美国历史上的特殊因素发生了漂移。

2.4.1.2　相对收入假说

Duesenberry（1949）在否定 Keynes 消费理论的两个基本假设的基础上提出了相对收入假说（Relative Income Hypothesis，RIH）。他认为每个人的消费行为是相互依赖的，在横截面上具有“示范效应”；消费关系在时间上是不可逆的，在时间上具有“棘轮效应”。

“示范效应”意味着消费者之间存在相互攀比的倾向，相对贫穷者会因为试图跟上周围群体的消费标准而有较高的 APC，相对富裕者会有一个较低的 APC，较高和较低的 APC 会在总体上保持平衡。相应地，随着收入绝对规模增加，整个经济体的 APC 也将保持不变。但当收入减少时，由于“棘轮效应”，消费下降的比例并不相同。

“棘轮效应”则解释了消费短期波动的特征，即在繁荣时期，人们的消费水平会提升到一个更高的水平；在衰退时期，消费虽然会随着收入下降，但并不是同比例下降，而是会为了维持一定的消费水平而减少储蓄。

因此，Duesenberry（1949）通过分析消费者行为，指出了收入对消费影响的“相对性”，尤其是收入的总体增长不会改变收入分配，为 Kuznets（1942）提出的“消费悖论”提供了解释。McCormick（2018）认为，RIH 非常前沿地表达了后来在行为经济学中变得耳熟能详的观点，例如，聚光灯效应、“羊群效应”、相互依赖偏好、现状偏见等，并且提出了再分配税对国民储蓄影响的政策问题，优于替代了它的永久收入假说。至于为什么 RIH 会“从经济学课本中消失”，McCormick（2018）认为，接受 Duesenberry（1949）的观点意味着需要否定新古典经济学的“经济人”独立偏好假设，当两种理论都与数据一致时，大多数学者似乎都选择了“现状偏见”，这个现象是“知识社会学中一个有趣的警示故事”（Frank，2005）。

2.4.1.3　生命周期假说

最早由 Modigliani 及其学生 Brumberg（1954，1979）提出，并由 Modigliani 和 Ando（1957，1963）进一步论证的生命周期假说（Life Cycle Hypothesis，LCH）认为，人们会根据财富、资本回报率、预期收入、年龄（所处生命周期）来规划消费，并且生命周期的收入变化呈驼峰状，即青年和老年时较低，中年时较高。相应地，人们在年轻时负债，并且假设未来的收入足以归还负债；在中年时期偿还年轻时的负债并进行储蓄，以维持退休后的消费水平。

LCH 在理性人假设下解答了“消费悖论”，揭示了储蓄和消费在生命周期中的变化：在财富不变的短期内，消费与收入的关系是非线性的，正如 Keynes 的消费函数那样；在财富增长的长期内，消费与收入的关系是线性的，APC 和 MPC 都相对平稳。

总体而言，LCH 的重要贡献在于考虑了财富对消费的影响，并解释了长期和短期消费倾向的差异。但该假说也受到了批评，尤其是关于理性人和完全信息的假设。例如，Modigliani 等假设人们对现在和将来的收入流是有把握的，对预期寿命也有明确意识，并且清楚将影响他消费支出的未来紧急情况、机遇和社会压力，以及对流动性约束的忽视和现实情况依旧存在距离。

2.4.1.4 永久收入假说

Friedman（1957）提出的永久收入假说（Permanent Income Hypothesis，PIH）也尝试对长期和短期消费函数的差异进行解释。他反对使用“当前收入”作为消费支出的决定因素，而是将消费和收入分为“永久”和“暂时”两部分。永久收入是指“一个消费单位在保持其财富不变的情况下可以消费（或认为可以消费）的数量”；暂时收入则是指观测收入（当前收入）与永久收入之间的差值，可能随意外或经济周期而变动。PIH 对收入与消费的关系进行了一系列严格假设，包括永久收入与暂时收入不相关，永久消费与暂时消费不相关，暂时消费与暂时收入不相关，只有永久收入的差异才会系统性地影响消费，而人们对永久收入的估计来自回溯性预期（适应性预期）。

Friedman（1957）认为，在长期中，永久收入是稳定的，所以消费函数是稳定的，APC 取决于利率、财产和非财产收入的相对重要性以及决定消费者消费或财富偏好的综合因素；短期消费（观测到的消费）是在永久消费的基础上加上了体现随机变动的暂时消费，如温和而暂时的经济衰退，或是观测误差。

总体而言，LCH-PIH 是目前为止对消费理论发展影响最为深远的理论假说，但 PIH 的假设也存在非常容易受到质疑的部分，例如，暂时消费与暂时收入无关的假设，与 Bodkin（1959）关于意外之财与消费的实证研究结果背离，也与行为经济学中有关心理账户的众多研究存在出入。

2.4.1.5 对 LCH-PIH 的发展和挑战

永久收入假说之后，许多研究都尝试通过修正理论假设来发展和挑战 LCH-PIH，并开始大量地运用计量方法进行验证。

Hall（1978）在 LCH-PIH 的基础上，将 Friedman（1957）的适应性预期假设修正为理性预期假设，得到了与 PIH 完全不同的结论，即在理性预期下，按照 PIH 追求效用最大化的消费者的消费轨迹是一个随机游走过程，除了本期消费，其他变量都无法预测下期消费。然而，Flavin（1981）、Campbell 和 Deaton（1989）分别以过度敏感性和过度平滑性挑战了 Hall（1978）的随机游走假说——前者通过实证研究表明当前收入有助于预测未来收入和永久收入的变化，后者则研究表明永久收入实际比观测收入更不平滑，那么消费的平滑性不能被永久收入假说直接解释。

因此，虽然 Hall（1978）尝试通过较小程度的假设修正来发展 LCH-PIH，但得到了与 PIH 完全不同的结论，同时又受到了 Flavin（1981）、Campbell 和 Deaton（1989）的挑战。于是，该领域的学者开始提出新的消费理论。例如，Zeldes（1989）实证检验了流动性约束对平滑消费的影响，Shea（1995）则进一步研究发现总消费对可预测的收入下降比收入上升更敏感，与存在流动性约束情况下的预期结果不一致，但与当时将损失厌恶纳入跨期偏好的理论研究相一致。

综上所述，自 Keynes（1936）提出关于消费的绝对收入假说以来，Modigliani 等和 Friedman 为解释 Kuznets（1942）揭示的“消费悖论”先后构建的生命周期—永久收入假说奠定了消费和储蓄理论领域的基础框架。然而，由于他们严格的理论假设与现实存在明显背离，20 世纪后期以来，关于消费和储蓄理论的研究更紧密地结合实证研究，在放松完全理性、完全市场假设的方向上作出了尝试，但对收入分配、技术及经济形态变迁的关注存在不足。相较而言，“从经济学课本中消失”的相对收入假说似乎是最早关注了收入分配对消费影响的理论，但其后续在实证研究及对经济发展的刻画上明显较弱。本书对相对消费的考察，以及对数字技术影响下的家庭消费和投资行为的关注，可以为消费和储蓄理论研究形成一定的贡献。接下来进一步评述与本书密切相关的金融素养以及技术变迁作为消费或储蓄的约束条件的相关理论研究。

2.4.2 消费或储蓄的约束条件

20世纪后期，行为经济学领域的研究成果愈加得到认可，人力资本领域也开始在微观层面融入行为研究，尤其以获得1992年诺贝尔经济学奖的Gary Becker为代表。相应地，关于消费和储蓄的理论研究开始更多地关注影响储蓄或消费的约束条件，即逐渐纳入对个体差异的考虑，走向更多细分的领域。Karlan和Morduch（2010）讨论了八种储蓄的约束条件，包括理性与冲动行为特质、金融规划与金融素养、价格、损失厌恶和心理账户、默认选择、营销、社交网络和同伴效应、技术。在上述约束条件中，关于金融素养[①]和技术（尤其是数字技术）的研究与本书最为相关，以下对相关理论研究进行评述。

2.4.2.1 金融素养

有关金融素养的个体差异研究可以追溯至20世纪90年代末期，例如，Bernheim（1998）发现许多美国消费者金融素养水平都较低。此后，OECD（2005）在许多国家都发现了类似的现象。理论层面的探索始自Delavande等（2008），他们基于Ben-Porath（1967）和Becker（1993）关于人力资本投资与收入的研究，首次建议在人力资本生产框架内建立金融知识获取的模型，并根据认知经济学的调查数据对金融知识的人力资本生产函数进行了估计，得到的结果与模型特征相一致。但Delavande等（2008）主要依据静态模型对金融知识与投资组合决策的关系进行了理论分析，没有跟踪生命周期的财富变化。Jappelli和Padula（2013）构建了一个包含金融素养投资的跨期消费模型，消费者可以通过投资于金融素养来提升财富收益。基于微观和总量数据，他们发现该模型的预测得到了经验数据的强力支持。Lusardi等（2017）则进一步聚焦于金融知识投资对财富不平等的影响，通过构建一个包含金融知识投资、考虑不确定性和不完全保险的随机生命周期模型，他们认为有30%～40%的财富不平等是由金融知识造成的。

总体而言，关于金融素养对消费和储蓄（或生命周期财富）影响的理论

① 金融素养主要指对金融知识与技能的掌握，相关研究中常常与金融知识的概念替换使用。详见2.3.4节关于金融素养和金融能力概念的介绍。

研究还是一个比较新的领域，但已经得到了学术界的认可。相关学者主要通过构造包含金融素养投资的生命周期模型探讨金融素养投资对投资决策、财富收益以及最终的生命周期财富和消费的影响。这些研究的边际贡献在于，传统上关于投资组合决策的理论研究通常假定财富收益率是外生的，消费者只能决定投资多少于风险资产，而关于金融素养的实证研究已经发现金融素养与投资决策显著相关（Van Rooij、Lusardi 和 Alessie，2011）。因此，上述研究填补了理论与实证之间的缺口。

2.4.2.2　技术

Karlan 和 Morduch（2010）指出，技术正在为金融体系包容服务弱势群体带来巨大的机会——通过降低交易成本，技术驱动的金融服务可以从汇款等基础银行服务开始，为弱势群体带来储蓄、投资、信贷等一系列金融服务。

Mas（2009）分析了技术支持的代理银行实现经济性的原理。他认为关键在于价值链结构的塑造。例如，零售店在本地提供现金兑换服务的同时扩大了产品库存。又如，移动运营商则将零售网点、微型金融机构和客户产生的大量交易聚合起来。Mas（2009）将每个代理每天的交易笔数、活跃客户数以及活跃客户的平均账户余额视为相关项目成功的关键指标。可以看出，上述指标都没有直接涉及利润或者损失，而是关注商业上的成功，可以更确切地称为规模效应的实现。因为他认为弱势群体的金融服务必须建立在更加合理、专业化、规模化的产业结构基础上。

不同于代理形式主导的情况，在我国，技术发展对金融包容性带来的影响，既体现为各大银行业机构以 POS 机为主要技术载体在农村广泛设立的助农取款点（代理形式），更体现为以数字支付为先导的数字金融蓬勃发展的历程。我国庞大的市场规模和主要供应商市场占有率相对较高的格局使得规模效应得以轻松实现，并以此为基础催生了数字商业与数字金融互为促进的状态。

从理论研究的角度来看，上述技术带来的变化之所以值得特别关注，除了公平、发展等社会层面的含义，如果我们聚焦于消费或储蓄理论，可以发现这种变化还包含了交易成本下降可能带来的不止于投资组合层面的影响。经典分析框架下的经济人假设意味着经济主体是同质的，而我们可以看到，个体之间不仅存在上述金融素养层面的差异，也存在金融服务可得性层面的差异，可能使个体在获取收入、积累财富等方面面临非常不同的机会。当前，相关理论研究还非常有限，本书将在理论框架部分对此进行分析。

综上所述，对金融素养和技术带来的金融包容性改变的关注，实际上都是对经济个体面临的消费或储蓄的约束条件差异的关注。总体而言，围绕金融素养的相关理论研究还是一个比较新的方向，而围绕技术带来金融包容性改变并进一步影响消费或储蓄的相关理论研究更为鲜见。本书将在金融素养相关理论研究的基础上，结合对技术带来金融包容性改变的分析，搭建更贴近当前时代背景的理论框架。

2.4.3 福祉经济学领域的新进展

与本书密切相关的新进展包括福祉经济学近年来从效用到福祉的探索趋势，以及围绕福祉的跨学科研究方向。

本部分所梳理的微观理论都是在经典分析框架下求取效用最大化，而决策效用的基础是偏好。Ng（2004）通过三个理由阐释了偏好与福祉可能出现不一致的情况：第一，因为无知或不完全预见，个人可能会偏好 x 甚于 y，但结果却可能在 y 时实现更高的实际福祉水平。第二，个人的偏好同时受到对自己和他人福祉考虑的影响。第三，个人还可能存在非理性偏好。实际上，从因为福祉经济学领域的研究获得 2015 年诺贝尔经济学奖的 Angus Deaton 近年来的研究也可以发现，其研究已经更多地聚焦于福祉。例如，在诺贝尔经济学奖获奖致辞中，Angus Deaton 特别提道，“我相信这些作品有着内在的统一性。它涉及福祉（Well-being）……使用市场和调查数据来衡量个人和群体的行为，并对幸福作出推论”（Deaton，2016）。

除此之外，正如本书在 2.1 节提到的，关于福祉的研究正在向跨学科研究的方向迈进，涵盖了经济学、心理学、历史学等社会科学学科，甚至还有致力于测量快乐或痛苦的脑神经科学。其中，与经济学联系最为密切的是心理学的相关研究进展。Ng（2004）认为，对于重大政策或事件的全面分析应该考虑到其对主观世界、客观世界和制度安排的所有影响，因为所有的措施都是由主观世界（人的主观行为）产生的，并经由制度安排来作用于客观世界，或作用于制度或主观世界本身。相应地，关于福祉的全面分析有必要进行跨学科的研究。

综上所述，经典的消费或储蓄理论以效用最大化为目标变量，而基于偏好的效用有可能与福祉相背离，因此相关理论研究有必要在经典微观分析框架的基础上进一步关注福祉层面，并且着眼于跨学科的福祉研究。

2.5 数字金融能力影响家庭福祉的实证证据

虽然目前数字金融能力还是一个新概念，但既有研究已经为数字金融能力可能影响家庭福祉提供了一定的思路和证据。通过文献梳理，本部分总结了两条主要的作用渠道：一是数字金融能力可能通过减少相对贫困来增进家庭福祉；二是数字金融能力可能通过改变家庭金融行为来影响家庭福祉。

2.5.1 数字金融能力通过减少相对贫困影响家庭福祉

近年来，越来越多的研究表明，比起绝对的收入或者消费，相对地位对福祉的影响要大得多（如 Ng，2004；Wang、Cheng 和 Smyth，2019）。因此，本书尝试探索数字金融能力是否会通过减少相对贫困来增进家庭福祉。以下分别根据现有文献讨论数字金融能力与相对贫困、相对贫困与家庭福祉的关系。

2.5.1.1 数字金融能力与相对贫困

由于数字金融能力还是一个新的研究领域，已有文献中鲜有直接研究其与相对贫困关系的证据。对相关文献的探索可以从两个方面着手：一方面，作为数字能力与金融能力的交融部分，数字能力和金融能力分别如何影响贫困，以及在交互作用下，两种能力的条件边际效应的方向如何影响贫富差距，可以视为数字金融能力如何影响相对贫困的重要参考；另一方面，已有文献中关于某些数字金融服务的使用或区域数字金融的发展对家庭收入、消费等的影响，也可作为经验证据。

(1) 数字能力与贫困。关于数字能力与贫困的关系已有文献主要从以下两个方面提供了相关证据。一是数字鸿沟与贫困紧密相关。罗廷锦和茶洪旺(2018) 研究发现数字鸿沟与贫困呈现出显著的正相关关系。周向红 (2016) 指出，数字能力贫困是数字贫困的根源，而数字贫困可能与社会排斥、失业和生存困难等社会问题相关联。进一步地，从数字技术的应用和地理集聚特征来看，马太效应可能导致贫富差距的加大，无法使用数字服务的弱势群体可能会丧失为自己争取权利和利益的机会（彭继增、陶旭辉和徐丽，2019）。二是使用数字服务有助于减少贫困。数字鸿沟不仅与互联网的可得性相关，还与数字服务的使用密切相联系（Fuchs 和 Horak，2008；Thomas 和 Parayil，2008）。在智能手机不普及的国家，非智能手机的使用也被证实可以为边缘群体赋能，甚至带来“蛙跳效应”（Aker 和 Mbiti，2010；James，2012，2014；Jensen，2007）。数字服务的使用可以改变人们获取信息的方式，家庭成员也相应地变成了即时可得的信息中介，有助于降低交易成本，获取更多的商业机会（Mariscal Avilés、Benítez Larghi 和 Martínez Aguayo，2016）。例如，在克服物流障碍之后，电子商务服务的使用可以显著地减少偏远农村的生活成本（Couture 等，2018）。社交网络也可以通过提供信息和他人经验、减少焦虑和促进消费意愿等渠道帮助达成消费决定（Bhatli 和 Mejri，2015）。

上述两个方面的研究为我们提供了一定的启示，即提升数字能力很可能是反贫困的重要措施。然而，相关证据较为零散，尚未见得综合分析数字能力与相对贫困关系的实证研究。

（2）金融能力与贫困。参考世界银行（World Bank，2013），金融能力通常包含金融知识与技能、金融态度和金融行为三个层面。金融知识与技能实际上是大部分文献所界定的“金融素养”的主要内容。已有研究发现，提升金融知识与技能对减缓贫困有显著而积极的影响，主要通过影响家庭资产选择和信贷行为等渠道来增加收入、提升投资收益率和积累财富（Behrman、Mitchell、Soo 和 Bravo，2012；Lusardi 和 Mitchell，2014；Lusardi 等，2017；尹志超、宋全云和吴雨，2014；宋全云、吴雨和尹志超，2017；单德朋，2019）。与此同时，也有研究发现金融知识的影响可能出现不显著的情况。例如，Reyers（2019）分别检验了客观金融知识测试、主观金融态度和行为评价以及账户使用情况对贫困和非贫困群体的应急储蓄的影响，发现主观金融态度、行为评价和使用账户对应急储蓄有显著的正影响，而客观金融知识测试的影响不显著。这意味着仅仅关注金融知识是不够的，我们还需要进一步探索金融态度和金融行为的影响。

在关于金融能力与贫困的讨论中，Potocki（2017）特别强调了家庭金融能力的发展对作出负责任的金融决定的重要性。尤其是在金融化趋势更加深入、金融产品更加复杂的背景下，仅仅是将受排斥的群体包容到主流金融体系中来可能并不是对抗社会排斥和贫困的最佳选择。不过，Potocki（2017）主要从制度设计层面对金融能力与贫困的关系进行了定性分析。除此之外，谭燕芝和彭千芮（2019）在金融能力的衡量中，在金融知识与技能的基础上加入了金融服务可得性指标，考虑了外部环境对行为主体的赋能，并以金融决策作为中介变量，但没有考虑金融态度和各种金融行为的影响。

综上所述，已有文献主要从金融素养的层面讨论了金融能力与贫困的关系，较为系统地将金融行为纳入考量范围并探讨其与贫困的关系的研究还十分有限。本书将在实证研究部分着重从金融行为各层面衡量家庭金融能力，并进一步检验其与数字能力对相对贫困的影响，可以对已有文献形成补充。

（3）数字能力与金融能力如何交互影响贫富差距。关于在交互作用下数字能力和金融能力的条件边际效应的方向如何影响贫富差距，目前尚缺乏研究证据。因此，此处不妨结合实际情况进行如下分析推断。如果一种能力水平越高，另一种能力减贫的条件边际效应越大，那么，在数字能力和金融能力的交互影响下，贫富差距有可能加大。这是因为广大弱势群体的数字能力和金融能力通常较低。如果他们面临更低的边际效应，那么他们通过提升数字金融能力脱离贫困状态的可能性就更小了。相应地，当一种能力水平越低，另一种能力减贫的效应越大时，数字能力和金融能力影响相对贫困的交互效应将有助于缩小贫富差距。也就是说，数字能力和金融能力交互项的符号方向包含了关于贫富差距如何变化的重要信息。

（4）数字金融服务的使用与贫困。已有文献主要从移动支付（移动钱包）的使用和区域数字普惠金融的发展两个角度研究了对收入、消费及贫困的影响。例如，Sekabira 和 Qaim（2017）研究发现，使用移动钱包不仅有助于农户收到汇款，还有助于农户获取农业生产之外的收入。例如，通过运输售卖手工艺品，或将初级农产品加工后卖给更高端的非本地市场。Suri 和 Jack（2016）研究指出，移动钱包的使用有助于增加人均消费，使肯尼亚大约 2%的家庭脱离了贫困，尤其有助于丰富女性的职业选择，促进了更有效的劳动力分配。又如，从宏微观数据结合的研究来看，易行健和周利（2018）及 Li、Wu 和 Xiao（2020）发现，区域数字普惠金融发展显著促进了居民消费，尤其是那些低资产，低收入的三、四线城市家庭。

综上所述，提升数字能力或金融能力很可能是减少贫困的重要途径，但已有文献的证据还较为零散，也缺乏对两种能力如何交互作用于贫富差距的检验。与此同时，关于数字金融能力的研究主要围绕数字支付的使用或区域数字金融发展对收入、消费的影响，目前还缺乏对数字金融能力的衡量及其与相对贫困关系的研究。本书的研究将为该问题提供微观证据。

2.5.1.2 相对贫困与家庭福祉

即使人们并未就公平与不公平的标准达成一致意见，不公平问题也需要被认真对待（Sen，2009）。相对收入和相对消费等体现客观福祉不平等的指标对幸福感的影响大于绝对收入和绝对消费（Deaton，2003）。这意味着，绝对意义上并不存在衣食匮乏的个体可能因为相对贫困而感到不幸。而积累的妒忌将不仅不利于社会公平，还可能损害社会的安宁和发展。

研究证据表明，长期的经济增长并没有伴随长期的幸福感提升。一方面，经济增长可能从不同层面对幸福感形成既有积极又有消极的影响。Easterlin（1974，1995）提出了著名的"伊斯特林悖论"，指随着国家生产总值或是收入的不断增长，平均幸福感并未出现相应的提升。Senik（2014）进一步分析，虽然几乎没有证据表明国家财富和幸福感有直接的、显著的关系，但总体财富的增长同时对幸福感有积极和消极的间接影响渠道，例如健康改善、寿命延长常常也和环境退化相伴生。另一方面，从整个生命周期来看，人们的期望会随着收入的提升而进行调整，从而抵消随着收入增长的幸福感（Easterlin，2001）。从行为经济学角度，Kahneman、Krueger、Schkade、Schwarz 和 Stone（2006）将"收入越高越幸福"的想法称为"焦点错觉"，即收入对未来时期的幸福体验的影响并没有人们在当下判断的那么重要。

在相似的逻辑下，金钱对穷人和富人幸福感的影响效应也是不同的（Biswas-Diener 和 Diener，2001；Fang，2017）。同样的 1 美元会给穷人带来更高的幸福感（Ahuvia，2008；Veenhoven，1991）。Diener 和 Biswas-Diener（2002）通过对相关文献进行梳理发现，能够促进主观幸福感的物质指标并不是高收入，而是人们的物质需求是否得到满足，尤其是融入社会的基本物质需求。因此，相对贫困、相对贫困的深度，可能是比收入、消费和财富的绝对值更灵敏的幸福感预测指标。

此外，在设置救济标准和评估转移支付项目时，相较收入，消费是与福祉联系更紧密的、更有效的衡量指标（Meyer 和 Sullivan，2003）。从消费体现出来的、更可见的相对剥夺会对幸福感有强烈的负面影响（Wang 等，2019）。因此，本书在实证研究中选择了以消费衡量的相对贫困指标。

综上所述，由于存在经济增长的正、负影响以及收入增长的调整效应，绝对意义上的收入或消费增加并不一定增进家庭福祉，而相对贫困的减少则很可能会增进福祉。

2.5.2 数字金融能力通过改变金融行为影响家庭福祉

数字金融能力影响家庭福祉的第二条作用途径可能是通过影响家庭行为。虽然目前还缺乏检验这种间接效应的实证研究，但我们可以从数字金融能力可能如何影响金融行为、金融行为如何影响家庭福祉的相关研究获得经验启示。

2.5.2.1 数字金融能力与金融行为

已有研究主要从家庭对某种数字金融服务的使用的角度，研究其对家庭金融行为的影响。例如，使用数字支付有利于家庭增加储蓄和投资、促进家庭之间的风险分摊（Jack 和 Suri，2011，2014；Kikulwe、Fischer 和 Qaim，2014；Nandhi，2012），使用数字信贷有利于难以从传统渠道获得融资的家庭缓解融资约束（Owens，2018；Wamalwa 等，2019）。

从我国的发展实践来看，提升数字金融能力可能是丰富家庭金融行为、解决金融“最后一公里”问题的可行途径。传统上，乡、镇、村等行政范围被视为金融服务的“最后一公里”。截至 2019 年 6 月末，我国行政村基础金融服务覆盖率达到 99.20%（中国银保监会和中国人民银行，2019）。也就是说，代理银行（信用社）网点已经覆盖了我国农村的绝大部分地区。然而，这仅仅意味着最基础的金融业务在大部分地区得以实现。保险、理财、信贷等多样化的金融服务仍然面临服务网点下沉过程中的规模不经济。数字金融服务的发展有望加速解决多样化金融服务的“最后一公里”问题。无论是银行还是第三方支付公司提供的数字金融应用，大多在支付、转账等业务的基础上，提供了消费信贷、代销保险、代销理财等渠道服务，并且服务门槛较传统渠道大为降低。更加畅通的数字金融渠道可能有利于促进综合金融服务网点分布较少的县域以下地区的家庭实现更加多样化的金融行为。但能否实现还需取决于这些家庭适应和充分运用有利的数字金融服务的能力。

2.5.2.2 金融行为与家庭福祉

实证研究证据显示，储蓄、高风险投资、保险和负债等主要的金融行为都会显著影响家庭福祉，作用机理可能和这些金融行为伴生的财务安全感、精神压力以及相应的对未来财富的预期相关。

储蓄与主观幸福感相互影响，但正逆向影响效应可能相反，实证研究结果也存在分歧。例如，梅立兴、游子榕和许焕（2018），肖忠意、赵鹏和周雅玲（2018）研究发现，幸福感会对居民参与储蓄及储蓄率都有显著的负影响，可能源自居民对未来的乐观预期以及风险偏好的调节作用。而尹志超等（2019）则发现储蓄对主观幸福感有显著的正影响。也就是说，国内学者研究发现，储蓄与主观幸福感的正逆向影响效应是相反的——储蓄有助于提升主观幸福感，但主观幸福感越高，储蓄倾向越低。然而，Guven（2012）使用荷兰和德国的数据却发现，越幸福的人储蓄会越多，可能是因为他们预期寿命更长，相应地需要有所准备。

高风险投资降低主观幸福感，但主观幸福感对风险投资的影响效应既可能为正，也可能为负。预期的幸福感受到投资组合风险和投资目标的影响（Merkle、Egan 和 Davies，2015），参与股票、基金等高风险投资会显著降低居民的主观幸福感，而债券投资的影响不显著（胡珺、高挺和常启国，2019；尹志超等，2019）。从逆向来看，幸福感的提升与股票等风险资产的持有概率及持有比例关系显著为负（肖忠意等，2018；叶德珠和周丽燕，2015；Delis 和 Mylonidis，2015）。不过，存在争议的是，Rao、Mei 和 Zhu（2016）研究发现幸福的家庭会将家庭资产更高比例地投资于股市和共同基金。

除了储蓄和风险投资，商业保险是家庭建立风险保障机制的重要投资。持有保险有利于减少焦虑（Tefft，2011）、提升生活满意度（Tran、Wassmer 和 Lascher，2017）。幸福的人更厌恶风险（Guven 和 Hoxha，2015）。相应地，似乎应该更有可能参与商业保险（肖忠意等，2018）。但也有研究发现，幸福感的提升会降低荷兰家庭投资于保险的概率（Delis 和 Mylonidis，2015）。

负债也是家庭金融的重要内容。研究证据显示，负债并不总会减少幸福感，取决于资金的来源、负债的期限结构以及债务是否可控等债务管理状况。以住房负债为例，Brown、Taylor 和 Price（2005）指出，住房按揭贷款不会降低幸福感，Liu、Zhong、Zhang 和 Li（2020）研究发现，只有非银行渠道的住房负债才会显著降低幸福感。陈屹立（2017）的验证结果与 Liu 等（2020）类似，即家庭债务对幸福感有负面影响，但这是由非银行债务带来的。高收入群体没有受到债务的显著影响，而银行负债对中等收入群体的幸福感有显著正面作用。不过，除了是否负债，负债管理状况也会影响主观幸福感。Gathergood（2012）研究发现，住房按揭贷款出现问题和抑郁具有颇大的双向因果关系。宁薛平和文启湘（2011）较为详细地检验了不同首付款、贷款期限、还款方式和未来房贷政策预期四个因素对幸福指数的直接或间接影响，发现首付款越高、贷款期限越短会增加经济压力，但贷款期限越长、预期住房信贷政策多变、使用住房公积金贷款会增加精神压力。与之相反，目前尚未发现幸福的人会更多地负债的研究证据。

因此，数字金融能力会直接地作用于家庭金融行为，不同的家庭金融行为对主观幸福感既可能是积极影响，也可能是消极影响，不同学者的结论仍然存在分歧。以上文献评述为本书研究数字金融能力影响主观幸福感的中介渠道提供了思路，本书也有机会丰富相关实证证据。值得思考的是，从生命周期的角度来看，储蓄和保险可能带来的安全感，高风险投资和负债可能带来的精神压力，不仅与当前的消费有直接关系，也和未来（尤其是收入可能减少的退休阶段）消费联系密切。也就是说，特定时点（或特定时间段）的消费效用、投资效用也在一定程度上反映了经济主体对更长生命周期范围内的消费与财富分配的考量。

综合本部分文献评述，数字金融能力可能通过减少相对贫困来提升家庭福祉，也可能通过改变储蓄、投资、保险和负债等金融行为来影响家庭福祉，本书将在第 3 章的理论框架中对此进行理论分析，在第 4 章和第 5 章通过构建数字金融能力指标对这些作用渠道进行实证检验。

2.6 本章小结与讨论

本章基于已有文献对本书涉及的概念及其潜在关系进行了评述，对全书研究起到铺垫作用。首先，对福祉的含义及其在社会科学中的理论背景进行了分析，比较了社会福祉指标和微观福祉指标的优缺点，明确了微观福祉的理论基础和研究价值。其次，对家庭福祉相关概念进行了辨析，明确了家庭福祉与个人福祉的区别，探讨了主观福祉和客观福祉分别包含的维度，并进一步辨析了关于客观福祉的四个重要问题。再次，围绕数字金融能力，明确了本书所称数字金融的含义，指出了为什么研究数字金融能力，讨论了数字金融能力与相关概念的联系与区别，并对数字金融能力进行了界定。最后，梳理了数字金融能力与家庭福祉关系的理论基础，并通过总结实证研究中的经验证据，对数字金融能力可能通过影响相对贫困和金融行为作用于家庭福祉进行了分别讨论。总体而言，既有研究中的相关证据还较为零散，也缺乏对数字金融能力的直接关注，本书的理论框架和实证研究将对此形成补充。

在家庭福祉的不确定性加剧的背景下，作为微观经济领域的研究者，可以为提升家庭应对不确定性的韧性、改善家庭福祉做些什么？一个简单得有些显而易见的答案是，尝试探索途径和机制以提升更广大范围的家庭福祉，或者让家庭的幸福变得更加可持续。那么，是提升收入、消费还是资产，是鼓励储蓄、投资还是购买保险？一个比较明智的做法是向历史提问，再结合现实来寻找答案。

历史学家 McMahon（2018）研究了自旧石器时代起人类历史上三次重要变革对福祉（happiness）的影响，包括农业革命、轴心时代的智慧传承和工业革命。值得关注的是，农业革命和工业革命都是人类历史上最重要的生产力变革，而农业革命和工业革命对人类福祉的影响方向却是不同的。农业社会虽然较采摘狩猎时期提升了生产效率，但却因为人口快速增长、劳动边际收益递减以及分配不公等原因周而复始地出现饥荒和战乱，降低了大部分人的福祉。考古研究发现直至工业革命之前人类的健康状况甚至比不上石器时代（Scott，2017），而工业革命则扭转了这种局面，并且开始让相当部分人认为“幸福可期”。从中可以看出，生产力的提升和总量上的经济增长不一定增进福祉，每一个个体所能获取的资源及资源的分配方式是更切身的影响因素。

审视当下，人类社会正在经历愈加深刻的数字化变革，社会生产力也处在新的变革阶段（McMahon，2018）。在生产力发生重大变革的时期，很可能是新的生产关系形成的关键时期。尤其是在新冠疫情的影响下，数字生活方式的许多层面都呈现出“被逼”强化的趋势，许多金融服务正在探索全流程数字化。而由于“数字鸿沟”的存在，以及对数字金融产品和服务的运用能力存在差别，部分家庭的福祉却可能因此相对恶化。上述种种现象的启示在于，我们需要从技术进步、产业创新的喜悦中冷静下来，对当前时代背景下微观福祉及其分配给予足够的关注。因此，本书旨在研究数字时代背景下的家庭福祉，重点关注数字金融能力与家庭福祉的关系。

第3章　理论框架

在文献综述的基础上，本章提出正式的理论框架。3.1节探讨了数字金融能力作为一种数字时代人力资本的合理性，并对其如何体现为一种“资本”进行了分析。3.2节至3.4节从一个包含人力资本投资的两期生命周期模型出发，分别分析了数字金融能力投资的实际收入效应、财富积累效应、缓解流动性约束的效应，以及相应的对家庭的财富和最大化效用的影响。在此基础上，3.5节引入对相对消费、金融行为的考察，分析数字金融能力投资如何通过影响横向和纵向的相对消费以及金融行为来影响家庭福祉。

3.1　数字金融能力作为一种数字时代的人力资本

人力资本是有助于促进生产（或提升实际收入）的人类知识、技能、态度、天资和其他后天品质等的集合（Becker，1962；Goode，1959；Mincer，1958；Schultz，1961）。那些通过增加人的资源来影响未来货币和心理收入的人类活动，就是人力资本投资（Becker，1993）。Denison（1985）研究发现，1929—1982年，工人接受的教育仅能解释期间人均收入增长的四分之一。Becker（1993）则认为，这主要是由于其难以衡量健康等其他种类的人力资本。这意味着人力资本投资的外延远不止于传统意义上的学校教育。

本书认为，应该将数字金融能力视为一种数字时代的人力资本，可以从以下四个方面阐释其实证证据和理论基础。

从实证研究证据来看，家庭对数字金融服务的使用有利于增加储蓄和投资（Jack和Suri，2011；Nandhi，2012）、促进风险分摊和应对意外支出（Jack和Suri，2011，2014；Kikulwe等，2014）、缓解融资约束（Owens，

2018；Wamalwa 等，2019）、平滑和促进消费（易行健和周利，2018；Sekabira 和 Qaim，2017）、提升收入并最终减少贫困（Suri 和 Jack，2016）。也就是说，合理运用数字金融产品和服务的能力可能从提升收入、促进财富积累、缓解流动性约束等多个层面提升家庭的实际收入和财富价值。

从经济原理来看，如果将家庭视为一个微型经济体，表面上看，数字金融能力是家庭使用数字金融产品和服务以满足自身经济利益的能力，而实际上是家庭在数字时代进行资源配置的一种能力。

回溯“经济学”一词的由来，可以发现其最初就是指家庭资源的管理。古希腊历史学家色诺芬所著《经济论》（*Oikonomikos*）是“经济学”和“经济学家”两个词的来源。Oikonomikos 在古希腊是指“家政管理”，实际上是在当时奴隶制度背景下的家庭地产、农业乃至财富的管理。而数字金融能力所涉及的资源管理也不仅仅是家庭的货币或金融资本，至少体现在以下三个方面。

首先，对于普遍意义上的经济生活而言，当家庭具备了最基础的数字金融能力——参与数字交易的能力，就拥有了参与更广阔市场交易的选择权。一方面，他们可以通过更大的市场售卖产品、提供劳动或专业技能服务来获取收入；另一方面，也可以在消费上占据“买方”优势，获得更低的价格、更多样化的供给和更低的交易成本。无论是更多的收入渠道，还是更低的生活成本，都会带来实际收入的提升。

其次，对于家庭的财富管理而言，恰当地应对数字金融风险，充分运用有利的数字金融投资产品，也有利于家庭资产保护和财富积累。这对于中低收入群体尤为重要。因为金融数字化进程也是金融普惠化过程，尤其是在降低理财、保险、信贷等金融服务的准入门槛，丰富可供选择的产品和服务等方面，取得了不容忽视的进展。但与此同时，家庭也需要进阶的数字金融能力（而不仅仅是参与数字交易的能力）才能充分利用更加丰富、复杂的数字金融产品和服务。例如，一位富人可以雇用专业的财富顾问为其在全球配置资产，这位财富顾问的人力资本就体现为他在这个职业中的（高）收入。对于一个低收入甚至贫困的家庭而言，如果他们充分了解数字金融平台上各种基金的特征，懂得应对投资过程中可能存在的欺诈和风险，他们也可以通过投资基金投资于海外资产，甚至十元、百元的资金量就可以实现。即使不投资于高风险资产，只投资于中低风险的数字金融产品，哪怕只让年化收益率增长1%～2%，也会对生命周期财富产生显著影响。这种数字金融能力就是低收入或者贫困家庭自身的人力资本。

最后，数字信贷技术的发展使得提供微小额度的信用产品成为可能，具备认识数字信贷产品的特征和风险及管理数字信用的能力将有利于从前广大的“信用白户”[①] 缓解流动性约束。从长远来看，也有利于家庭提升收入和积累财富，或者至少在经济困难时期免于饥饿或子女辍学。Carvalho、Meier和 Wang（2016），Stahl（2013）研究表明，流动性约束是众多低收入家庭难以实现最优消费选择的重要原因。

从本质来看，数字金融能力的重要内核是数字与金融的交融，通过减少信息不对称，降低交易成本，提升交易效率，识别、控制甚至运用风险，实现对家庭资源的更优管理，促进微观经济主体边际收益率的提升。这种能力可能并非对所有微观经济主体而言都是必要的，例如，富裕的家庭可以雇用财富顾问为其管理资产，节俭的家庭也可能通过收支管理和储蓄来维持家庭财务安全。但如上所述，具备数字金融能力意味着拥有了一些不止于财富管理层面的选择权，包括参与更广大交易市场的选择权，减少金融排斥（尤其是在投资和信贷中的金融排斥）的选择权，以及应对数字金融风险的能力等。正如诺贝尔经济学奖获得者 Amartya Sen 关于能力的研究给我们的启迪，可供选择的能力集是一种自由，其本身就具有价值。实际上，在我国数字支付深度渗透的背景下，越来越多的群体从使用数字支付开始接触到各类数字金融产品和服务，也就自然地更容易遇到数字金融风险和权责问题。相应地，参与数字交易之外的数字金融能力层面很可能会变得更加重要。

从类似的理论研究来看，Delavande 等（2008）、Jappelli 和 Padula（2013）及 Lusardi 等（2017）将金融素养，一个与数字金融能力密切相关的概念，作为一种人力资本，构建起关于生命周期内投资、消费与财富关系的微观经济模型，得到了学术界的认可。通过上述分析可以发现，合理运用数字金融产品和服务的能力将超越良好金融素养带来的好处。因为金融素养主要被认为与家庭投资和财富相关，而数字金融能力还会作用于收入、消费、流动性约束等更多层面。

① 指在征信系统中没有记录的个人。

本章将构建关于数字金融能力与家庭福祉的理论框架。

综上所述，数字金融能力作为一种数字时代的人力资本，可以通过提升实际收入、促进财富积累以及缓解流动性约束来增进家庭的客观物质福祉。此外，除了收入、消费、财富等结果性的绝对指标，研究证据显示相对经济地位、不同的金融行为本身也会对幸福感形成不同的影响（见 2.5 节），3.5 节将在构造经典模型之后进行拓展讨论。

作为一种人力资本，数字金融能力也需要投资。传统上，投资于人力资本的途径包括学校教育、在职培训、医疗护理、维他命消费以及获取经济信息等（Becker，1962，1993）。在这里，本书综合考虑原有人力资本禀赋、针对数字金融能力的投入以及社会环境条件（Ben-Porath，1967）。假设对数字金融能力投资的生产函数具有 Cobb-Douglas 形式：

$$\delta_t = \frac{dD_t}{dt} = Q\,(e_t\,D_{t-1})^{\alpha_1}\;M_t^{\alpha_2}\,H_t^{\alpha_3}\;E_t^{\alpha_4}\,,\alpha_1 + \alpha_2 + \alpha_3 + \alpha_4 < 1 \quad (3-1)$$

其中，δ_t 是第 t 期内数字金融能力增量，D_t 是第 t 期末的数字金融能力，Q 代表天生的能力禀赋，如智商等（Delavande 等，2008）。第 t 期内，付出的努力或者时间为e_t，而有效努力或时间的量为e_tD_{t-1}。这意味着，更高的数字金融能力水平有助于提升未来增长数字金融能力的效率。M_t 代表第 t 期内与提升数字金融能力相关的货币投入，如购买设备和书本、付费课程、咨询服务、通讯成本等。H_t 代表第 t 期末所有其他形式的人力资本存量。E_t 代表社会环境条件，如所在地互联网、智能设备普及率，社交圈其他经济主体的数字金融能力，以及经济、金融等方面的制度环境等。$\alpha_1 + \alpha_2 + \alpha_3 + \alpha_4 < 1$ 代表在给定时期内数字金融能力投资的边际收益是递减的，这意味着将对数字金融能力的投资分散到生命周期的不同阶段是更有效率的。这样的假设更符合数字金融能力需要随着金融科技的演变而更新的现实情况。

相应地，第 t 期投资于数字金融能力的总成本既包含其付出的努力和时间的机会成本，也包含其他货币投入，可以表示为

$$I_t = I(\delta_t) \quad (3-2)$$

3.2 数字金融能力投资的实际收入效应

为了分析数字金融能力投资的实际收入效应，本部分从一个简单的两期

生命周期模型出发，先介绍模型设定，然后分析数字金融能力投资的实际收入效应对消费者剩余、财富现值及最大化效用的影响，最后进行比较静态分析并探讨其对不公平问题的启示。

3.2.1 两期生命周期模型设定

假设c_1、c_2分别为两期内的消费，家庭效用函数为

$$U = U(c_1, c_2) \tag{3-3}$$

第 1 期的预算约束为

$$c_1 = y(1-t) - s_1 - I_1 \tag{3-4}$$

其中，初始资产为 0，c_1、y、t、s_1、I_1分别表示第 1 期的消费、货币收入、税及社保扣除比例、储蓄和数字金融能力投资。

根据 Lusardi 等（2017）的研究，为使关于数字金融能力投资的实际收入效应和财富积累效应的分析更为清晰简洁，本书在 3.2 节和 3.3 节的理论模型分析中先假设存在借款约束，并在 3.4 节单独分析数字金融能力投资与流动性约束的关系。

第 2 期的预算约束为

$$c_2 = w_2 + ss_2 \tag{3-5}$$

其中，第 2 期的消费等于通过第 1 期储蓄积累的财富w_2，及领得的社会保险退休金ss_2。

由于暂时不考虑数字金融能力投资对财富增值率的影响，因此，假设第 1 期储蓄仅可以实现无风险收益率 r。即

$$w_2 = s_1(1+r) \tag{3-6}$$

在现实生活中，我们很容易观察到，部分群体可以很熟练地用智能设备进行娱乐，如玩游戏、看视频等，但对于在网络虚拟空间进行商品和服务的交易持不同程度的戒备心理。拥有戒备心理是合理的，但因为恐惧而放弃有利机会则暗示着能力的不足。例如，他们可能需要了解市场中有哪些常见的数字支付服务供应商，学习怎样核实供应商的资质，明确不同的交易方式所代表的资金流向以及风险性质等。这意味着他们需要付出一定的努力、时间或其他成本才能掌握最基础的数字金融能力，即参与数字化交易的能力。相应地，假设初始数字金融能力为D_0，第 1 期数字金融能力为D_1。参考 Lusardi 等（2017），数字金融能力会发生折旧（可能由金融科技发展、数字金融产品创新引起），假设每期折旧率为 φ。通过投资于δ_1，使D_1达到一定水平 $\dot{D}$ 后，才会起到提升实际收入的作用。

$$D_1 = D_0(1-\varphi) + \delta_1 \tag{3-7}$$

3.2.2　消费者剩余的变化

接下来用消费者剩余来分析数字金融能力投资对实际收入的影响。根据 Ng（2004）和 Winch（1965），当需要对价格变动的收益进行度量时，消费者剩余的马歇尔标准可以视为近似值。因此，以下使用消费者剩余的马歇尔标准进行讨论。如图 3－1 所示，纵轴 Y 代表货币数量，横轴 X 代表物品数量，先考虑仅有一种商品的情况。

在未进行数字金融能力投资时，价格可以表示为图 3－1 中预算线 AP^1 的斜率（C_1D_1/AD_1），消费者可以用C_1D_1的货币成本购买ON_1数量的商品。根据马歇尔对消费者剩余的定义，B_1所在的无差异曲线穿过 A 点，代表该消费者为获得ON_1数量的商品最多愿意支付B_1D_1的货币成本。这时，买或者不买对消费者而言是无差异的，消费者剩余为$B_1C_1=B_1D_1-C_1D_1$。

根据上一部分的分析，数字金融能力投资可能通过以下两个渠道提升实际收入。

一方面，数字金融能力的提升有助于家庭从更多的渠道获取收入（Suri 和 Jack，2016）。当数字金融能力提升到一定程度时，家庭能够获得更多的货币收入。那么，我们可以将货币收入表示为数字金融能力的函数：

$$y = y(D_1, X) \tag{3-8}$$

其中，X 表示其他特征变量。

收入的增长可以直接在图 3－1 中表示为 A 点上移至$'A$点。假设此时价格为$'P^1$，即价格不变，只是货币收入增加，预算线从细实线AP^1平行移动至虚线$'A'P^1$的位置。C_2所在的无差异曲线是此时可以达到的最高效用。此时，消费者剩余为B_2C_2，相较B_1C_1略有提升。

另一方面，数字金融能力的提升还有助于家庭在更广阔的市场中消费，降低生活成本（Couture 等，2018；Fan、Tang、Zhu 和 Zou，2018）。假设价格从P^1下降到P^2，则预算线变为$'AP^2$。C_3所在的无差异曲线是此时可以达到的最高

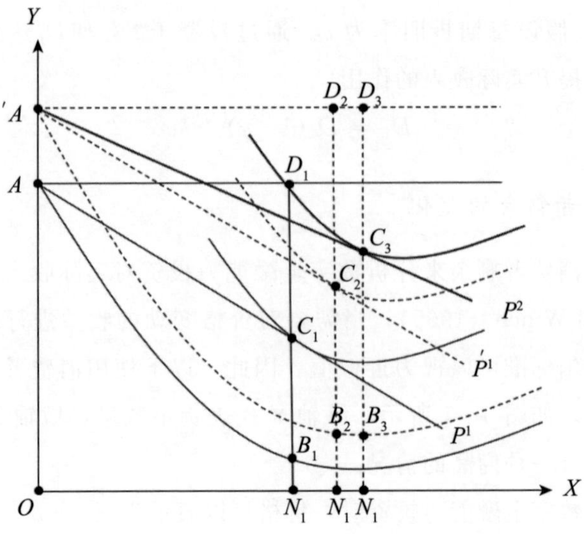

图 3-1 消费者剩余变化示意

效用。消费者可以用C_3D_3的货币成本购买ON_3数量的商品，消费者剩余变为B_3C_3。因此，价格变化引起的消费者剩余变动为图中（$B_3C_3-B_2C_2$）。相较点C_2，点C_3在更高的无差异曲线上，家庭实现了更高的最大化效用。

因此，综合围绕图 3-1 的分析可得，通过货币收入变动和消费价格变动两个渠道，数字金融能力投资有助于提升家庭的实际收入。由于图 3-1 纵轴表示货币数量，实际收入的变化可以用消费者剩余的变化值（$B_3C_3-B_1C_1$）近似表示。

以上为仅考虑一种商品的情况。由于现实情况下家庭通常需要购买多种商品，假设商品的初始价格向量为 $P^1\equiv(P_1^1,P_2^1,\cdots,P_N^1)$，$P^2$ 是相应的变动后的价格向量。那么，一系列商品价格变动引起的消费者剩余的变化可以表示为积分的形式：$\int_{P^1}^{P^2}\sum_{n=1}^{N}X_n d\,P_n$。该积分的值受到积分路径的影响，但与现实中信息统计的误差相比，不同积分路径形成的差异可以忽略不计（Ng，2004）。

从关于价格变化引起的消费者剩余变动分析可以看出，虽然家庭所持有的货币数量并没有发生变化，但价格变化不仅有利于购买更多商品（$ON_3>$

ON_2），消费者剩余也更多了，在存在多种商品的情形下，消费者剩余既可以用于购买其他原本不能购买的商品，也可以用于储蓄。因此，（$B_3C_3-B_2C_2$）可以视为价格变动引起的实际收入（购买力）的增加，相当于收入增值了。相应地，在不考虑价格的两期生命周期模型中，我们可以将数字金融能力对实际收入的这种影响表示在式（3－4）中，如式（3－9）所示：

$$c_1 = y(1-t)(1+a_1) - s_1 - I_1 \tag{3-9}$$

$$a_t = a(D_t, X) \tag{3-10}$$

其中，a_t 表示由数字金融能力引起消费价格下降实现的实际收入增值率，（$1+a_t$）表示由数字金融能力提升、消费价格下降形成的实际收入乘数。当 $D_t < \dot{D}$ 时，$a_t = 0$；当 $D_t \geqslant \dot{D}$ 时，$a_t > 0$。

相应地，第 2 期的消费也会受到数字金融能力的影响而实现不同的实际消费。表示在式（3－5）中为

$$c_2 = (w_2 + ss_2 - I_2)(1 + a_2) \tag{3-11}$$

如式（3－7）所示，如果 D_1 刚好达到水平 $\dot{D}$，由于数字金融能力会发生折旧，则要使 $a_2 > 0$，第 2 期也需要一定的数字金融能力投资 I_2。I_2 是否大于 0 取决于 D_1 折旧后是否不低于水平 $\dot{D}$ 以及相应的家庭决策（是否在第 2 期进行数字金融能力投资）。

3.2.3 生命周期财富现值与最大化效用的变化

为了体现数字金融能力投资的实际收入效应对生命周期财富价值和最大化效用的影响，下面结合式（3－1）～式（3－11）所表示的两期生命周期模型进行分析（见图 3－2）。

代表家庭的初始禀赋为点 A，第 1 期的税和社保抵扣后收入为 OE^1，第 2 期可以领到的社保退休金为 OS^1。AF^1 为初始预算线，其斜率为（$1+r$），代表储蓄的收益率为无风险收益率 r，即此时不考虑家庭资产配置及相应的收益问题。假设 $D_0 < \dot{D}$，则在不进行数字金融能力投资的情况下，该代表家庭的效用最大化点为点 O^1，即无差异曲线 U^1 与预算线 AF^1 的切点。由于相较点 A，点 O^1 在更高的无差异曲线上。那么，该家庭应该将部分税和社保抵扣后收入用于储蓄。OW^1 则代表生命周期财富现值。

在此基础上，若代表家庭选择进行数字金融能力投资，由于$D_0<\dot{D}$，即初始数字金融能力低于实现实际收入效应的门槛，如点 A 开始的粗实线所示，预算线会先向左弯折，进入初始预算线以下的空间，代表家庭将一部分收入用于数字金融能力投资，而实际收入效应还未能抵销投资成本。当数字金融能力达到$\dot{D}$时，根据上述讨论，实际收入效应是通过货币收入变动和消费价格变动两种渠道实现的。

一方面，货币收入 y 增长会使社保退休金ss_2相应增长，即预算线从图 3－2 中AF^1平行外移至BF^2所在水平，初始禀赋点 A 移至点 B。由于是数字金融能力投资引起的货币收入增加，实际预算线可以由图 3－2 中经过点 $ATB\ F^2$ 四个点的曲折线表示——预算线先向内弯曲，代表对数字金融能力的投资，在数字金融能力水平达到$\dot{D}$后，由于货币收入的增长而出现预算线向外平行跃升。此时，点 B 代表货币收入增长后的禀赋，对应着更高的税及社保扣除后收入OE^2，以及更高的社保退休金OS^2。预算线BF^2与无差异曲线U^2相切于点O^2，相较点O^1实现了更高的效用。OW^2则代表对应的生命周期财富现值。

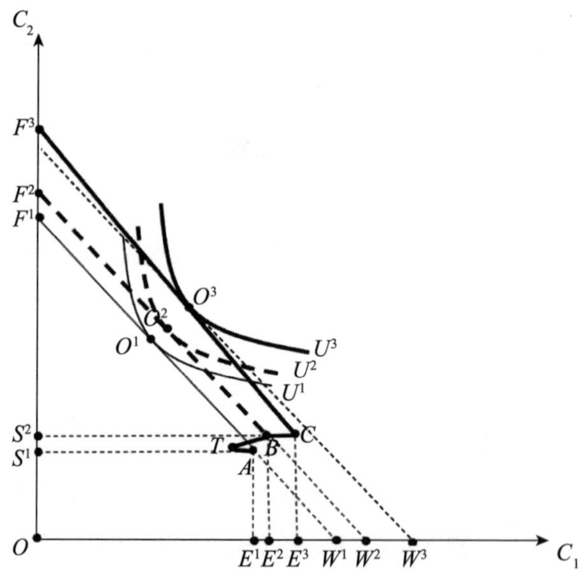

图 3－2　生命周期中数字金融能力投资的实际收入效应

另一方面，消费价格下降带来的实际收入增长并不直接表现为货币收入的增加，也不会引起社保退休金的增加（因为名义收入没有增加），而是同样的货币收入在整个生命周期中变得更有价值了，即通过一次次消费行为而使收入增值。相应地，在图3-2中表现为，表示禀赋的点B向右平移至点C，对应不变的社保退休金OS^2，和更高的实际收入OE^3。根据式（3-7）和式（3-11），新的预算线CF^3的斜率取决于D_2和I_2。例如，如果$I_2=0$且$D_2 \geqslant \dot{D}$，即第1期数字金融能力投资较多，经过折旧后仍然不低于$\dot{D}$，则预算线CF^3的斜率会大于BF^2的斜率。因为数字金融能力带来的第2期实际消费增值不仅来自储蓄部分扩大（$1+a_2$）倍，也包含社保退休金扩大（$1+a_2$）倍（此为图3-2所示的情形，假设a_1和a_2相同或近似）。如果$I_2=0$且$D_2<\dot{D}$，即第2期数字金融能力不足以实现消费价格下降带来的实际消费提升，并且家庭选择不对数字金融能力进行投资，则点F^3会与点F^2重合，预算线CF^3的斜率会小于BF^2的斜率。如果$I_2>0$且$D_2 \geqslant \dot{D}$，则由于第2期也对数字金融能力进行投资，预算线自点C起会先向内弯曲再向外延伸，最终与C_2轴的交点低于$I_2=0$且$D_2 \geqslant \dot{D}$情形的位置。

因此，在货币收入变动和消费价格变动两种渠道的共同作用下，数字金融能力投资使预算线从AF^1变为图3-2中$ATBCF^3$五点所示的粗实线，与无差异曲线U^3相切于点O^3，可实现的最大化效用进一步提升。经过O^3绘制一条平行于AF^1的虚线与C_1轴相交于W^3，则OW^3代表此时按无风险利率折现的生命周期财富现值。相应地，数字金融能力投资的实际收入效应可以表示为生命周期财富现值的增加$W^1W^3=(OW^3-OW^1)$，以及从U^1到U^3的最大化效用的提升。

3.2.4 比较静态分析及启示

图3-2为代表家庭进行数字金融能力投资的实际收入效应。在此基础上，还可以进一步针对家庭的异质性进行比较静态分析。

例如，根据数字金融能力的生产函数［见式（3-1）］，对于天生能力禀赋、初始数字金融能力水平或各项人力资本存量相对较低的家庭而言，需要付出更高的成本I_1（可能是更多的努力和时间e_t或者更高的货币成本M_1）才能使（$D_0+\delta_1$）达到$\dot{D}$的水平。假设从图 3 - 2 中相同的初始禀赋点 A 出发，此例中所对应的点 T 会一定程度地左移。假设数字金融能力达到$\dot{D}$后实现的货币收入增长幅度与图 3 - 2 相同，则本例中跃升后的预算线会比图 3 - 2 的 BF^2 位置更靠左，即相同的收入增长幅度减去更高的成本，最后收入的净增长变少了。此外，也可能出现净增长为负的情况，即收入增长幅度要小于图 3 - 2 中的情形，同时成本还更高。不过，由于除了货币收入增长，数字金融能力投资还会通过消费价格下降的渠道提升收入的价值（购买力），即使本例中的点 B 低于初始预算线，最终可以实现的最大化效用也可能高于初始预算线所能达到的无差异曲线。

又如，对初始经济资源禀赋极其匮乏的家庭，它们可能还没有开始使用智能设备，或者没有长期付费互联网服务。那么，为了提升数字金融能力，他们的初始成本可能就对家庭而言是笔不小的开支。相较已经使用智能设备和互联网服务的家庭，这些家庭不仅点 T 会左移，由于其预算线的位置本来就比图 3 - 2 中的代表家庭更靠左（因为经济资源极其匮乏），相应地，数字金融能力投资的成本比例就更大了。

针对上述例子中的家庭，政府、公共部门和供应方可以合作提供社会环境支持（E_1）。如通过公共图书馆提供公用的数字设备和相关公益课程，通过社区/村的便利店/小卖铺提供常驻咨询服务等。此外，政府也可以通过优化公共教育体系、促进教育平等来提升各项人力资本存量（H_1）。无论是社会环境支持还是各项人力资本存量的提升，都有助于减少家庭需要负担的成本，从而使弱势家庭更容易提升数字金融能力。

通过上述比较静态分析可以发现，数字金融能力应该成为促进经济公平的一个政策关注点和切入点。弱势群体通常面临更低水平的经济资源禀赋和人力资本禀赋。如若缺乏一定的干预支持，数字金融能力投资有可能对部分弱势群体而言“不经济”。虽然能够在一定程度上改善其资源禀赋，但比起其他社会群体而言，改善的幅度更小。这两种情况都会导致弱势群体面临的经济状况相对恶化。反过来，当政府、公共部门或供应方使社会环境支持E_1对弱势群体友好时，他们则有机会通过数字金融能力投资提升相对经济位置。

3.3 数字金融能力投资的财富积累效应

基于上一部分的两期生命周期模型，本部分继续分析数字金融能力投资的财富积累效应。首先探讨财富积累效应的含义；其次据此拓展生命周期模型，分析数字金融能力投资的财富积累效应对生命周期财富和最大化效用的影响；最后通过比较静态分析进一步探索数字金融能力投资的财富积累效的启示。

3.3.1 财富积累效应的含义

财富积累效应中，我们不直接讨论金融投资收益率，或者风险资产投资问题，是因为从数字金融服务的发展实践来看，数字金融能力对家庭财富管理的影响不一定体现在金融投资收益率上。

首先，在非洲和南亚的一些发展中国家或欠发达国家，数字金融账户首先是提供了一个安全的储蓄渠道，尤其有利于女性经济地位较低的国家和地区的母亲实现相对隐私、安全的储蓄。而这些母亲的储蓄常常被证明有利于其后代的营养和教育，进而增加家庭的人力资本积累（Aker、Boumnijel、McClelland和Tierney，2016；Suri和Jack，2016）。

其次，数字金融能力投资的财富积累效应还体现为其在生产、生活、金融活动中的风险准备、风险响应和风险控制功能（Jack和Suri，2011），最终起到保护资产、积累财富的作用。例如，通过数字金融平台可以接触到更多样化的保险和互助服务，有利于家庭（尤其是低净值家庭）建立风险准备。又如，当一个农村家庭的经济支柱遭遇重大健康问题而急需资金治疗时，远方亲友、社会群体等通过数字支付实现的及时救助，不仅有助于扶持病患，还可能避免其子女走向辍学养家之途，以此挽回该家庭可能面临的重大人力资本和物质资本损失。再如，一直以来，金融诈骗层出不穷，尤其还与数字金融服务的创新相伴生。我们不可能因为担心数字金融风险就抑制其发展，那么就需要为可能遇到的风险做好准备。这意味着良好的数字金融能力应该包含识别和应对数字金融风险的能力。随着数字金融的发展，数字金融能力还需要更新，这就要求建立起数字金融能力建设的长效机制，让数字金融能力投资的部分功能对标于提升数字金融风险识别能力。

最后，数字金融在我国发展的突出经验是，自从所谓的互联网金融“元年”“宝宝类”产品受到追捧之后，无论是银行还是第三方支付公司的数字金融应用都在不断丰富其金融产品和服务的品类供给，同时降低长尾客户参与壁垒。具备一定数字金融能力的家庭可以通过更低的金融服务门槛选择多样化的金融服务，确实有利于分散风险、优化投资组合（路晓蒙、赵爽和罗荣华，2019），从而实现更稳健的综合收益率。

相应地，我们其实可以将数字金融能力投资的财富积累效应，理解为综合风险调整后的财富增值率，即调整的风险不仅包含金融投资所蕴含的各种风险，还应该包括储蓄被盗风险[①]，意外风险无法对冲、分摊或无法及时获取社会救助的风险，以及遭遇金融诈骗等风险。

现阶段，对于中国广大的普通家庭而言，相较单一的金融投资风险，考察上述与数字金融能力相关的综合风险可能更加有意义。因为从调查数据来看，目前我国家庭对银行存款以外的金融投资参与率整体还较低，而金融投资风险之外的其他风险却是更多经济弱势家庭都有可能遭遇的。当然，此处并非是要否定应对金融投资风险的重要性，而是要明确家庭对数字金融能力进行投资所能发挥的作用。

根据调查数据进行分析可以发现，我国家庭金融投资现状可以总结为两个关键特征：一是复杂金融产品参与率仍然较低；二是推动数字金融发展、提升家庭数字金融能力可能是改变这种现状的有效途径。此处所称“复杂金融产品”并非指金融专业人士眼中的复杂金融产品，而是比起把钱存在银行或是藏在床垫下面而言，相对更需要投资经验、可能实现比无风险收益率更高收益的金融产品，如银行理财产品、基金、债券、股票等。根据 Lusardi 等（2017）使用美国收入动态面板研究（PSID）2001—2005 年数据进行的统计分析结果，美国家庭参与复杂金融产品[②]投资的平均比率为 52%，其中，户主为高中以下学历的家庭参与率为 24%，户主为高中学历的家庭参与率为 39%，户主为大学及以上学历的家庭参与率为 65%。相较而言，根据 2017

① 想象一个有嗜赌或吸毒人员的家庭，安全的储蓄渠道将对其他家庭成员及家庭整体的福祉而言至关重要。

② Lusardi 等（2017）将复杂金融产品简单地界定为股票、共同基金、债券和个人退休账户（IRA）四种相对复杂的金融产品，主要目的是和“只有银行账户”或“连银行账户都没有”相比较。

年中国家庭金融调查（CHFS），样本家庭参与银行存款和商业保险以外的所有类型金融投资的比率仅为 11%，其中，家庭主要经济决策人为高中以下学历的家庭[①]参与率为 4%，家庭主要经济决策人为高中学历的家庭参与率为 17%，家庭主要经济决策人为大学及以上学历的家庭参与率为 30%。于是不难看出，截至 2017 年，我国家庭参与银行存款和商业保险以外的所有类型金融投资的比率依旧较低，尤其是人口占比相对较高的低学历家庭参与率还很低。不过，更新的数据为如何改变这种状况提供了启发。根据 2020 年第二季度的《中国家庭财富指数调研报告》[②]，2019 年我国家庭互联网理财产品参与率提升至 11.3%，相较 2015 年的 5.4%和 2017 年的 7.8%，呈现出稳步提升的态势。其中，20～40 岁年轻群体的参与率达 23.2%。虽然 60 岁以上老年群体参与率仅为 3.3%，但实际也比 2015 年的 0.9%增长 2 倍多。因此，正如上述第二点所分析，金融数字化为中国家庭金融投资带来的突出变化是金融产品和服务门槛的降低及选择的多样化，相关数据也表明其正在成为提升我国家庭复杂金融产品投资参与率的途径。在这个过程中，来自政府和供应方的社会环境支持，以及家庭的数字金融能力投资，都将变得更加重要。因为参与门槛的降低主要源自数字化形态的产品使供应方边际成本得以降低，而金融产品的本质是不变的，其复杂性和风险性依旧是存在的。相应地，整个社会需要建立起一定的机制来应对这个正在发生的局面。

综上所述，数字金融能力投资的财富积累效应可以视为综合风险调整后的财富增值率，而不仅仅是金融风险调整后的投资收益率。虽然数字金融能力的提升有利于家庭以更低的门槛投资于更多样化的金融产品，但大部分家庭并未参与银行存款和商业保险以外的金融投资。通过数字金融能力投资，实现更安全的储蓄、更及时的风险分摊和民间互助及防范数字金融风险，是广大家庭的基本需求。也可以理解为，在家庭财富管理的视角下，数字金融能力投资的初级功能是建立渠道、控制风险，达到保护资产、积累资产的作

---

① 该样本中高达 64%的家庭主要经济决策人均为高中以下学历。

② 由于本书写作期间 CHFS 的最新数据（2019 年版）尚未开放外部权限，此处收集了该调查中心发布的其他报告中提到的 2019 年互联网理财产品参与率数据作为佐证。参见中国家庭金融调查与研究中心．疫情下中国家庭财富变动趋势——中国家庭财富指数调研报告（2020Q2）[R]. 2020-07-30.

用（数字金融能力不同，作用也会不同）。再进一步的功能才是参与相对复杂的金融交易、实现更高的投资收益率，是一个分步实现的过程。

3.3.2 两期生命周期模型的拓展

为了拓展 3.2 节引入的两期生命周期模型，需要先明确如何表示综合风险调整后的财富增值率 ρ。在考虑 ρ 的情况下，式（3-6）变为式（3-12）。

$$w_2 = s_1(1+\rho) \tag{3-12}$$

数字金融能力投资的财富积累效应首先表现为对财富的保护和积累作用。这种作用相当于是购买了一份保险，当风险发生时，这项投资可以实现一定程度的风险对冲的作用。类似消费型医疗保险或者汽车保险，各期保费与经济主体的特质和禀赋息息相关[①]。为简单起见，假设所有的家庭都面临相同的风险概率分布。由于数字金融能力 D_1 不同，相同的风险对不同经济主体的财富的影响将会形成不同影响。当代表家庭的数字金融能力达到一定水平 $\ddot{D}$ 时，上述风险[②]造成的损失将会更小。相应地，第 2 期财富水平 w_2 将会更高。

假设存在 g 种风险状态，$i \in \{1,2,\cdots,g\}$，风险 ε^i 发生的概率是 p^i，相应地，$w_2 = s_1(1+\rho) = \sum_1^g p^i w(\varepsilon^i, D_1)$。据此可以将 ρ 与 D_1 的关系表示为

$$\rho = \rho(\varepsilon, D_1) \tag{3-13}$$

其中，ε 表示风险的向量。

进一步地，家庭还有可能将部分财富用于风险资产投资。

莫顿的最优资产选择理论（Merton，1969）假设风险资产符合连续时间的随机漫步，因而年度收益符合均值为 μ、标准差为 σ 的正态分布。通过假设风险规避系数 τ 与家庭消费水平无关（CRRA 效用函数），莫顿将投资于风险资产的最优比例推导为 $\frac{\mu - r}{\tau\sigma^2}$，假设 $\mu > r$，那么，以财富最大化为目标的、

① 相较实践中的保险，除非发生失智或环境剧变，数字金融能力的后期投资不会遭遇“拒保”的情况。

② 上述风险是数字金融能力并非对所有风险都有对冲效应，只是对安全的储蓄无法实现、意外风险无法及时在亲友间分摊或及时得到社会救助、遭遇数字金融诈骗等风险具有对冲效应。

具有理性预期的家庭应该将至少部分财富投资于风险资产。

然而，通过实践观察不难发现，由于交易成本的存在、信息不对称及能力的不同，家庭投资于相对复杂的金融产品是可能引致福祉损失的。即使是在具有相对成熟资本市场的发达国家中，也有相当比例的家庭并没有持有风险资产。

借鉴 Delavande 等（2008），我们可以将 $\frac{\mu - r}{\tau\sigma^2}$ 视为风险资产的微观需求模型。家庭可能存在不同的风险厌恶程度，同时，由于能力的不同，他们对风险资产投资的收益和风险都可能存在不同预期。当数字金融能力水平达到 $\dddot{D}$（能够识别相对复杂的数字金融产品的性质和风险），通过数字渠道进行金融投资将有利于家庭用相同财富进行更加分散化、多样化的投资，实现更稳健的综合收益率。

例如，每当国债发行时，银行门口往往会出现排队购买国债的场景，其中又属老年人居多。从区域比较来看，这些无须付出过多交通成本、主要付出适量时间成本来购买国债的金融消费者已经比偏远地区的家庭更幸福了，因而他们没有因为几十公里山路的“脚底”成本、误工的机会成本而放弃这个投资机会。从数字金融与线下金融的比较来看，无论是这些排队购买国债的金融消费者，还是放弃投资或者根本不了解金融产品的家庭，数字金融能力投资都可以帮助他们开始相对复杂的金融投资并逐渐实现分散化和多样化。

综上所述，在考虑风险资产投资的情况下，家庭财富增值率与数字金融能力的关系可以表示为

$$\rho = \rho(\varepsilon, \sigma, \tau, D_1) \tag{3-14}$$

以上出现了三个假设的数字金融能力门槛值 $\dot{D}$、$\ddot{D}$、$\dddot{D}$。虽然没有直接的测量指标，但可以通过上述分析明确 $\dddot{D}$、$\ddot{D}$、$\dot{D}$。其中，$\ddot{D}$和$\dot{D}$都包含进行数字交易的能力，不同点在于$\ddot{D}$还包含应对数字金融诈骗等数字金融风险的能力。在此基础上，当数字金融能力达到水平$\dddot{D}$时，家庭将能够恰当地识别不同数字金融产品的种类和风险，通过优化资产组合提升财富增值率。

3.3.3　生命周期财富现值与最大化效用的变化

通过图 3－3 分析数字金融能力投资的财富积累效应如何影响生命周期的财富价值的最大化效用。假设家庭面临相同的风险分布 ε 和金融风险 σ。

在数字金融能力投资达到水平 $\ddot{D}$ 之前，代表家庭的实际收入已经实现了一定程度的跃升，因此图 3－3 保留了图 3－2 的信息。但为了使财富积累效应更加可视化，图3-2的线条除 $ATBC$ 段外在图3-3中均改为细虚线。如图 3－3 所示，进行数字金融能力投资并且使 D_1 数字金融能力达到 $\dot{D}$ 后，预算线从 AF^1 变为 $ATBCF^3$。此时，若进一步投资使 $\dot{D}$ 上升为 $\ddot{D}$，则自点 C 起，预算线会再次向内弯曲，因为数字金融能力投资需要付出成本，如粗虚线 CJ 所示。向内弯曲后，预算线会暂时低于 CF^3 段。然后，随着财富积累效应的作用，预算线会向外弯曲，最终穿过 CF^3 段，这意味着更高的斜率（财富增值率）。预算线 CJ 与无差异曲线 U^4 相切于点 O^4，相较点 O^3 实现了更高的效用。

如果代表家庭继续对数字金融能力进行投资，则预算线在最初阶段会比 CJ 向内弯曲的程度更大，但数字金融能力水平达到 $\dddot{D}$ 后，预算线向外弯曲的斜率也会更大，即最后实现的财富增值率也越大，如粗实线 CK 所示，与无差异曲线 U^5 相切于点 O^5。

经过点 O^4 和点 O^5 可以分别画一条与 AF^1 平行的虚线 O^4W^4、O^5W^5，与横轴相交得到的 OW^4 和 OW^5 代表不同数字金融能力投资 $\ddot{D}$ 和 $\dddot{D}$ 情况下的生命周期财富现值。相应地，数字金融能力投资的财富积累效应可以表示为生命周期财富现值的增加 $W^3W^4=(OW^4-OW^3)$，或 $W^3W^5=(OW^5-OW^3)$，以及从 U^3 到 U^4 或 U^5 的最大化效用的提升。

3.3.4　比较静态分析及启示

图 3－3 为代表家庭进行数字金融能力投资的财富积累效应。同样地，此处针对家庭的异质性进行比较静态分析。

与上一部分的比较静态分析类似，如果家庭的天生能力禀赋 Q 或各项人

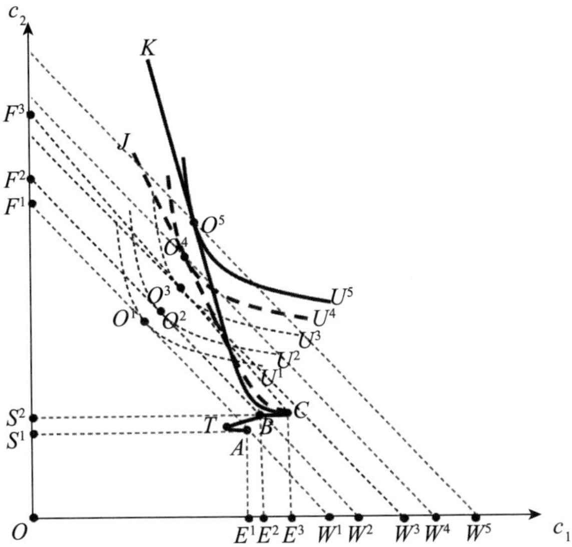

图 3-3　生命周期中数字金融能力投资的财富积累效应

力资本存量H_1相对较低（假设D_1已经达到了水平$\dot{D}$），它们将需要付出更多的努力和时间e_1或更高的货币成本M_1才能使D_1达到$\ddot{D}$、$\dddot{D}$的水平。不仅如此，它们面临的社会环境条件E_1也可能是处于弱势的。例如，相较发达地区，它们所在社区/村庄的网络信号可能更弱，这会使数字金融服务的体验更差甚至难以实现，从而更有可能放弃使用对家庭有利的数字金融服务。又如，它们身边使用数字金融服务的家庭和社区成员更少，相应地，对它们形成的同伴效应也就越弱，更难找到免费的“老师”。虽然也有可能通过大量的努力来应对这种局面，但表现在图 3-3 中，即是从点 B 出发的预算线会向内弯曲更大的幅度才会向外扩，最终与无差异曲线相切的位置却可能比图 3-3 中点O^5更靠内，即更低的最大化效用水平。

以上特征是数字金融能力投资的实际收入效应和财富积累效应所共有的。除此之外，还可以针对财富积累效应做进一步分析。例如，在对代表家庭的分析中，本书假设家庭面临相同的风险分布 ε 和金融风险 σ。但实际上，有些风险反而更多地针对数字金融能力水平低的群体，如许多数字金融诈骗专门针对老年人。这种数字金融诈骗又可能造成强烈的外溢影响，即因为自身被骗或者身边的亲友被骗，而拒绝使用更多其他的数字金融服务，或者错误地估计其风险分布，造成受影响群体认为需要很大的（超过实际需要的）投入才能习得数字金融能力，或者根本拒绝对数字金融能力进行投资。这种情况下，假设初始禀赋均为图 3－3 中 AF^1 所在预算线，那么，实际遭遇了诈骗的家庭的预算线则会向点 O 移动。进一步地，如果它们因为被骗遭遇而拒绝投资于数字金融能力，则会失去如图 3－3 所示的财富积累机会。实际上，对金融产品和服务的非理性看法并不罕见。Haliossos 和 Bertaut（1995）提出了著名的“持股悖论”，即家庭持股的比例随着总财富的增加而急剧增加。Kézdi 和 Willis（2009）研究发现，人们不持股的原因很简单——他们判断持股预期收益低于利率，并且判断持股风险远远高于历史数据。以 $\frac{\mu-r}{\tau\sigma^2}$ 作为风险资产的需求函数进行分析可得，如果一个家庭预期收益极低，或者风险极高，那么该家庭就会在风险资产中投入更低的比例或者不投入。从数字金融在我国发展的实际情况来看也是如此。我国数字支付的普及度、便捷性及与数字经济生活的融合度已经远远超过绝大部分发展中国家甚至发达国家。但从调查数据来看，使用了数字支付以外的数字金融服务的群体仍占少数，尤其是数字理财服务。因此，家庭的数字金融能力要从 $\dot{D}$ 提升至 $\ddot{D}$ 和 $\dddot{D}$，更需要有利的社会环境支持。

通过上述分析可以看出，金融部门作为经济资源的配置枢纽，其形式的演变（数字化）也将影响资源配置的渠道。数字金融的“红利”并非所有家庭都能轻易获得的，如果没有适当的政策干预，数字金融的发展有可能带来相对剥夺，这对社会分配可能产生的深远影响应该尽早应对。

综合 3.2 节和 3.3 节的讨论，结合我国的实际情况，旨在促进数字金融能力提升的政策可以分为若干层次，包括从非网民到网民，从网民到数字支付使用者，从数字支付使用者到能够恰当地应对和处理数字金融风险，再到能够合理地运用各种有利的数字金融产品和服务。根据 2020 年 4 月发布的第 45 次《中国互联网络发展状况统计报告》推算，我国尚有 5 亿人口为非网民。基于人口结构及《2019 年全国未成年人互联网使用情况研究报告》，5 亿非网民中仅有少部分为低龄未成年人。这意味着，“数字鸿沟”依旧不容忽视。在互联网通达率已经覆盖超过 98％行政村的当下，旨在消除“数字鸿沟”的战略举措需要从大刀阔斧的基础设施建设，延伸到对微弱经济体数字意识的启发、数字行为的培养和数字权益的维护上，为所有愿意融入数字生活的微弱经济体创造机会。在此基础上，还需建立起一套长效的数字金融能力建设机制。因为金融科技业态依旧在不断地更新迭代，这套数字金融能力建设的长效机制需要与数字金融产品和服务的发展伴生，包含不同难度的内容体系，以及对弱势群体友好的提供方式。

3.4 数字金融能力投资缓解流动性约束的效应

在 3.2 节和 3.3 节，先假设存在流动性约束，可以使对数字金融能力投资的实际收入效应和财富积累效应的分析更为清晰。但实际上，数字金融的发展、数字金融能力的差别对流动性约束的影响是不容忽视的。考虑到数字金融能力通过作用于流动性约束可能对家庭财富和福祉产生多种形式的影响，因此本部分单独进行讨论。

3.4.1 更易受流动性约束影响的群体及其最大化效用的实现

在理性、不存在交易成本、不存在流动性约束的假设下，家庭可以在生命周期中根据预期终生收入和偏好、通过借贷和储蓄来自由安排消费（Fisher，1930）。但行为经济学的实验研究反复证实（Frederick、Loewenstein 和 O'Donoghue，2002），人们似乎有一种“即时偏好”（present bias），例如，在针对时间 t 的 100 元和 $t+\Delta t$（1 天/1 周/1 月）的 105 元之间做决定时，如果 t 是今天，则受试者大多会选择 100 元；如果 t 是很久以后的时间，则更可能选择 $t+\Delta t$ 的 105 元（Thaler，1981）。不过，Stahl（2013）认为，上述实验可能是因为没有考虑到人们预期的交易成本和流动性约束，并通过实验证实，在考虑受试者预期的交易成本和流动性约束的情况下，实验数据支持 Fisher（1930）的跨期选择理论。进一步地，Carvalho 等（2016）通过实验对比了美国低收入样本在发薪日前后，作出关于货币奖励和真实努力（real efforts）的决策时的差异，发现该群体在做关于真实努力的决策时，不存在发薪日前后差异，但在做关于货币奖励的决策时，呈现出更明显的“即时偏好”。综合实验证据，他们认为这种差异最有可能源自这些低收入群体所面临的流动性约束，而不是由于穷人的低自控力。这项研究回应了 Choi、Kariv、Muller 和 Silverman（2014）的研究结论。Choi 等（2014）通过大规模实验对消费者选择与效用最大化的一致性程度进行了评估。他们发现一致性程度增加一个标准差意味着家庭财富提升 15%～19%。也就是说，似乎越富有的家庭越理性（决策能力越高）。但 Carvalho 等（2016）和 Stahl（2013）则表明并非如此，流动性约束是许多低收入家庭表现出次优决策的重要原因。

上述研究揭示出现实中的流动性约束问题，即经济资源匮乏的群体更有可能面临流动性约束，因而更难实现最大化效用。以中国的相对贫困和绝对贫困标准为例，可以通过如图 3 - 4 所示的两期生命周期消费选择进行分析。其中，相对贫困按照国际上较为常见的以平均消费的 50%作为相对贫困标准（Chen 和 Ravallion，2012）。根据国家统计局、国务院扶贫开发领导小组办公室数据，2019 年，全国居民年人均消费支出 21559 元，相应的相对贫困标准为 10779.5 元，国家绝对贫困标准为 3747 元。另外，民政部数据显示，截至 2018 年底，农村低保标准为 4833 元。图 3 - 4 按比例展示了这 3 种初始禀赋，点A^1表示相对贫困标准的初始禀赋，点A^2表示绝对贫困标准的初始禀赋，点A^3表示农村低保标准的初始禀赋。假设点A^2、点A^3面临流动性约束，点A^1的流动性约束未可知，此处主要探讨绝对贫困家庭的流动性约束问题。由于绝对贫困家庭的初始禀赋低于国家农村低保标准，假设他们申请获得了低保补助，从点A^2所在的预算线跃升至点A^3所在的预算线。点A^3所对应的OE^3和OS^3长度相同，因为都是低保标准作为参考。在现实生活中，能够维持衣、食、住最低生活标准的收入很可能会难以应对某些对未来生存和发展而言重要的支出，例如，孩子上学需要购买一部智能设备作为学习用具。这种需求通常在c_1阶段更为常见。由于相对贫困标准通常被认为是能够相对体面地参与社会活动的经济禀赋。因此，点A^3实际有向点A^1移动的需求。在不存在流动性约束的情况下，假设家庭可以以无风险利率借款，则初始禀赋为A^3的家庭可以在无差异曲线U^a上达到效用最大化点O^a。但实践中，借款利率通常高于无风险利率，假设为图 3 - 4 中 A^3O^b所在的细虚线所示，此时可以在无差异曲线U^b上达到的效用最大化点为O^b。虽然需要为此付出一定的借款成本，但家庭在比U^c更高的无差异曲线上实现了最大化效用。然而，当流动性约束存在时，家庭则只能在U^c上的点A^3处取得最大化效用。

此外，图 3-4 还为缓解流动性约束的政策提供了一项启示，即利率管制可能损害经济禀赋匮乏的家庭的效用实现。举例而言，将点 A^3O^b所在线的斜率表示为（$1+r^b$），则r^b为实现效用O^b的借款利率。如果管制利率所对应的为点O^a和点O^b之间的一条线（该线斜率＝1＋管制利率），那么该贫困家庭将失去借款机会，即使其可以负担r^b的借款成本。相应地，该家庭只能实现效用A^3，相较效用O^b处在更低的无差异曲线上。因此，致力于保护弱势借款者的利率管制规定反而有可能损害它们的福祉。在维持利率管制的情况下，管制利率标准不宜过低，或者尝试形成针对不同贷款业务的、多层次的管制利率体系，否则会挤出合理的市场供求，将流动性约束强加于部分弱势群体。

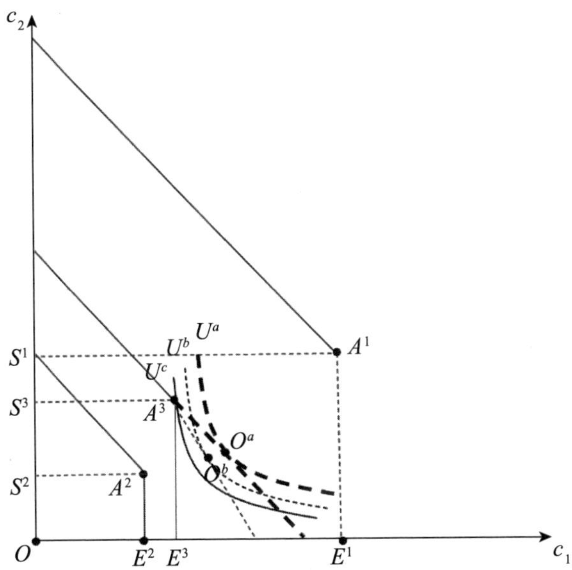

图 3-4　流动性约束与贫困家庭可以实现的最大化效用

3.4.2　数字信贷带来的机会与数字金融能力不足的挑战

数字金融的发展为缓解流动性约束带来了转机。基于经济活动所积累的数据记录定价的数字信贷服务为“信用白户”带来了机会，尤其是几百元到几十万元额度的长尾客群。也就是说，从前面临流动性约束的家庭有可能通过数字信贷平滑消费，实现更高的生命周期效用水平。例如，Li 等（2020）研究发现，地区数字普惠金融的发展更有利于低资产、低收入、金融素养不足及三、四线城市家庭增加消费，其中一条中介渠道即是通过使用数字信贷服务。

然而，目前这种转机可以带来的社会福祉价值尚未充分实现，其中重要原因在于众多潜在需求者和初步尝试者的数字金融能力不足。

一方面，部分潜在需求者因为不了解数字信贷、惧怕数字金融风险等原因而错失机会。导致他们福祉损失的并非真实的流动性约束，而是对流动性约束的认知偏误，即他们不认为自己可以从数字渠道借到钱，或者认为从数字渠道借钱有超过他们认知范围的风险。数字金融能力不足导致的这种认知偏误不利于家庭最大化效用的实现。Harsanyi（1997）曾特别指出，相比起决策中体现出来的实际偏好（actual preference）、知情偏好（informed preference）更适合用作规范性用途。笔者曾于 2019 年底在河北某县城调研了 40 多位农民和小生意人。农民以养殖猪牛羊和种植香菇为主，小生意人以经营小超市、贩卖服饰和提供简单家装服务为主，年经营流水为 10 万～30 万元。这些农民和小生意人都与一家可以提供贷款的扶贫经济社保持着长期合作关系。这家非营利的扶贫经济社依赖于传统的、本地化的“熟人”风控机制，能够借出的额度通常从几千元到几万元不等，期限为 1 年，即使对个别经营流水上百万元的大农户，贷款额度也不超过 10 万元。也就是说，这些农民和小生意人通常都是在采购原材料、货物周转有困难的时候从扶贫经济社借得微小额度的款项。当被问及是否有别的融资途径时，他们纷纷表示其他借款需求主要通过从亲友处借款满足。因为从银行贷款需要抵押，绝大部分农民和小生意人都没有能够抵押的资产；少数尝试过从合作社借款，但表示利息成本高、期限不合适，年利率 24%且最多借三个月。值得一提的是，这些农民和小生意人绝大部分（除一户）都已经使用数字支付进行收付款。然而，他们当中使用过互联网消费贷款或经营贷款的只有两户。那他们是否经常需要流动性周转呢？真实需求可以从他们向扶贫社借款看出来。超过四分之一的受访者还表示，如果没有收入，一个月的生产生活也维持不了。这意味着他们很可能经常需要流动性支持，却对可以缓解流动性约束的渠道不了解。

另一方面，部分初步尝试者也可能因为不了解数字信贷产品的特征、风险以及与征信记录的关系，遭遇超出合理范围的、具有欺骗性的高昂成本，或是信用管理不当而留下不良信用记录，反而损害未来信用的可得性。例如，一些供应商通过贷前隐藏服务费条款，或将其标注在容易被忽略的位置的方式，提供具有欺骗性质的数字信贷，可以视为一种“套路贷”①。消费者往往只看到了本金、利息、应还款，在借款到账时却发现扣除了占本金相当高比例的所谓的服务费或手续费，最终导致借款难以偿还，甚至拆东墙补西墙越陷越深。又如，近期某头部数字消费信用产品加入中央银行征信记录的新闻引起不少网友恐慌，部分甚至表示将停用该产品。这反映出两种数字金融能力问题，一是不把数字信用记录当作正式的信用记录，二是也有少数人误认为只要有借钱记录就会影响未来银行贷款。类似的情况在数字信贷发展迅速的肯尼亚也有发生。Mustafa、Wachira、Bersudskaya、Nanjero 和 Wright (2017) 曾指出，肯尼亚有多达 270 万名数字信贷使用者进入了征信局“黑名单”，原因是他们不理解逾期记录的影响。

综上所述，数字金融的发展为缓解经济禀赋相对匮乏家庭的流动性约束带来了契机，但如果他们的数字金融能力不足则可能会因为对流动性约束产生认知偏误而错失机会，甚至因为不了解数字金融产品的特征、风险以及与征信记录的关系而遭遇欺骗性服务或留下不良信用记录。提升数字金融能力对需要缓解流动性约束的家庭尤为必要。

3.4.3 两期生命周期模型的拓展及启示

通过讨论消费者数字金融能力可能存在不足的方面可以发现，相较使用数字支付，合理运用数字信贷服务的能力更为复杂，因为其涉及对数字信贷产品的了解、风险的认识以及数字信用的管理。但是，合理运用数字信贷服务的能力又比管理家庭资产组合的能力更为简单，因为家庭资产组合需要涉及众多不同性质的投资品以及相应的市场风险，而信贷产品虽然形式可能多种多样，但在性质上还是相对单一的。因此，合理运用数字信贷服务的能力属于 3.3 节所讨论的 $\ddot{D}$ 水平。将通过数字信贷获取的借款 L_1、

① 公安部．全国公安机关集中打击“套路贷”新型黑恶势力犯罪取得明显成效 [J/OL]．(2019-02-26)．中国政府网．

相应的利率γ及式（3-12）代入式（3-9）和式（3-11）中得到关于c_1和c_2的如下表达式

$$c_1 = y(1-t)(1+a_1) - s_1 - I_1 + L_1 \tag{3-15}$$

$$c_2 = [s_1(1+\rho) + ss_2 - I_2 - (1+\gamma) L_1](1+a_2) \tag{3-16}$$

其中，从数字信贷风控的常见模型来看，除数字金融能力外，L_1和γ还与家庭的其他特征变量X相关：

$$L_1 = L(D_1, X) \tag{3-17}$$

$$\gamma = \gamma(D_1, X) \tag{3-18}$$

需要注意的是，当涉及负债时，我们就会遇到越多（越少）不一定越好的问题，第1期负债过多会导致第2期福祉受损，第1期需要适量负债而不得也会影响生命周期福祉水平。相应地，L_1与D_1不是简单的线性关系。例如，当D_1仅仅达到$\dot{D}$水平时，参与数字交易的家庭已经非常容易接触到各类数字信贷。一方面，潜在需求家庭可能因为不了解数字信贷而不敢贷（L_1低于最优水平）；另一方面，也可能因为对数字信贷的风险了解不足而遭遇“套路贷”（γ过高），或者因为债务管理能力不足而负债过多（L_1高于最优水平）。因此，在社会经济形态愈加数字化的背景下，数字交易正在走进越来越多微观经济主体的生活——从青少年到耄耋老人，从低教育程度群体到相对贫困群体——合理运用数字信贷服务的能力将变得更加重要。事实上，这也是一些发达国家在信用卡问题上的“前车之鉴”。

当我们着眼于这一部分的数字金融能力投资时，通过图3-4的分析可以看出，经济禀赋越匮乏的家庭，要实现吃、穿、住以外的消费和投资将越发困难，而这一部分群体却恰恰最需要缓解流动性约束。类似地，Lusardi等（2017）也指出，收入越接近政府提供的消费底限（consumption floor）的群体，越难投资于金融素养。

上述分析的启示在于，围绕数字信贷的使用及信用和债务管理，政府或公共部门为提升家庭数字金融能力而提供的社会环境支持，应尽可能全面地将需求群体考虑在内。与此同时，也要考虑到不同群体的不同需求，在一定时期内向经济禀赋匮乏的家庭提供相对更多的支持才更有可能让他们对此进行努力和时间e_t的投资［回顾式（3-1）中影响数字金融能力提升的各变量]，而数字金融能力的提升应既有利于他们缓解流动性约束，又有利于减少其过度负债、越贷越贫的可能性。

3.5 考虑相对消费与金融行为的家庭福祉模型

3.2 节～3.4 节的分析虽然纳入了对不完全信息和人力资本差异的考虑，但尚未对一些常见的不完全理性现象进行分析。本部分基于 2.5 节的实证研究证据，将数字金融能力、相对消费、金融行为与家庭福祉联系起来，尝试构建更符合实际的家庭福祉模型。

3.5.1 纳入相对消费的家庭福祉模型

在关于消费行为的经济学分析中，进入效用方程的通常为消费的绝对值，代表消费越多、效用水平越高的经典假设。然而，无论是从传统的哲学智慧，还是从关于消费行为的实证研究来看，金钱都不一定能够买到快乐或者满足。行为经济学领域的诺贝尔经济学奖获得者 Kahneman 和 Thaler（2006）指出，效用最大化的必要条件是，一个经济主体有能力作出关于决策后果的准确的、或者至少无偏的预测。但实际上，人们在预测未来体验效用时经常会犯系统性错误，导致最终无法实现其体验效用的最大化。因此，我们有必要根据实证证据来对经济模型进行调整，以使理论更贴近实际的经济生活。

近年来，关于消费行为的许多实证研究都指向相对消费对福祉的影响。对于一个微观经济主体而言，相对消费至少包含两个主要维度，一是横向的相对消费，代表其在一定时期、一定参考范围内的相对消费水平；二是纵向的相对消费，代表其与自身过去相比的相对消费水平。

从横向来看，跨国比较中，虽然幸福与收入显著正相关，但 Veenhoven 和 Timmermans（1998）研究发现，当年人均收入超过 5000 美元后，幸福与收入的正相关就不存在了。也就是说，在进行横向比较时，更需要关注经济水平是否达到一定的基本水平，而不是人均收入越多越好。这与 Diener 和 Biswas-Diener（2002）的发现不谋而合——能够促进主观幸福感的是人们的基本物质需求是否得到满足，而不是高收入。Veenhoven（2009）进一步指出，幸福更多地取决于需求的满足，而非欲望的满足。相应地，相对贫困问题值得关注的一个重要原因即是需求满足问题，尤其是由消费表现出来的相对剥夺对于福祉的消极影响可能更为强烈（Wang 等，2019）。

从纵向来看，一国经济增长并不一定伴随幸福感的提升——这就是著名的“伊斯特林悖论”（Easterlin，1995）。Easterlin（2001）进一步指出，在生命周期中，随着收入的提升，人们的期望会随之进行调整，如此收入增加的幸福感就被这种期望的调整抵消了。这意味着，如果生命周期中出现消费水平的显著下降，则福祉很可能因为无法达到期望的生活水平而减损。

这些实证研究给我们的启示是，仅仅考察消费绝对值的家庭福祉模型是不完整的，经济上横向和纵向的相对位置都会影响福祉。此外，由于人们存在不完全知识、不完全理性以及非情感利他主义，实际偏好与福祉存在差异（Ng，1999）。例如，即使非常关注健康问题的人，也会因为不完全知识而在食品、医疗选择方面存在不利于福祉的实际偏好。又如，人们常常存在对未来考虑不足甚至忽视的倾向，表现为当前的过度消费，以及储蓄或投资不足。因此，参考 Ng（2003）和 Clark 等（2008），本书接下来引入福祉 H 作为最大化目标变量，并将横向和纵向的相对消费引入两期家庭福祉模型：

$$H = H_1(c_1, R_1) + (1-m)\, H_2\left(c_2, \frac{c_2}{c_1}, R_2\right) \tag{3-19}$$

其中，H_1 和 H_2 分别代表第 1、第 2 期的家庭福祉。关于 H_1 和 H_2 如何合并为生命周期总福祉，Ng（2003）认为，未来的福祉并非货币，使用过高的折现率是不合理的。从人的生命周期来看，现在和未来的福祉同样重要。因此，处在第 1 期的人只需要担心第 2 期福祉能否实现，此处 m 代表第 2 期福祉不能实现的概率。R_1、R_2 分别表示第 1、第 2 期的横向相对消费，$\frac{c_2}{c_1}$ 则代表纵向相对消费。

值得关注的是，对于不同的经济主体而言，横向相对消费的比较范围是不同的。Perez-Truglia（2013）通过实证检验关于消费的信号模型发现，消费者的主观幸福感会随着其消费在参考范围内的排名而上升，与参考范围外的排名没有关系。举例而言，一位一直生活在大山里的老人，其相对消费比较范围可能就在其所居住的村庄范围内，而一位熟稔于社交媒体的大学生，其相对消费比较范围可能既包括其身边的紧密社交圈，也包括从社交媒体观察到的消费潮流。因此，横向相对消费R_1、R_2的衡量存在个体异质性。

然而，从整个社会来看，横向相对消费的比较可能会在不同的群体中形成永不结束的消费竞赛，引致类似于零和博弈的结果，不利于社会福祉的增进。那么，旨在提升社会福祉的公共政策需要更具针对性，尤其需要理顺消费、增长及增长的终极目标之间关系。为了增长而促进消费，为了增长而增长，实际上有可能导致经济发展偏离促进福祉提升的终极目标。这是因为，一方面，过度消费不一定会增进经济主体当前的福祉，还有可能损害未来福祉；另一方面，经济增长可能伴生诸多问题，其中最有代表性的就是环境问题。Ng（2003）甚至证明，即使是一个万能的政府可以对所得税税率和减轻环境破坏的税负比率进行最优选择，如果不能以低成本对环境破坏活动直接进行征税或进行控制，经济增长仍然可能会降低福祉。因此，具体到微观层面的消费行为，需要重点关注的是需求而非欲望的满足。就家庭的经济状况而言，则重点是相对贫困的减少。通过缩小家庭消费与所在社会基本体面消费水平的差距，降低生存焦虑、提升幸福感，以此促进生产效率和创造力的提升（Oswald、Proto 和 Sgroi，2015；Proto，2016），可能是较为良性的增长模式。相应地，当我们着眼于相对贫困问题时，横向的相对消费也可以用于消费衡量的相对贫困深度来衡量。参考 Foster、Greer 和 Thorbecke（1984），假设相对贫困线为$\hat{c}_t$，则当$c_t<\hat{c}_t$时，相对贫困深度$R_t=\frac{\hat{c}_t-c_t}{\hat{c}_t}$；当$c_t\geqslant\hat{c}_t$时，相对贫困深度$R_t=0$。

3.5.2 金融行为在家庭福祉模型中的作用机制

根据 2.5.2 小节的实证证据，数字金融能力的提升会改变家庭的金融行为，金融行为也会显著地影响幸福感。这种影响实际可以理解为，数字金融能力会通过金融行为间接地作用于家庭对未来财富的预期。也就是说，家庭福祉既受到当期福祉实现的影响（来自c_1，R_1），又受到关于未来财富预期的影响（来自当前的金融行为），而未来的财富会最终决定c_2，以及相应的$\frac{c_2}{c_1}$和R_2。结合式（3－16），我们可以更好地理解这种效应。第 2 期消费$c_2=(s_1(1+\rho)+ss_2-I_2-(1+\gamma)L_1)(1+a_2)$。其中，数字金融能力会通过金融行为影响储蓄$s_1$、综合收益率$\rho$、第一期的负债$L_1$以及负债的成本$\gamma$，最终影响第2期的消费及相对消费。

3.5.3 关于数字金融能力投资如何影响家庭福祉的讨论

数字金融能力投资如何影响式（3-19）中的R_1、R_2和$\frac{c_2}{c_1}$是本节关注的重点。

在不完全知识、不完全理性以及存在非情感利他主义的现实假设下，福祉模型将存在无差异的非传递性（Ng，1975），不适合用无差异曲线进行分析。因此，此处可以基于3.1节～3.4节的分析，讨论数字金融能力投资将如何通过影响相对消费、金融行为和家庭福祉。

从横向的相对消费来看，我们可以通过经验判断（本书第5章将提供实证检验），以消费衡量的相对贫困程度越高，福祉越低。在同一时期内，$\hat{c}_t$对家庭而言是外生的，那么R_1、R_2主要决定于c_1和c_2。但需要注意的是，R_1、R_2仅在$c_t<\hat{c}_t$时才大于0，即横向的相对消费需要重点关注相对贫困的程度。

第1期消费$c_1=y(1-t)(1+a_1)-s_1-I_1+L_1$，其中，$y$、$a_1$、$I_1$、$L_1$都与第1期的数字金融能力$D_1$正相关，$y$、$a_1$的改变只需要$D_1$达到水平$\dot{D}$，而$L_1$的实现需要$D_1$达到相对更高的水平$\ddot{D}$，$I_1$则取决于最终$D_1$相较$D_0(1-\varphi)$的增量$\delta_t$。

对于$c_1<\hat{c}_1$的相对贫困家庭而言，进行数字金融能力投资并达到能够改变y、a_1、L_1的水平显然是颇有好处的。但理解数字金融能力投资的影响及其政策含义需要特别注意以下4个方面：第一，参与数字交易，即数字金融能力达到水平$\dot{D}$，是家庭参与数字时代经济生活的一种基本能力，实证研究表明这种基本能力对于提升收入、降低消费价格、丰富消费种类具有积极作用（Couture等，2018；Fan等，2018；Suri和Jack，2016）。这种基本能力不一定对所有家庭都是必需的，但对于相对贫困家庭而言，具备这种基本能力是拥有了一种重要的选择权，类似于Sen（1985）所述的能力和自由。第二，在考虑不完全理性的情况下，由于参与数字交易使相对贫困群体进入了更广大而丰富的“买方”市场，并且相比起现金，线上线下的数字支付都会

让人体验到更低的支付“痛感”，可能会较大程度地提升他们的消费意愿。虽然有利于缓解他们当前的相对贫困，让当下的生活更加体面，但如果这种消费消耗了过多本应该用于储蓄和投资的资金，则可能有损于第2期的福祉。第三，在数字金融能力水平已达到 $\dot{D}$，但未达到 $\ddot{D}$ 的情况下，即当数字金融消费者开始使用数字支付但还不了解如何应对各类数字金融风险时，他们已经非常容易接触到各类数字信贷产品。作为相对贫困家庭，他们更容易出现流动性紧缺的情况（见3.4节）。相应地，他们更有可能在数字金融能力不足的时候因为尝试缓解流动性约束而遭遇具有欺骗性质的数字信贷。因此，考虑到相关骗局往往层出不穷，对于数字金融风险防范能力的培养有可能需要成为长期的公共服务。

第2期消费 $c_2=(s_1(1+\rho)+ss_2-I_2-(1+\gamma)L_1)(1+a_2)$，其中，$\rho$、$L_1$、$\gamma$ 与第1期的数字金融能力 D_1 直接相关。s_1、ss_2 因为分别与第1期的实际收入和货币收入相关，因此也与 D_1 间接相关。I_2 和 a_2 则与第2期的数字金融能力投资 D_2 直接相关。

对于 $c_2<\hat{c}_2$ 的相对贫困家庭而言，需要特别关注的是：第一，如果 $D_1(1-\varphi)<\dot{D}$，那么，在第2期（退休期）对数字金融能力进行补充投资很可能是非常值得的，因为数字金融能力达到水平 $\dot{D}$ 后会通过消费价格渠道在所有经济禀赋的基础上实现乘数效应 $(1+a_2)$。第二，数字金融能力水平从 $\ddot{D}$ 提升至 $\dddot{D}$ 并不容易，甚至需要一定的专业指导、一定的专门学习才能实现。这意味着，对于数字金融能力投资不足的群体而言，即使具备了基础的数字金融能力，也难以通过改变金融行为来提升 ρ。但从长期来看，财富增值率（年化）的微小差别都会对退休财富形成重大影响。这也是发达国家金融素养领域的研究近20年来一直受到重视的原因。我国当前的情况是，在除银行存款和商业保险外的金融投资参与率总体还较低的情况下，数字金融的发展为改变这种情况带来了机会。但如果不伴随数字金融能力的相应提升，盲目地参与反而会带来损失，尤其影响退休期的经济福祉。中国人民银行自2016年起开始试行消费者金融素养问卷调查制度，并在2019年的调查报告中特别指出要“积极应对数字技术带来的挑战，利用数字技术的优良特性，开发更多与数字时代和人口结构变化相适应的金融教育工具”，表明中国的货币当局已

经有所重视和准备。面向老龄程度更加深化、“零工经济”盛行的社会，未来的金融教育工作需要在紧密结合金融科技发展的同时走向兼具体系化和针对性——既要兼顾几乎所有年龄群体，又要根据其群体特征提供具有实际效果的能力建设。第三，即使并非极端贫困，相对贫困家庭的经济状况依旧是较为脆弱的。当供应商提供信贷的边际成本变得更加低廉，消费者获取信贷变得更加容易，在第 1 期就更容易出现过度负债，可能导致第 2 期的加剧贫困。因此，针对为弱势群体提供数字信贷的供应商，需要特别强化其遵循消费者适当性原则，建立负责任、可持续的行业规范，预防相对贫困群体过度负债、越贷越贫。

从纵向的相对消费来看，$\frac{c_2}{c_1}=\frac{(s_1(1+\rho)+ss_2-I_2-(1+\gamma)L_1)(1+a_2)}{y(1-t)(1+a_1)-s_1-I_1+L_1}$，其关注的是人们对消费水平的适应性，即对同一个家庭而言，如果已经习惯了 c_1，那么当 c_2 明显[①]少于 c_1 时，则会引起福祉损失。观察 $\frac{c_2}{c_1}$ 的表达式，结合上述关于 c_1 和 c_2 的讨论可以发现，第 1 期的数字金融能力达到水平 $\dot{D}$ 对两期的消费和财富都是非常重要的，通过提升货币收入 y 和实际收入乘数（$1+a_1$），第 1 期的消费、储蓄和第 2 期的退休金都会受到直接促进。不过，综上所述，随着“零工经济”大潮的来临，人们可能越来越多地需要自主地为退休做准备，第 1 期的财富增值率 ρ、负债程度 L_1 对于第 2 期的福祉而言将更加重要。这意味着，为了应对新的养老格局，致力于提升数字金融能力的政策或项目需要以能够恰当应对数字金融风险，合理运用信用和控制债务，以及充分利用各类数字金融投资品为目标，而不仅仅是参与数字交易。在第 1 期数字金融能力达到 $\ddot{D}$ 或 $\dddot{D}$ 的情况下，第 2 期能够持续参与数字交易、实现实际收入乘数（$1+a_2$）的可能性也将大为提升。

综合上述分析和已有的研究证据，消费，尤其是过度的物质主义或消费主义，并不一定增进福祉。但消费的贫乏却是值得关注的，因为难以达到基本体面的生活水平会有损于福祉。反过来，福祉是有利于提高生产率的，这在行为学、心理学研究中已经有了丰富的证据（如 Kenny，1999；Oswald

① 这里强调“明显”是因为个人对福祉的识别力是有限的（Edgeworth，1881；Ng，1975）。

等，2015）。因此，我们需要关注那些有利于增进福祉的因素，从家庭金融层面来看就是那些积极的金融行为，包括建立储蓄、准备风险对冲、有能力准备地参与金融投资等，数字金融能力的提升将有助于这些行为的实现。本节将对数字金融能力、相对消费和金融行为的考察纳入一个简单的福祉模型中，较好地反映了数字时代与家庭福祉密切相关的家庭经济和金融变量，本书也将在第 5 章提供实证检验。

3.6 本章小结与讨论

本章着重提出了本书的理论框架。首先分析了将数字金融能力视为一种数字时代的人力资本的合理性，探讨了数字金融能力在哪些方面体现为一种"资本"。其次，通过构建包含数字金融能力投资的两期生命周期模型，分别讨论了数字金融能力投资的实际收入效应、财富积累效应、缓解流动性约束的效应，以及相应的对家庭财富和最大化效用的影响。最后，通过纳入对不完全理性的考虑，分析了数字金融能力投资如何通过影响横向和纵向的相对消费以及金融行为来作用于家庭福祉。

本章的理论框架为理解正在演变中的数字时代社会形态提供了若干微观层面的视角。其中，特别值得关注的问题是，已有实证研究中得出的数字金融发展可能带来的诸多好处，裨益了哪些社会群体？如果自由发展，长远来看会对社会福祉的分配形成怎样的影响？

回溯数字技术的普及过程，最先使用电脑、智能手机和互联网通信服务的通常是相对富裕的家庭。直到近十余年来，智能设备和通信服务的成本不断下降，尤其是智能手机的普及，才让使用数字产品和服务的群体不断扩大。在此基础上，数字金融随着数字生活场景的日益丰富、数字支付的高速推广以及数据的不断积累而发展起来。数字金融似乎从一开始就树立起一种低门槛、低成本的亲切形象，尤其与相对高门槛、高人工和实体网点成本的传统金融服务相比更是如此。但如果仔细查看我国的智能手机普及率、互联网普及率，会发现离"普及"仍有一定的距离。当大部分信息都来自电脑、智能手机和互联网时，我们看到的情况可能就会"存在偏误"。

根据本章的理论分析可以看出，如果弱势群体具备所需的数字金融能力，那么他们确实可能通过参与更广大市场的数字交易实现更高的实际收入。通过更有准备地应对风险冲击、更优化的资产组合来提升财富增值率，通过更低成本、便捷的数字信贷来缓解流动性约束，最终提升生命周期的财富和福祉。但与此同时，通过将数字金融能力作为一种人力资本引入生命周期模型，我们也可以看到，数字金融能力这种人力资本也需要相应的投资，无论是努力和时间、货币投入还是其他人力资本存量，不同经济禀赋、人力资本禀赋的群体可能会遇到不同的困难。对于接近绝对贫困的家庭而言，如果最初并未使用智能手机和通信服务，那么他们所需初始货币投入反而可能更高，在对数字产品和服务本不熟悉的情况下要学会恰当地进行数字交易也需要付出更多的努力和时间。对于处于相对贫困线附近的家庭而言，习得参与数字交易的能力可能并不困难，但要合理地应对数字金融风险、管理数字信用和控制债务及通过低门槛的数字金融投资优化资产组合实现更高的财富增值率就没那么容易了。长期来看，综合风险加成的财富增值率（年化）的微小差异会导致财富的巨大差别。数字金融的发展创造了许多改善家庭福祉的机会，尤其是让经济弱势家庭获益的机会，但这些机会并非都能够轻易实现的。如果缺乏干预，贫富差距仍然存在扩大的可能。普惠金融相关政策有必要将数字金融能力建设包含其中，形成面向不同社会群体的、有针对性的、随着金融科技发展不断更新的数字金融能力建设机制。

第 4 章　数字金融能力对相对贫困的影响

经过多年的减贫实践，按照世界银行 1.9 美元/天的极端贫困标准，中国绝对贫困率已经下降到与高收入国家相当的水平[①]，因此也在 2017 年被联合国秘书长古特雷斯称为“过去十年，为全球减贫作出最大贡献的国家”。

自 2017 年 10 月起，世界银行开始基于两条新的贫困线汇报贫困率，包括中低收入国家国际贫困线 3.2 美元/天，中高收入国家国际贫困线 5.5 美元/天。从这两条贫困线来看，中国较中低收入国家平均水平已经明显更优，但还没有赶超中高收入国家平均水平。具体而言，按照 5.5 美元/天的标准，中国贫困率为 27.2%，高于中高收入国家平均水平的 24.3%，与高收入国家 1.8%的比率还有显著差距[②]。因此，为了实现共同富裕目标，我们还需要关注贫困的结构问题。

贫困的不幸并不仅仅在于资源的绝对匮乏，相对的剥夺和社会排斥也会影响人们的福祉（Chen 和 Ravallion，2012）。与绝对贫困不同的是，相对贫困尤其强调人们难以负担温饱之外的、融入社会的成本。如果比较拥有相同实际收入（考虑购买力平价）的两个人的福祉水平，其中一人在贫穷国家，一人在富裕国家，那么这个在富国的人面临更糟糕的处境。在即将消除极端贫困的时代背景下，减少相对贫困有助于进一步增进人民福祉。事实上，随着我国城镇化率不断提升，相当一部分进入城市的边缘群体面临更高的生活成本和更高的相对剥夺感（单德朋，2019），相对贫困日渐为我国反贫困问题

---

① 参考世界银行 1.9 美元/天标准，最新为 2015 年数据。

② Ferreira Sánchez-páramo. A Richer Array of International Poverty Lines [EB/OL]. [2017-10-13]. World Bank website.

新的研究重点。

值得关注的是，贫困也不仅意味着收入低，还包括消费低和财富少（Headey，2008）。正如 Sen（1983）所述，绝对的福祉标准，例如，保持温饱，以及没有羞耻感地参与基本的社会活动，在不同的地区所需要的消费是不同的。Meyer 和 Sullivan（2003）认为，在设置救济标准和评估转移支付项目时，相较收入，消费是与福祉联系更紧密的、更有效的衡量指标。从消费体现出来的、可见的相对剥夺会对幸福感有强烈的负面影响（Wang 等，2019）。也就是说，人们的消费情况更可能体现当前的福祉水平（Ravallion，1994；Deaton 和 Zaidi，2002）。因此，本章选择研究以消费衡量的相对贫困这个重要的客观福祉指标。

2019 年诺贝尔经济学奖授予了三位在医疗卫生、教育等领域采用实验研究方法探索有效反（绝对）贫困措施的经济学家。这说明从微观举措角度对反贫困问题进行研究的方法已经得到了充分认可。事实上，还有一批经济学家更加关注金融素养、金融能力以及金融体系的包容性等对贫困的影响（如 Morduch，1999；Demirgüç-Kunt、Honohan 和 Beck，2008；Lusardi 和 Mitchell，2011；Lusardi 等，2017）。近年来，金融服务的数字化为提升金融体系的包容性带来了实质性的改变。这意味着从前受到主流金融体系排斥的弱势群体可能以极低的成本获取数字化服务和低门槛的投融资机会。数字经济和普惠金融发展为弱势群体改善相对贫困状况提供了机遇。然而，弱势群体是否能享用这些服务在很大程度上却取决于他们是否具备相应能力。只有具备了数字能力和金融能力，在面对这些新事物时，才能去识别和使用对自己有利的产品和服务。因此，我们需要从微观层面关注提升数字能力和金融能力为贫困人口带来的福祉改变。

在数字金融发展浪潮中，人们的数字能力和金融能力正处在深度交融的过程，开始在某些情形中出现不可分性，例如，有效使用数字金融服务的能力。数字能力和金融能力对家庭福祉的影响很可能存在显著的交互效应。尤其是拥有更高数字能力的家庭可能凭借更便捷的数字渠道而提升金融能力。学术界已经注意到了这种变化趋势，在 2019 年召开的 T20 会议中，Morgan 等（2019）提出了在数字时代提升数字金融素养的必要性，并号召 G20 国家对数字金融素养进行标准化定义，开发度量工具，并探索提升针对弱势群体数字金融素养的策略和项目。既有文献对数字能力和金融能力的交互关系，以及这种交互效应给家庭抗击贫困、缩小贫富差距带来的影响还鲜少涉及。本章在既有文献基础上，整合数字能力和金融能力概念，首次提出“数字金融能力”概念并进行定义，采用中国家庭金融调查数据，实证研究数字金融能力的反贫困效应及作用渠道。

本章可从以下三个方面对已有文献形成补充。第一，首次尝试同时分析数字能力和金融能力对家庭相对贫困的影响，以及两种能力的交互效应，探索其对缩小贫富差距的启示。第二，首次定义和衡量了家庭的数字金融能力，并较为详细地检验了数字金融能力的反贫困作用和中介渠道。第三，在稳健性检验中，创新地采用高斯联结函数方法，从统计技术上处理了模型的内生性问题。本章还进一步检验了数字金融能力对相对贫困深度的影响、中介渠道和在不同弱势群体中的作用，以及数字金融风险意识对投资收益水平的影响。总体而言，在我国即将消除绝对贫困、尚需减少相对贫困的背景下，本章为理解数字金融能力的反贫困效应提出了新的概念、探索了新的视角和方法，可以为未来相关学术研究和政策制定提供参考。

本章内容安排如下：4.1 节介绍研究假设；4.2 节介绍研究方法；4.3 节呈现了本章所使用的数据、变量及相应的描述性统计；4.4 节为实证结果分析，首先检验了数字能力和金融能力影响相对贫困的交互作用，其次进一步探索数字金融能力与相对贫困的关系，分析了数字金融能力影响家庭相对贫困的作用渠道，并提供了稳健性检验；4.5 节是本章的小结与讨论。

4.1 研究假设

假设 1：提升数字金融能力有利于降低家庭相对贫困的概率。

为了验证数字金融能力对相对贫困的影响，我们首先分别检验数字能力和金融能力对家庭相对贫困的影响及其交互效应。对交互效应的考察有助于探索两种能力在彼此不同水平下影响相对贫困的边际效应变化趋势，可能存在显著为正或者显著为负的交互效应。如果一种能力越高，另一种能力减贫的效应越大，那么，在数字能力和金融能力的交互影响下，贫富差距有可能加大。这是因为弱势群体的数字能力和金融能力通常较低，如果他们面临更低的边际效应，那么他们通过提升数字能力或者金融能力脱离贫困状态的可能性就更小。因此，基于上述分析，当一种能力越低，另一种能力减贫的效应越大时，数字能力和金融能力影响相对贫困的交互效应将有助于缩小贫富差距。数字能力和金融能力对贫富差距的影响将取决于边际效应的交互特征。

在数字能力和金融能力影响相对贫困的交互效应显著的基础上，继续检验上述两种能力的交融部分——数字金融能力对家庭相对贫困概率的影响。从微观经济生活来看，数字金融能力的支付维度是直接影响消费的，因而会对以消费衡量的相对贫困产生直接影响。例如，在线下支付场景中，移动支付虽然提升了消费支付的便捷性，但也会减少支付过程的损失“痛感”，让人们更容易作出交易决定。早在刷卡支付兴起的时代就有研究指出从现金支付到刷卡支付，人们所能感受到的用金钱换取商品的感受是不一样的（Soman，2001），现金支付的消费者会更多地关注商品的成本，而刷卡支付的消费者会更多地关注商品所能带来的好处（Chatterjee 和 Rose，2012）。到了移动支付时代，Falk、Kunz、Schepers 和 Mrozek（2016）研究发现，移动支付会给线下消费者零售价格更低的印象，显著提升消费者的购买意愿。除此之外，数字金融能力还可能通过若干间接渠道影响家庭的相对贫困概率，因此提出了假设 2。

假设 2：数字金融能力通过提升收入、促进财富积累、缓解流动性约束和影响家庭的购物渠道来减少相对贫困。

基于实践观察、既有的实证证据以及第 3 章的理论框架，我们认为数字金融能力可能通过提升收入①、促进财富积累、缓解流动性约束和影响家庭的购物渠道来减少相对贫困。

首先，提升收入。Luo 和 Zeng（2020）研究发现，提升数字能力和金融能力有助于促进家庭创业、创新，增加家庭获取收入的渠道。此外，《2019 中国社交电商行业发展报告》显示，2019 年社交电商从业人员规模接近 5000 万人，同比增长为 58.3%，社交电商购物用户规模更是达到 5 亿户。社交电

---

① 由于数字金融能力引致的消费价格下降、购买力提升（实际收入提升）需要一段时期的实验观察才能进行衡量，本书所采用的数据不能体现该过程，因此，此处仅关注货币收入的提升。

商的兴起和逐渐规范化意味着越来越多的农户、创业者甚至工薪阶层可以通过社交电商增加创收渠道，社交属性也使其比传统电商更具亲和力，更容易触达广泛的相对贫困群体。而电脑和移动端的数字支付则是社交电商的底层技术支持。因此，根据学术和实践经验证据，我们假设数字金融能力有助于提升家庭收入。

其次，促进财富积累。Jack 和 Suri（2011）和 Nandhi（2012）研究发现，家庭对数字金融服务的使用有利于增加储蓄和投资。传统金融体系服务弱势群体不足的一个重要原因是按照传统的服务模式，会面临规模不经济问题，如投资顾问服务等。在投资和服务门槛的限制下，许多金融投资产品和服务对于相对贫困群体而言是不可得的。数字理财服务正在改变这样的局面，一方面，投资门槛不断降低，甚至出现了 1 分钱起投的基金产品；另一方面，智能投顾技术正在走向成熟，相对贫困群体可以几乎免费地使用专业的智能咨询服务。因此，数字金融能力还可能通过促进家庭财富积累缓解相对贫困。

再次，缓解流动性约束。数字经济的日益活跃为数字信贷的发展积累了海量的数据，也为从前的“信用白户”带来了缓解流动性约束的机会，将有利于相对贫困的群体在面临流动性紧缺时平滑消费，提升生命周期的整体效用。Li 等（2020）实证研究发现，区域数字普惠金融的发展有助于通过数字信贷渠道提升低资产、低收入的家庭的消费。因此，此处假设数字金融能力减少相对贫困的渠道之一是缓解流动性约束，检验数字金融能力如何通过影响家庭负债来减少相对贫困，并与上述实际收入渠道和财富积累渠道相比较，以分析流动性约束渠道是否可能带来较大的债务负担。

最后，影响家庭的购物渠道。具备一定数字金融能力的家庭可以通过网络购物进入更大的“买方”市场，商品和服务的选择范围更广，价格也更具有可比性，进而提升消费意愿。Couture 等（2018）和 Fan 等（2018）研究发现，电子商务服务的使用可以显著地减少偏远农村的生活成本。因此，数字金融能力可能通过影响家庭的购物渠道来缓解相对贫困。为了和上述收入、资产和负债变量性质相统一，此处我们选用网购消费金额作为衡量家庭购物渠道的中介变量。与此同时，我们也假设提升收入、促进财富积累、缓解流动性约束也会影响网络购物的情况。

4.2 研究方法

为研究数字能力和金融能力对相对贫困的影响，我们首先将两种能力变量同时放入式（4-1）中，假设数字能力和金融能力会同时对家庭是否处于相对贫困状态产生影响，采用 Probit 回归对数字能力和金融能力对相对贫困的边际效应进行检验。

$$Relativepoverty_i = a_1 + b_1 D_i + c_1 F_i + \beta X + \varepsilon_{1,i} \quad (4-1)$$

其中，D_i表示家庭 i 的数字能力，F_i表示家庭 i 的金融能力，X 和β 分别为所有控制变量的向量和对应系数的向量，a_1 是截距项，b_1 和c_1 分别为数字能力和金融能力的回归系数，ε_i 是扰动项。对回归过程限定获取社区层面的聚类标准误（除特殊说明外，下同）。

考虑到式（4-1）可能存在解释变量内生性问题，尤其是被解释变量和解释变量之间可能存在互为因果关系，参考宋全云、肖静娜和尹志超（2019），本书选取“所在省其余家庭数字能力平均水平”作为数字能力的工具变量，因为“所在省其余家庭数字能力平均水平”很可能影响受访家庭使用数字服务的情况，而与家庭是否在该省处在以消费衡量的相对贫困[①]（家庭在省内的相对经济位置）没有直接联系，即满足相关性和外生性条件。基于类似的考虑，选取“所在省其余家庭金融能力平均水平”作为金融能力的工具变量，即“所在省其余家庭金融能力平均水平”很可能与受访家庭的金融能力相关，但与家庭在省内的相对经济位置不直接相关。为了确认工具变量的有效性，需要检验排除识别不足和弱工具变量问题及过度识别问题，并采用 DWH 检验验证解释变量确实存在内生性，确认应该使用工具变量处理内生性问题。

在验证数字能力和金融能力会同时影响相对贫困的基础上，我们进一步考察数字能力和金融能力在影响家庭相对贫困的交互作用。在式（4-1）中加入了数字能力和金融能力的交乘项变为如式（4-2）所示：

$$Relativepoverty_i = a_2 + b_2 D_i + c_2 F_i + d_2 D_i \times F_i + \rho X + \varepsilon_{2,i} \quad (4-2)$$

① 本书所采用的“相对贫困”的定义详见 4.3.2 小节。

其中，$D_i \times F_i$ 表示家庭 i 的数字能力与金融能力的交乘项。

如果 D_i 和 F_i 都是内生变量，$D_i \times F_i$ 也相应的是内生变量。针对存在一个以上内生变量及它们的交乘项的情况，参考 Papies、Ebbes 和 Van Heerde（2017），Wooldridge（2015），式（4－1）和式（4－2）均采用控制函数方法（Control Function Approach）来处理内生性问题。主要步骤包括以 D_i 和 F_i 分别对全部工具变量和控制变量进行回归，如式（4－3）和式（4－4）所示，预测得到两个残差变量 $\widehat{dr}$ 和 $\widehat{fr}$。控制函数方法的核心思想即是认为残差 $\widehat{dr}$ 和 $\widehat{fr}$ 中包含了 D_i 和 F_i 具有内生性的部分，当把 $\widehat{dr}$ 和 $\widehat{fr}$ 放入式（4－1）和式（4－2）时，就控制了导致 D_i 和 F_i 具有内生性的那部分不可观测的变动。此外，由于加入了残差 $\widehat{dr}$ 和 $\widehat{fr}$ 的方程包含预测得到的变量，且为非线性方程，需要联合式（4－3）和式（4－4）构成的方程系统，通过 bootstrap 多次抽样获取修正标准误①。如果交乘项的系数在处理内生性问题后依旧显著，则认为式（4－2）相较式（4－1）提高了拟合优度，数字能力和金融能力显著地影响彼此对相对贫困的作用。

$$D_i = a_3 + \theta Z + \gamma X + dr_i \tag{4-3}$$

$$F_i = a_4 + \varphi Z + \delta X + fr_i \tag{4-4}$$

其中，θ 和 φ 分别表示式（4－3）和式（4－4）中所有工具变量系数的向量，γ 和 δ 分别表示式（4－3）和式（4－4）中所有控制变量系数的向量。

若交乘项回归系数显著，可以进一步计算数字能力和金融能力在彼此各个水平上的条件边际效应，以此了解随着一种能力水平的变动，另一种能力影响相对贫困的边际效应会产生怎样的变化趋势，并分析这种趋势特征是否有利于缩小贫富差距。

在此基础上，我们进一步检验数字金融能力对家庭相对贫困概率的影响，如式（4－5）所示：

$$Relativepoverty_i = a_5 + b_5 DF_i + \vartheta X + \varepsilon_{5,i} \tag{4-5}$$

其中，DF_i 表示家庭 i 的数字金融能力。

在内生性的处理上，我们认为上述为数字能力和金融能力选取的工具变量同样适用于数字金融能力，并分别进行了检验。

① 本书采用的重复抽样次数为 1000 次。

接下来，根据本章研究假设 2 验证数字金融能力影响家庭相对贫困概率的作用渠道。参考 Hayes (2013)，本书引入了联立方程模型，并使用 bootstrap 生成间接效应抽样分布的实证推导代表样本。式 (4-6) ～式 (4-11) 和图 4-1 展示了中介效应的检验过程和路径。

$$lnincome\_pc_i = a_6 + b_6 DF_i + AX + \varepsilon_{6,i} \tag{4-6}$$

$$lnasset_i = a_7 + b_7 DF_i + BX + \varepsilon_{7,i} \tag{4-7}$$

$$lndebt_i = a_8 + b_8 DF_i + CX + \varepsilon_{8,i} \tag{4-8}$$

$$lnonlineshopping_i = a_9 + b_9 DF_i + DX + \varepsilon_{9,i} \tag{4-9}$$

$$\begin{aligned} lnonlineshopping_i = {} & a_{10} + b_{10} DF_i + c_{10} lnincome\_pc_i + \\ & d_{10} lnasset_i + e_{10} lndebt_i + EX + \varepsilon_{10,i} \end{aligned} \tag{4-10}$$

$$\begin{aligned} Relativepoverty_i = {} & a_{11} + b_{11} DF_i + c_{11} lnincome_{pci} + d_{11} lnasset_i + \\ & e_{11} lndebt_i + f_{11} lnonlineshopping_i + GX + \varepsilon_{11,i} \end{aligned} \tag{4-11}$$

其中，$lnincome\_pc_i$、$lnasset_i$、$lndebt_i$ 和 $lnonlineshopping_i$ 分别代表家庭 i 的人均收入、资产、负债、网购消费金额的自然对数，$A \sim G$ 分别表示式 (4-6) ～式 (4-11) 中所有控制变量系数的向量。

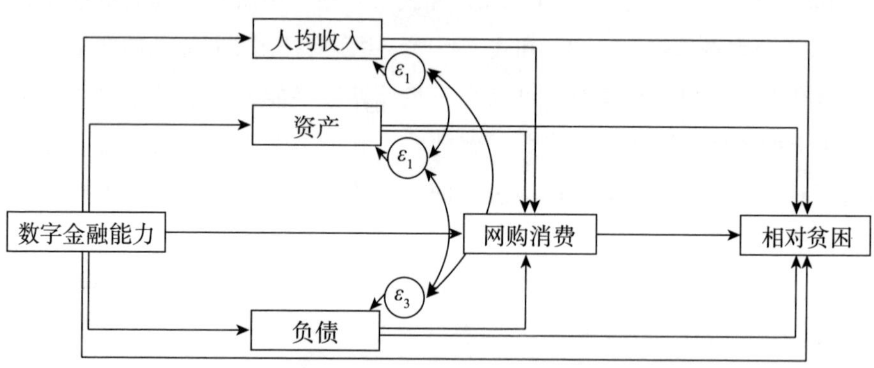

图 4-1　数字金融能力影响相对贫困的中介渠道路径

图 4-1 展示了数字金融能力影响相对贫困的路径。从上到下分别为收入效应、财富积累效应和缓解流动性约束三条并列的中介渠道，与此同时，这三个序列中介变量也指向“网购消费”，代表它们减贫作用有可能部分是通过网购渠道实现的。ε_1、ε_2、ε_3 之间的双向箭头代表人均收入、资产和负债是相关的。

4.3 数据、变量和描述统计

4.3.1 数据

本章主体部分采用 2017 年中国家庭金融调查数据（China Household Finance Survey）。该调查采用三阶段分层、与人口规模成比例的科学抽样方法，收集了关于中国家庭资产与负债、收入与支出以及态度、行为和人口统计学特征等涵盖 29 个省（自治区、直辖市）的微观数据，是具有全国、省级和副省级层面代表性的大型家庭微观数据（甘犁、尹志超、贾男、徐舒和马双，2013）。相较 2011 年开始的前三次调查，2017 年的调查问卷开始关注家庭和个人使用数字金融服务的情况，为本书的研究提供了较好的数据支持。经过数据清洗并去除缺失关键变量的样本，最终本书采用了 36179 户家庭的数据。

由于中国家庭金融调查中不包含体现数字金融风险意识的数据，稳健性检验的第四部分采用了中国普惠金融研究院（Chinese Academy of Financial Inclusion）于 2019 年开展的“数字金融平台客户的现状和政策研究调查”数据。该调查采用便利抽样方法，收集了 5260 份数字金融平台投融资客户样本。其中，1926 份样本参加了 P2P 网贷投资。由于近年来 P2P 网贷风险事件较为突出，因此，稳健性检验基于该子样本检验数字金融风险意识对投资收益水平的影响（见 4.4.4 节）。根据本书理论框架部分 3.3 节的分析，具备良好的数字金融风险意识将有利于家庭在面临风险时更好地保护资产和积累财富，并最终减少贫困的发生。

4.3.2 变量

4.3.2.1 相对贫困与相对贫困深度

基于 2.2.3 小节的文献评述，本书对“相对贫困”的定义为，若一个家庭上年人均年消费低于所在省居民人均消费支出的 50%[①]，则该家庭为相对贫困家庭。相应地，该家庭“相对贫困”变量取值为 1，反之则取值为 0。为

① 考虑到城乡消费模式的差异，在生成“相对贫困”变量的过程中，城镇、农村样本分别对照该省城镇、农村居民人均消费支出统计数据来确定是否属于相对贫困的观测值。

了衡量家庭相对贫困的程度，本书进一步采用了“相对贫困深度”指标作为稳健性检验中的替代被解释变量（Foster，1984），假设家庭 i 上年人均年消费为c_i，其所在省 k 居民人均消费支出的 50%为相对贫困线z_k（区分城镇、农村），则其相对贫困深度为式（4-12）所示：

$$Relative poverty depth = \begin{cases} \frac{z_k - c_i}{z_k} \ if \ c_i < z_k \\ 0 \ if \ c_i \geqslant z_k \end{cases} \tag{4-12}$$

4.3.2.2 数字能力评分

参考 Lyons 等（2020），基于 2.3.4 小节的文献梳理，结合中国当前数字技术发展与应用特征，聚焦影响家庭社会经济决策的维度，本书从问卷中选取了以下七个构成变量来衡量数字能力：“拥有电脑”代表家庭是否拥有电脑；“使用智能手机”代表家庭是否使用智能手机；“使用互联网进行社交”衡量受访人是否能够通过数字渠道维护人际关系，并为在必要时获取信息甚至经济上的支持做好准备；“使用互联网了解资讯”衡量受访人是否能够通过数字渠道获取资讯；“使用互联网购买产品”衡量受访人是否能够通过数字渠道丰富消费选择范围、减少交易成本；“使用互联网销售产品和服务”衡量受访人是否能够通过数字渠道创造收入①；“使用互联网进行娱乐活动”衡量受访人是否通过数字渠道开展娱乐活动。如表 4-1 所示，采用迭代主因子法对数字能力构成变量进行因子分析的结果显示，KMO 检验值为 0.8698，特征值大于 1 的因子为一个。在此基础上，将七个构成变量相加，得到了分布范围为 0～7 的“数字能力评分”。

表 4-1 数字能力、金融能力以及数字金融能力构成变量的因子分析结果

数字能力评分				
因子	特征值	构成变量	因子 1 载荷	KMO
Factor1	3.1854	拥有电脑	0.6000	0.8785
Factor2	0.4114	使用智能手机	0.5089	0.8461

① 根据 2017 年的 CHFS 问卷解释，“使用互联网销售产品和服务”除了包含卖农产品和服务，也包含应聘找工作、发布出租房屋广告、发布民间贷款广告、网上拍卖等。

续表

数字能力评分				
因子	特征值	构成变量	因子 1 载荷	KMO
Factor3	0.1844	使用互联网进行社交	0.8356	0.8514
Factor4	0.0585	使用互联网了解资讯	0.7903	0.8762
Factor5	0.0209	使用互联网购买产品	0.7378	0.8851
Factor6	0.0094	使用互联网销售产品和服务	0.2896	0.8854
Factor7	-0.0002	使用互联网进行娱乐活动	0.7845	0.8733
全样本（N=36179）				0.8698
金融能力评分				
因子	特征值	构成变量	因子 1 载荷	KMO
Factor1	1.2505	拥有银行账户	0.3680	0.7042
Factor2	0.3513	了解风险收益知识	0.2894	0.7546
Factor3	0.2264	关注经济金融信息	0.3402	0.7147
Factor4	0.1206	收支平衡	0.3575	0.7299
Factor5	0.0831	债务可控	0.2511	0.6935
Factor6	0.0498	持有必要社会保险	0.1875	0.7092
Factor7	0.0371	流动性投资	0.6179	0.6809
Factor8	0.0095	保障性投资	0.2850	0.7236
Factor9	-0.0002	增长性投资且匹配风险偏好	0.4760	0.7011
全样本（N=36179）				0.7066
数字金融能力评分				
因子	特征值	构成变量	因子 1 载荷	KMO
Factor1	1.4438	使用电脑支付	0.5823	0.7220
Factor2	0.0545	使用移动支付	0.7568	0.6684
Factor3	0.0130	使用互联网理财服务	0.4646	0.7793
Factor4	-0.0002	使用信用卡	0.5622	0.7357
全样本（N=36179）				0.7150

4.3.2.3　金融能力评分

参考 Atkinson 等（2007）和 Lusardi（2011），基于 2.3.4 小节的文献梳理，本书选取了以下九个变量来衡量金融能力[①]：“拥有银行账户”代表该家庭拥有银行账户；“了解风险收益知识”代表受访人回答正确了关于风险收益知识的问卷题目[②]；“关注经济金融信息”代表受访人平时对经济金融信息有中等及以上关注度；“收支平衡”代表受访家庭上年总收入不低于总支出；“债务可控”代表受访家庭不存在拖欠应还债务的情况，自我评价偿还住房欠款的经济能力为“完全没有问题”或“基本没有问题”，并且家庭总债务不超过总资产；“持有必要社会保险”代表家庭所有成员持有社会医疗保险，所有成年且已参加工作的成员持有社会养老保险；“流动性投资”代表家庭所持现金、储蓄、货币基金等高流动性资产是否不低于其 3 个月消费的额度，衡量家庭应对流动性风险的能力；“保障性投资”代表家庭是否持有商业保险，衡量家庭建立风险屏障的能力；“增长性投资且匹配风险偏好”代表家庭是否投资于除高流动性资产或商业保险之外的金融资产，衡量实现资产保值增值的能力。当受访家庭投资于股票、基金等中高风险金融产品，同时又表示风险偏好为“不愿意承担任何风险”时，则认为其增长性投资决策与风险偏好不匹配。如表 4-1 所示，采用迭代主因子法对以上九个构成变量进行因子分析的结果显示，KMO 检验值为 0.7066，特征值大于 1 的因子为一个。在此基础上，将九个构成变量相加，得到了分布范围为 0～9 的“金融能力评分”。

4.3.2.4　数字金融能力评分

参考 Lyons 等（2020）及 2.3.4 小节对数字金融能力的定义，基于数据可得性，我们从问卷中选取了以下四个构成变量来衡量数字金融能力：“使用电脑支付”代表受访家庭在购物时（包括网购），会使用电脑支付；“使用移动支付”代表受访家庭在购物时（包括网购），会使用移动支付；“使用互联网理财服务”代表受访家庭持有互联网理财产品；“使用信用卡”代表受访家

① 需要特别说明的是，由于 CHFS 问卷中与金融知识与技能相关的问题大多存在较多的缺失值，因此，本书在金融知识与技能层面只采用了缺失值较少的关于风险收益知识的问题。

② 在问卷中，受访人被问到如下判断题，“高收益项目通常伴随着高风险，您认为该说法是否正确？”

庭使用了信用卡[①]。如表 4 - 1 所示，采用迭代主因子法对数字金融能力构成变量进行因子分析的结果显示，KMO 检验值为 0.715，特征值大于 1 的因子为一个。在此基础上，将四个构成变量相加，得到了分布范围为 0～4 的“数字金融能力评分”。

4.3.2.5　其他变量

参考刘子宁、郑伟、贾若和景鹏（2019），谭燕芝和彭千芮（2019），本章选取了受访人、受访家庭和地区三个层面的控制变量。受访人层面的控制变量包括：年龄、性别、婚否、高中、中专或职高及以上文化程度[②]，是否容忍平均及以上的投资风险[③]，是否感到幸福或非常幸福。受访家庭层面的控制变量包括：是否居住在农村、家庭规模（人数）、是否至少 1 人健康状况不佳、是否有小孩（15 岁及以下）、是否有老人（60 岁及以上）、是否拥有房产、是否经营工商业。地区层面的控制变量主要包含受访家庭所在省份虚拟变量。此外，中介变量包括：人均收入（年）、总资产、总负债、网购消费金额。

4.3.3　描述性统计

表 4 - 2 展示了本章所研究样本社会经济特征的描述性统计。首先是本章的被解释变量和解释变量。相对贫困家庭约占全样本的 1/4，他们的贫困深度平均为 0.31。也就是说，以所在省对应城乡人均消费支出的 50%作为相对贫困线，相对贫困家庭人均年消费与相对贫困线的差距占后者的比例平均为 31%。数字能力评分、金融能力评分和数字金融能力评分的平均水平都较低，由七个二分变量构成的数字能力评分均值仅为 2.59，由九个二分变量构成的金融能力评分均值仅为 4.76，由四个二分变量构成的数字金融能力评分均值

---

① 在新型数字信贷数据不可得的情况下，我们选用了“使用信用卡”作为数字信用的代表指标。根据相关文献，信用卡实际上是较早出现的个人数字信用形式。

② 2017 年的中国家庭金融调查问卷询问了受访人“人过学”的最高学历，即包含在读、肄业或辍学的情况。为了体现受访人至少完成了九年义务教育，本书选择以受访人至少高中或中专/职高人过学来衡量教育程度。

③ 2017 年的中国家庭金融调查问卷询问了受访人“如果您有一笔资金用于投资，您最愿意选择哪种投资项目?”受访人可以从“高风险、高回报的项目”“略高风险、略高回报的项目”“平均风险、平均回报”“略低风险、略低回报的项目”到“不愿意承担任何风险”共五个程度进行选择。如果受访人选择“平均风险、平均回报”及以上的风险偏好，则该变量值定义为 1，反之则为 0。

仅为 0.64。从数字能力的构成维度来看，使用智能手机的家庭比例最高，达到 78.69%，显著超过拥有电脑的家庭比例。根据皮尤研究中心调查数据，该智能手机使用率已达到发达国家中位数水平①。相较而言，使用互联网销售产品和服务的受访人比例最低，仅为 3.45%。从金融能力的构成维度来看，债务可控和拥有银行账户的家庭比例最高，均超过 90%。使用保障性投资、增长性投资且匹配风险偏好的家庭比例最低，分别为 14.72%和 9.73%。从数字金融能力的构成维度来看，使用移动支付的家庭比例最高为 27.62%，使用互联网理财服务的家庭比例最低为 5.97%。

其次是受访人特征变量。受访人平均年龄约为 54 岁，49.49%为女性，83.05%处于已婚状态。在教育程度的衡量上，“高中、中专或职高及以上文化程度”是指受访人至少高中、中专或职高入过学。从统计数据可以看出，36.05%的受访人达到该文化程度。接下来是可能影响消费的主观变量风险容忍度，26.01%的受访人表示“容忍平均及以上投资风险”。

最后是受访家庭特征变量。31.03%的受访家庭居住在农村，平均家庭人数多于 3 人，33.12%的家庭至少有 1 位家庭成员健康状况不佳，33.02%的家庭有小孩，52.15%的家庭有老人，90.40%的家庭拥有房产，13.40%的家庭经营工商业，家庭人均年收入为 2.74 万元，平均总资产为 103.72 万元，平均总负债约为 4.90 万元，平均网购消费额为 2032.23 元。

表 4 - 2 右侧两列以描述性统计的方式初步展示了数字能力、金融能力和数字金融能力与相对贫困的关系。相对贫困样本的数字能力评分、金融能力评分和数字金融能力评分均低于非相对贫困样本。数字金融能力评分的差距最大，相对贫困样本的数字金融能力评分不及非相对贫困样本的一半。其中，“使用互联网理财服务”的比例最低，相对贫困样本中仅有 2.33%，在非相对贫困样本中也仅有 7.15%；“使用移动支付”的比例最高，相对贫困样本中为 15.16%，非相对贫困样本中为 31.68%。就数字能力的构成维度而言，两组差距最小的维度为“使用智能手机”，相对贫困组的智能手机使用率也达到 71.08%，这意味着各类智能应用已经具备了较大范围的可触达性。两组

① Pew Research Center. Smartphone Ownership Is Growing Rapidly Around the World, but Not Always Equally [EB/OL]. [2019-02-05]. Pew Research Global website.

差距最大的维度为“使用互联网销售产品和服务”和“使用互联网购买产品”，相对贫困组的比例均不及非相对贫困组比例的一半，而这两种数字服务的使用与家庭资源配置直接相关，体现出相对贫困群体数字能力的薄弱环节。就金融能力的构成维度而言，两组差距相对较小，主要是由于我国银行账户普及率高且居民历来有储蓄的习惯。相对贫困组的“收支平衡”比例甚至超过了非相对贫困组。虽然“债务可控”的比例整体较高，但在全样本中，7.28%的受访家庭存在债务不可控的情况，这是值得警惕的。因此，我们在后续的模型过程中加入了家庭负债作为数字金融能力影响相对贫困的中介变量进行检验。从受访样本的风险规划来看，非相对贫困样本明显更胜一筹，所有家庭成员均“持有必要社会保险”的比例为 62.33%，而相对贫困样本的比例仅为 49.40%；非相对贫困样本持有任何一种商业保险，即进行了“保障性投资”的比例为 16.67%，更是接近相对贫困样本的 2 倍。此外，进行了“增长性投资且匹配风险偏好”的样本总体较少，并且非相对贫困样本的比例几乎为相对贫困样本的 3 倍。

表 4－2　样本特征的描述性统计

变量（单位）	全样本				相对贫困样本	非相对贫困样本
	N=36179				N=8891	N=27288
	均值	标准差	最小值	最大值	均值	均值
相对贫困（%）	24.58	43.05	0	100	100.00	0.00
相对贫困深度	0.08	0.17	0	0.94	0.31	0.00
数字能力评分（#）	2.59	2.14	0	7	1.83	2.83
拥有电脑（%）	50.02	50.00	0	100	36.32	54.48
使用智能手机（%）	78.69	40.95	0	100	71.08	81.17
使用互联网进行社交（%）	39.03	48.78	0	100	25.00	43.60
使用互联网了解资讯（%）	34.16	47.43	0	100	20.04	38.76
使用互联网购买产品（%）	21.92	41.37	0	100	10.71	25.57
使用互联网销售产品和服务（%）	3.45	18.24	0	100	1.30	4.14
使用互联网进行娱乐活动（%）	31.25	46.35	0	100	18.37	35.45

续表

变量（单位）	全样本				相对贫困样本	非相对贫困样本
	N=36179				N=8891	N=27288
	均值	标准差	最小值	最大值	均值	均值
金融能力评分（#）	4.76	1.67	0	9	4.36	4.89
拥有银行账户（%）	91.43	27.99	0	100	86.58	93.01
了解风险收益知识（%）	71.24	45.26	0	100	63.36	73.81
关注经济金融信息（%）	30.13	45.88	0	100	21.83	32.83
收支平衡（%）	59.08	49.17	0	100	67.73	56.27
债务可控（%）	92.72	25.98	0	100	91.16	93.23
持有必要社会保险（%）	59.15	49.16	0	100	49.40	62.33
流动性投资（%）	47.86	49.96	0	100	43.29	49.36
保障性投资（%）	14.72	35.44	0	100	8.74	16.67
增长性投资且匹配风险偏好（%）	9.73	29.64	0	100	3.91	11.62
数字金融能力评分（#）	0.64	1.01	0	4	0.33	0.74
使用电脑支付（%）	10.67	30.87	0	100	5.89	12.23
使用移动支付（%）	27.62	44.71	0	100	15.16	31.68
使用互联网理财服务（%）	5.97	23.69	0	100	2.33	7.15
使用信用卡（%）	19.71	39.78	0	100	9.27	23.12
年龄（岁）	53.81	14.98	16	90	55.95	53.11
女性（%）	49.49	50.00	0	100	49.88	49.36
已婚（%）	83.05	37.52	0	100	86.31	81.99
高中及以上文化程度（%）	36.05	48.02	0	100	20.67	41.06
容忍平均及以上投资风险（%）	26.01	43.87	0	100	18.21	28.55
家庭居住在农村（%）	31.03	46.26	0	100	28.39	31.90
家庭规模（人）	3.14	1.52	1	15	3.66	2.97
家庭至少1人健康状况不佳（%）	33.12	47.07	0	100	41.76	30.31
家庭有小孩（%）	33.02	47.03	0	100	40.67	30.52

续表

变量（单位）	全样本				相对贫困样本	非相对贫困样本
	N=36179				N=8891	N=27288
	均值	标准差	最小值	最大值	均值	均值
家庭有老人（%）	52.15	49.95	0	100	60.18	49.54
家庭拥有房产（%）	90.40	29.46	0	100	91.98	89.89
家庭经营工商业（%）	13.40	34.07	0	100	11.20	14.12
家庭人均年收入（元）	27431.92	32497.87	0	630000	15522.43	31312.29
家庭总资产（元）	1037215.30	1952041.30	0	30000000	647313.11	1164253.60
家庭总负债（元）	48962.30	199280.14	0	5000000	29710.14	55235.06
家庭网购消费额（元）	2032.23	7174.55	0	250000	596.23	2499.71

注：变量“家庭网购消费额”存在少量缺失值。总观测值为 36133 个，其中，相对贫困观测值 8874 个，非相对贫困观测值 27259 个。其他变量观测值均为 36179 个。

4.4 实证结果分析

4.4.1 数字能力和金融能力影响相对贫困的交互效应

表 4－3 展示了在无交乘项和有交乘项的两种情况下，数字能力和金融能力对家庭是否相对贫困的影响。

表 4－3 数字能力与金融能力影响相对贫困的交互效应

被解释变量：相对贫困	无交乘项		有交乘项			
	(1)	(2)	(3)	(4)	(5)	(6)
	Probit	IV Probit	Probit	Probit	IV Probit	IV Probit
	边际效应	边际效应	系数	边际效应	系数	边际效应
数字能力	－0.0575***	－0.0601***	－0.2268***	－0.0575***	－0.2381***	－0.0599***
	(0.0019)	(0.0021)	(0.0152)	(0.0019)	(0.0145)	(0.0021)

续表

被解释变量：相对贫困	无交乘项		有交乘项			
	(1)	(2)	(3)	(4)	(5)	(6)
	Probit	IV Probit	Probit	Probit	IV Probit	IV Probit
	边际效应	边际效应	系数	边际效应	系数	边际效应
金融能力	-0.0075***	-0.0039**	-0.0381***	-0.0068***	-0.0266***	-0.0030*
	(0.0018)	(0.0018)	(0.0087)	(0.0018)	(0.0085)	(0.0018)
交乘项			0.0056**		0.0062**	
			(0.0027)		(0.0025)	
N	36179	36179	36179	36179	36179	36179
pseudo R^2	0.140		0.140	0.140		

注：本表模型包含控制变量和工具变量，其中，Probit 回归，即（1）、（3）、（4），采用社区层面的聚类标准误；IV Probit 回归，即（2）、（5）、（6），因为在非线性模型中使用了控制函数方法，模型过程使用了预测得到的残差变量，为了获得一致估计结果，标准误通过 bootstrap 重复 1000 次抽样获取。表中 *、**、*** 分别代表回归结果在 90%、95%和 99%的置信水平上显著（全书同）。

在无交乘项的情况下，Probit 回归（1）的边际效应显示，数字能力和金融能力更高的家庭有更小可能处在相对贫困的状态。同时，其他控制变量与相对贫困的关系与预期基本一致：年轻、女性、已婚、高中及以上文化程度、容忍中等程度以上风险的受访人，居住在农村、家庭规模小、家庭成员更健康、有小孩、无房、经营工商业的家庭有更小可能处在以人均消费衡量的相对贫困状态。

考虑到家庭的经济状况很可能和数字金融能力互为因果，解释变量可能存在内生性。然后，以“所在省其余家庭数字能力平均水平”作为数字能力的工具变量，以“所在省其余家庭金融能力平均水平”作为金融能力的工具变量，因为所在省其余家庭数字或金融能力的平均水平很可能与受访家庭的数字或金融能力相关，但与家庭在该省内的相对经济位置不直接相关，即满足相关性和外生性条件。参考 Papies 等（2017）、Wooldridge（2015），采用控制函数方法来进行包含工具变量的两阶段回归，得到的 IV Probit 的边际效应如表 4-3 中回归（2）所示。数字能力和金融能力对相对贫困的边际影响分别在 99%和 95%的置信水平上显著为负，这意味着在考虑了受访人、家庭和地区差异以及内生性问题的情况下，数字能力和金融能力的提升都会显著地减少家庭相对贫困的可能性。

在使用工具变量的情况下，我们还需要检验是否存在弱工具变量问题。Kleibergen-Paap rk LM 统计量和 Kleibergen-Paap rk Wald F statistic 分别为 9606.14 和 10961.31，而 Stock-Yogo 弱工具变量检测在 10%偏误水平下的临界值为 7.03，排除了工具变量识别不足和弱工具变量问题。数字能力和金融能力的双变量一阶段 F 值分别为 10989.99 和 14764.23，也拒绝了弱工具变量的假设。与此同时，Durbin-Wu-Hausman 检验拒绝了解释变量为外生变量的假设，我们确实需要处理模型中的内生性问题。综合以上检验和分析可以发现，数字能力和金融能力会同时影响家庭的相对贫困状况，在控制变量和处理内生性的前提下，分别都具有显著的减贫效应。

在明确数字能力和金融能力会同时影响家庭相对贫困状况的基础上，我们进一步探索它们影响相对贫困的交互效应，即在式（4－1）的基础上引入数字能力与金融能力的交乘项变为式（4－2），同样采用控制函数方法处理内生性问题。如表 4－3 中回归（3）～回归（6）所示，无论是 Probit 回归还是 IV Probit 回归，交乘项的系数都是显著的，这意味着，交乘项提升了模型的拟合优度，数字能力和金融能力对家庭相对贫困的影响存在显著的交互效应。

对交互效应的考察关键在于探索交互的解释变量在彼此不同取值下，对被解释变量影响的条件边际效应的变化特征。因此，我们接下来计算了在金融能力评分的不同水平下数字能力影响家庭相对贫困的条件边际效应，在数字能力评分的不同水平下金融能力影响家庭相对贫困的条件边际效应，以及相对应的观测值分布。结果如表 4－4 所示。

表 4－4　数字能力与金融能力影响相对贫困的条件边际效应

金融能力评分	全样本观测值	相对贫困观测值	相对贫困群体占比	数字能力的条件边际效应
0	61	23	37.7%	－0.0653*** (0.0035)
1	655	227	34.7%	－0.0633*** (0.0030)

续表

金融能力评分	全样本观测值	相对贫困观测值	相对贫困群体占比	数字能力的条件边际效应
2	2391	744	31.1%	-0.0613*** (0.0026)
3	5256	1573	29.9%	-0.0593*** (0.0022)
4	7730	2220	28.7%	-0.0574*** (0.0020)
5	8148	2056	25.2%	-0.0554*** (0.0020)
6	6509	1354	20.8%	-0.0534*** (0.0021)
7	3511	530	15.1%	-0.0515*** (0.0025)
8	1517	139	9.2%	-0.0496*** (0.0029)
9	401	25	6.2%	-0.0476*** (0.0033)
数字能力评分	**全样本观测值**	**相对贫困观测值**	**相对贫困群体占比**	**金融能力的条件边际效应**
0	7084	2412	34.0%	-0.0092*** (0.0029)
1	7734	2529	32.7%	-0.0066*** (0.0023)
2	5675	1577	27.8%	-0.0042** (0.0018)
3	3268	643	19.7%	-0.0021 (0.0017)
4	3517	598	17.0%	-0.0004 (0.0016)

续表

数字能力评分	全样本观测值	相对贫困观测值	相对贫困群体占比	金融能力的条件边际效应
5	3684	596	16.2%	0.0008 (0.0016)
6	4366	481	11.0%	0.0015 (0.0015)
7	851	55	6.5%	0.0018 (0.0014)

注：本表模型包含控制变量和工具变量，条件边际效应标准误通过 bootstrap 重复 1000 次抽样得到。

数字能力和金融能力影响相对贫困的交互效应呈现出两个突出特征：第一，在数字能力或金融能力越低的水平上，另一种能力减少相对贫困的条件边际效应越大。同时，从表 4-4 中还可以看出，在数字能力或金融能力越低的水平上，相对贫困群体占比越大。那么，数字能力和金融能力的交互特征也有利于减少相对贫困。第二，数字能力和金融能力的交互效应更多地体现为，在不同的金融能力水平下数字能力的显著减贫效应。从数字金融发展的进程来看，近年来金融产品和服务的演变主要是由数字经济的发展所推动的。相应地，从检验结果来看，数字能力的减贫效应比金融能力更为突出。

综上所述，数字能力和金融能力会交互地影响家庭处于相对贫困的概率，并且这种交互效应有利于缩小贫富差距。上述检验结果启发了我们进一步探索数字能力和金融能力的交融部分——数字金融能力对家庭相对贫困的影响。

4.4.2 数字金融能力影响相对贫困的边际效应

在日新月异的数字经济生活中，我们逐渐认识到数字金融能力作为一种数字时代人力资本的重要性。数字金融服务正在越来越多地取代传统金融服务网点功能，成为金融交易的入口，进而影响着千千万万普通家庭的资源配置。因此，本书提出了数字金融能力的概念，并检验其影响家庭相对贫困的效应和作用机理。

表 4-5 为数字金融能力影响家庭相对贫困的边际效应和条件边际效应。在内生性的处理上，本书认为上述为数字能力和金融能力选取的工具变量同样适用于数字金融能力，因此分别进行了检验。结果显示，无论是使用“所在省其余家庭数字能力平均水平”还是“所在省其余家庭金融能力平均水平”作为工具变量，数字金融能力都具有非常显著的减贫效应①。通过与表 4-3 的检验结果相比较可以发现，数字金融能力减少相对贫困的边际效应大于数字能力和金融能力的边际效应。这意味着虽然数字金融能力在性质上是数字能力与金融能力的交融部分，但在现实世界中的存在形式和作用力却不止于传统意义上的数字能力和金融能力，相关能力建设项目需要考虑到这种差异。

表 4-5　数字金融能力对相对贫困的影响

被解释变量： 相对贫困	边际效应		
	(1)	(2)	(3)
	Probit	IV Probit	IV Probit
数字金融能力	-0.0901*** (0.0037)		
数字金融能力 IV=所在省其余家庭数字能力平均水平		-0.3394*** (0.0121)	
数字金融能力 IV=所在省其余家庭金融能力平均水平			-0.1779*** (0.0147)
N	36179	36179	36179
pseudo R^2	0.126		

① 当工具变量为“所在省其余家庭数字能力平均水平”时，Kleibergen-Paap rk LM 和 Kleibergen-Paap rk Wald F 分别为 2341.47 和 2721.24，Durbin（score）chi2（1）为 524.41，Wu-Hausman F（1，36136）为 531.49；当工具变量为“所在省其余家庭金融能力平均水平”时，Kleibergen-Paap rk LM 和 Kleibergen-Paap rk Wald F 分别为 1261.17 和 1364.891，Durbin（score）chi2（1）为 29.14，Wu-Hausman F（1，36136）为 29.13。Stock-Yogo 弱工具变量检测在 10%偏误水平下的临界值均为 16.38。以上结果表明，该两个工具变量分别都不是弱工具变量，Durbin-Wu-Hausman 检验均拒绝了解释变量为外生变量的假设，确实需要处理模型中的内生性问题。

续表

被解释变量： 相对贫困	边际效应		
	(1)	(2)	(3)
	Probit	IV Probit	IV Probit
数字金融能力评分	条件边际效应		
0（相对贫困观测值=7033）	-0.0959*** (0.0043)	-0.3377*** (0.0089)	-0.1993*** (0.0169)
1（相对贫困观测值=1090）	-0.0790*** (0.0030)	-0.1927*** (0.0016)	-0.1416*** (0.0092)
2（相对贫困观测值=527）	-0.0603*** (0.0016)	-0.0756*** (0.0008)	-0.0765*** (0.0009)
3（相对贫困观测值=205）	-0.0427*** (0.0007)	-0.0215*** (0.0006)	-0.0316*** (0.0028)
4（相对贫困观测值=36）	-0.0280*** (0.0009)	-0.0034*** (0.0002)	-0.0101*** (0.0022)

注：本表模型包含控制变量和工具变量，其中，Probit 回归（1）采用社区层面的聚类标准误；IV Probit 回归，即回归（2）、回归（3），采用控制函数方法 bootstrap 重复 1000 次抽样得到的标准误。

从条件边际效应来看，数字金融能力水平越低，提升数字金融能力的边际减贫效应越大。例如，观察表 4-5 下方相对贫困样本的分布可以发现，数字金融能力评分为 0 的相对贫困样本最多，占到全部相对贫困样本的接近 80%。而在该值处的条件边际效应也最大。以上结果表明，致力于减少贫困的政策可以关注相对贫困群体的数字金融能力建设。与此同时，根据本书理论框架部分的分析，数字金融能力也包含若干层次，需要进一步分析数字金融能力是如何减少相对贫困的，以及这种减少相对贫困的效应对短期和长期的家庭福祉是否有不同作用。接下来根据本章的研究假设进行具体验证。

4.4.3 数字金融能力影响家庭相对贫困的作用渠道

表 4-6 所示为图 4-1 所呈现的中介路径计算结果。可以看出总效应中 38.08%为直接效应，也就是不通过研究假设 2 中的提升收入、促进财富积累、缓解流动性约束以及影响购物渠道四条中介路径的部分，可以视为数字金融能力所带来的支付便捷性以及增加的线下消费意愿对家庭消费的影响。

正如研究假设1中的分析，移动支付一方面会提升消费支付的便捷性，另一方面也可能减少支付过程的损失“痛感”，让人们更关注所消费商品和服务的好处、更少关注消费的成本（Chatterjee 和 Rose，2012）。

表 4-6 数字金融能力影响相对贫困的中介渠道

类型	作用渠道	GSEM 系数	占总效应之比（%）
直接效应	数字金融能力→相对贫困	-0.1190*** (0.0130)	38.08
间接效应	数字金融能力→人均收入→相对贫困	-0.0319*** (0.0019)	10.21
	数字金融能力→人均收入→网购消费→相对贫困	-0.0021*** (0.0002)	0.67
	数字金融能力→资产→相对贫困	-0.0536*** (0.0024)	17.15
	数字金融能力→资产→网购消费→相对贫困	-0.0032*** (0.0003)	1.02
	数字金融能力→负债→相对贫困	-0.0032*** (0.0007)	1.02
	数字金融能力→负债→网购消费→相对贫困	-0.0000 (0.0001)	0
	数字金融能力→网购消费→相对贫困	-0.0995*** (0.0054)	31.84
N		36179	

注：(1) 本表标准误通过 bootstrap 重复 1000 次抽样获取。(2)“人均收入”“资产”“负债”“网购消费”在模型中均取自然对数。所有过程包含控制变量。

中介渠道中，数字金融能力通过影响收入作用于相对贫困的间接效应占总效应之比为10.88%，其中有0.67%是通过网购渠道实现的。数字金融能力通过影响资产而作用于相对贫困的间接效应占总效应之比为18.17%，其中有1.02%是通过网购渠道实现的。数字金融能力通过影响负债而作用于相对贫困的间接效应占总效应之比为 1.02%，不存在通过网购渠道实现的部分。上述结果表明，该样本期间数字金融能力主要通过提升收入、促进财富积累而非增加负债来实现减少相对贫困。

值得关注的是，数字金融能力通过网购消费渠道作用于相对贫困的间接效应占总效应之比达到 33.53%，其中不通过收入、资产渠道的比例达 31.84%，这意味着超过三成的减贫效应是通过影响购物渠道（促进网购消费）实现的。具备数字支付能力的相对贫困家庭通过网络购物进入更大的市场，获取更丰富的选择和更实惠的价格，如此满足了部分原本被压抑的购物需求。

综上所述，通过实证检验，本部分验证了数字金融能力通过提升收入、促进财富积累、缓解流动性约束、影响购物渠道四个中介渠道减少相对贫困的间接效应占总效应的 61.92%。其中，前三个渠道的间接效应仅占总效应的约三成。需要反思的是，对相对贫困群体而言，如果数字金融能力达到了参与数字交易的水平，而未达到恰当地应对数字金融风险、参与多样化投资的程度，那么由数字金融能力引致的相对更高的消费意愿有可能不利于家庭为意外、医疗、养老等家庭金融规划做好准备。在家庭福祉不确定性加剧的当下，相关能力建设项目需要格外关注更高层次数字金融能力的培养。

4.4.4 稳健性检验

为了验证模型结果的稳健性，接下来首先采取替换被解释变量和替换内生性处理方法的形式进行检验。我们以“相对贫困深度”作为替代被解释变量，进一步检验数字金融能力对相对贫困深度的影响效应和中介渠道，以及在不同分样本中的结果稳健性和异质性。由于“相对贫困深度”是连续变量，我们首次引入了 Park 和 Gupta（2012）提出的高斯联结函数（Gaussian Copula）方法来处理该线性模型的内生性问题。在此基础上，由于中国家庭金融调查数据中不包含体现数字金融风险意识的变量，本小节第四部分通过引入新的数据揭示了数字金融风险意识对投资收益水平的影响。

4.4.4.1 数字金融能力对相对贫困深度的影响

采用 Park 和 Gupta（2012）提出的高斯联结函数（Gaussian Copula）方法处理线性模型的内生性问题时，无须寻找工具变量，而是在内生解释变量非正态分布的假设前提下，对内生解释变量和误差项的联合分布进行建模，通过统计方法来估计出内生解释变量中与误差项相关的部分，生成一个 Copula 项（P^*）。然后，类似控制函数方法（Control Function Approach），将 P^* 加入回归方程中以控制解释变量的内生性。与此同时，P^* 的回归系数显著则代表解释变量存在显著的内生性。通过检验可得数字金融能力评分是非正态分布的，可以使用该方法。

表 4-7 所示为数字金融能力与相对贫困深度关系的检验结果。在全样本中，通过高斯联结函数方法得到的 Copula 项 P^* 的系数在 99%的置信水平下显著，表明解释变量确实存在显著的内生性。在控制内生性的情况下，数字金融能力的系数也在 99%的置信水平下显著，这意味着数字金融能力每提升一个单位，相对贫困深度减少 0.0239。在相对贫困样本中，P^* 的系数不显著，表明加入 P^* 并不能显著改变回归结果。

表 4-7　数字金融能力对相对贫困深度的影响

被解释变量： 相对贫困深度	(1) 全样本	(2) 相对贫困样本	(3) 相对贫困样本
数字金融能力	-0.0239*** (0.0014)	-0.0364*** (0.0042)	-0.0411*** (0.0032)
P^*	-0.0037*** (0.0016)	-0.0049 (0.0031)	
N	36179	8891	8891

注：本表模型均包含控制变量。P^* 为通过 Gaussian Copula 方法生成的 Copula 项。

基于对数据特征的观察，从全样本到相对贫困样本发生的这种变化，可能是由于反向因果等问题不显著。如图 4-2 所示，在全样本中，75.42%的非相对贫困群体的相对贫困深度为 0，从不贫困到贫困，相对贫困深度的变化足以引起数字金融能力的显著变化。在相对贫困样本中，相对贫困深度的分布相对更平滑，不足以引起数字金融能力的显著变化。进一步地，分析这种特征背后的经济原因，可能是由于对相对贫困群体而言，相对贫困深度虽然有别，但都属于生活必要资源相对拮据的情形，更难的是因为贫困深度的少量变化而引起数字金融能力的变化。

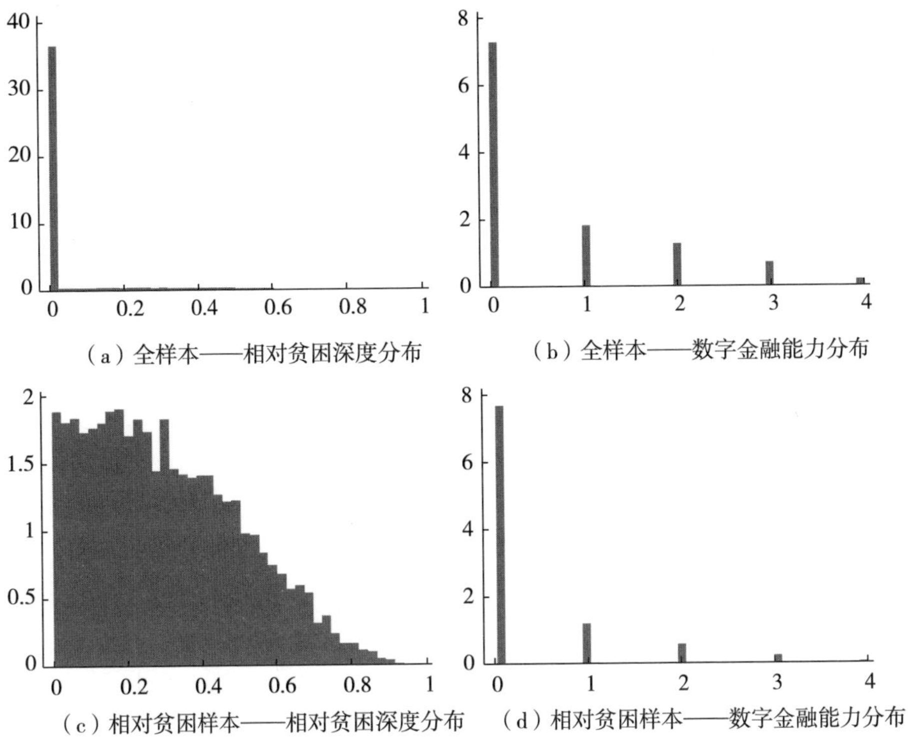

图 4-2 相对贫困深度及数字金融能力分布直方

在相对贫困样本中数字金融能力的内生性问题不显著的情况下，我们去掉 P^* 再次进行回归，可得在 99%的置信水平下，数字金融能力每提升一个单位，相对贫困深度减少 0.0411（见表 4-7）。从表 4-2 可得，相对贫困样本的平均相对贫困深度为 0.31，提升数字金融能力减少相对贫困深度的边际效应是较为可观的。接下来我们进一步检验和讨论，在相对贫困群体中，数字金融能力影响相对贫困深度的中介渠道。

4.4.4.2 数字金融能力影响相对贫困深度的中介渠道

表 4-8 所示为数字金融能力影响相对贫困样本的相对贫困深度的中介效应计算结果。数字金融能力减少相对贫困深度的直接效应占总效应的比例为 47.07%，高于总样本中数字金融能力减少相对贫困概率的直接效应占比，表明数字金融能力对相对贫困群体的相对贫困深度的影响更多地表现为支付便捷性和线下消费意愿的提升。

表 4-8　数字金融能力影响相对贫困深度的中介渠道（相对贫困样本）

类型	作用渠道	GSEM 系数	占总效应之比（%）
直接效应	数字金融能力→相对贫困深度	-0.01934*** (0.0037)	47.07
间接效应	数字金融能力→人均收入→相对贫困深度	-0.0034*** (0.0005)	8.29
	数字金融能力→人均收入→网购消费→相对贫困深度	-0.0002*** (0.00004)	0.49
	数字金融能力→资产→相对贫困深度	-0.0041*** (0.0005)	10.00
	数字金融能力→资产→网购消费→相对贫困深度	-0.0002*** (0.00004)	0.49
	数字金融能力→负债→相对贫困深度	-0.00002 (0.0001)	0
	数字金融能力→负债→网购消费→相对贫困深度	-0.0000 (0.00001)	0
	数字金融能力→网购消费→相对贫困深度	-0.0138*** (0.0017)	33.66
N		8891	

注：(1) 本表标准误通过 bootstrap 重复 1000 次抽样获取。(2)“人均收入”“资产”“负债”“网购消费”在模型中均取自然对数。所有过程包含控制变量。

在中介渠道中，数字金融能力通过影响收入作用于相对贫困深度的间接效应占总效应之比为 8.78%，其中有 0.49%是通过网购渠道实现的。数字金融能力通过影响资产而作用于相对贫困的间接效应占总效应之比为 10.49%，其中有 0.49%是通过网购渠道实现的。数字金融能力通过影响负债而作用于相对贫困的间接效应不显著，也不存在通过网购渠道实现的部分。加总来看，在该样本期间，数字金融能力通过影响收入和资产减少相对贫困群体的贫困程度的效应总共占比为 19.27%，尚未显著发挥缓解相对贫困群体流动性约束的功能。

此外，数字金融能力通过网购消费渠道作用于相对贫困深度的间接效应占总效应之比达 34.64%，其中不通过收入、资产渠道的比例达 33.66%，这意味着数字金融能力减少相对贫困群体的贫困程度中，超过 1/3 的是通过网购消费渠道实现的。

综上所述，对于相对贫困样本而言，数字金融能力减少相对贫困深度更多地体现为消费行为的促进，即通过更低的价格、更丰富的选择和更少的支付“痛感”提升相对贫困群体的消费意愿，通过提升收入、促进财富积累实现的间接效应约占两成。考虑到相对贫困群体可能是“零工经济”“灵活就业”从业人员的重要组成，他们更需要自主地建立家庭金融规划，如果其数字金融能力只处在能够参与数字交易的水平上可能会对家庭的长远财务安全不利。

4.4.4.3 分样本中的结果稳健性与异质性分析——提升弱势群体数字金融能力的政策启示

根据社会经济特征，我们进一步将样本按照城乡、教育程度以及年龄分组。一方面，考察在不同社会经济群体中数字金融能力对相对贫困深度的影响是否稳健；另一方面，也可以比较模型结果在不同社会经济群体中的差异，有助于进一步探讨这种差异所带来的政策启示，可以作为制定相关政策的参考，尤其针对弱势群体的减贫政策。

如表 4 - 9 所示，我们的模型结果在不同社会经济群体中都是稳健的，数字金融能力在 99%的置信水平下减少相对贫困家庭的相对贫困深度。从组间差异来看，总体呈现出在弱势群体中减贫效应更大的特征。就城乡差异而言，数字金融能力对农村样本的相对贫困深度有更大的负边际效应。就教育程度差异而言，数字金融能力对初中及以下教育程度群体的减贫效应超过对高中及以上教育程度群体的减贫效应。这意味着，通过提升数字金融能力，原本受教育年限相对较少的群体有机会改变自身相对贫困的状态。就年龄差异而言，数字金融能力对年龄 60 岁及以上的群体比其他年龄组有更大的减贫效应。

表 4－9 数字金融能力影响相对贫困深度的分组检验（相对贫困样本）

被解释变量：相对贫困深度	(1) 农村	(2) 城镇	(3) 初中及以下教育程度	(4) 高中及以上教育程度
数字金融能力	-0.0548^{***}	-0.0416^{***}	-0.0498^{***}	-0.0377^{***}
	(0.0097)	(0.0035)	(0.0044)	(0.0046)
N	2524	6367	7053	1838
	(5) 16～35 岁	(6) 36～59 岁	(7) 60 岁及以上	
数字金融能力	-0.0358^{***}	-0.0449^{***}	-0.0518^{***}	
	(0.0070)	(0.0041)	(0.0075)	
N	767	4323	3801	

注：本表模型均包含控制变量。

综上所述，无论用二分变量还是连续变量衡量相对贫困，数字金融能力影响相对贫困的检验结果都是较为稳健的。数字金融能力既显著减少家庭处于相对贫困状态的可能性，也显著减少相对贫困样本的相对贫困深度，其主要中介渠道均为对消费行为的影响，通过提升收入、促进财富积累实现的间接效应约占总效应的二成至三成，通过负债渠道实现的间接效应占比还较小。

4.4.4.4 数字金融风险意识对投资收益水平的影响

随着数字经济的发展，越来越多微观经济主体开始参与数字交易，也就越容易接触到各类数字金融风险。因此，当前及未来，提升数字金融风险意识是数字金融能力建设的重要内容，也是维护家庭福祉不应忽视的。由于中国家庭金融调查数据中不包含体现数字金融风险意识的变量，此处通过引入新的数据探讨数字金融风险意识对投资收益水平的影响。

近年来，我国 P2P 网贷行业经历了“过山车”式的发展历程，大部分都已清退。该行业可以被视为数字金融风险呈现的一个典型。正如 4.3.1 小节所介绍的数据背景，本部分所采用的 1926 个样本均在 2019 年调查期间持有 P2P 网贷资产。基于本书在理论框架 3.3 节的讨论，对于面临相同市场风险的群体而言，提升数字金融风险意识有助于家庭保护资产、积累财富。相较数字金融风险意识薄弱的群体，更高的数字金融风险意识将有利于家庭实现更高的财富增值率，并最终减少贫困的发生。因此，此处检验数字金融风险意识对投资收益水平的影响。

在“数字金融平台客户的现状和政策研究调查”问卷中，包含五个体现数字金融风险意识的变量，分别是“是否了解所投资平台背景”“是否了解所投资平台风控模式”“是否了解该类平台为信息中介（不保本）”“是否认真阅读风险提示书”“是否研究过平台信息披露”。如表 4 - 10 所示，采用迭代主因子法对上述五个变量进行因子分析的结果显示，KMO 检验值为 0.7351，特征值大于 1 的因子为一个。在此基础上，将五个构成变量相加，得到了分布范围为 0～5 的“数字金融风险意识评分”。

表 4 - 10　数字金融风险意识构成变量的因子分析结果

数字金融风险意识评分				
因子	特征值	构成变量	因子 1 载荷	KMO
Factor1	1.3187	是否了解所投资平台背景	0.4906	0.7492
Factor2	0.1460	是否了解所投资平台风控模式	0.4113	0.7648
Factor3	0.0314	是否了解该类平台为信息中介（不保本）	0.4482	0.7581
Factor4	0.0080	是否认真阅读风险提示书	0.5873	0.7155
Factor5	-0.0002	是否研究过平台信息披露	0.6026	0.7148
全样本（N=1926）				0.7351

如表 4 - 11 所示，被解释变量投资收益水平为受访者所选其在 P2P 网贷平台投资年化收益率的范围，1 代表年化收益率 1%～7%；2 代表 8%～12%；3 代表 13%～18%；4 代表 19%～24%；5 代表 24%以上。控制变量为表 4 - 11 中除投资收益水平和数字金融风险意识评分外其他变量以及省份虚拟变量。从家庭金融资产净值和体现受教育程度的若干变量可以看出，受访样本属于有一定财富积累的、受教育程度较高的群体。其中，41.64%期望通过 P2P 网贷投资获得远超银行定期利率的收益，平均年龄约 37 岁，女性占比 45.22%，大学本科及以上教育程度占比超过半数，大专及以上教育程度更是超过八成，70.40%已婚，家庭规模接近 4 人，约三分之一受访家庭无小孩，健康状况好或非常好的占比 86.71%，城市户口占比接近八成。

表 4-11　补充数据样本特征的描述性统计

N=1926	均值	标准差	最小值	最大值
投资收益水平（值越高，收益水平越高）	1.87	0.57	1	5
数字金融风险意识评分（#）	4.00	1.25	0	5
是否了解所投资平台背景（%）	87.69	32.86	0	100
是否了解所投资平台风控模式（%）	86.50	34.18	0	100
是否了解该类平台为信息中介（不保本）（%）	77.21	41.96	0	100
是否认真阅读风险提示书（%）	76.90	42.16	0	100
是否研究过平台信息披露（%）	72.01	44.90	0	100
家庭金融资产净值（万元）	64.78	116.15	0	1000
期望远超银行定期利率的收益（%）	41.64	49.31	0	100
年龄（岁）	36.72	9.77	18	77
女性（%）	45.22	49.78	0	100
小学及以下（%）	0.16	3.94	0	100
初中（%）	3.74	18.97	0	100
高中（%）	12.41	32.98	0	100
大专（%）	25.23	43.45	0	100
本科（%）	47.56	49.95	0	100
研究生（%）	10.90	31.18	0	100
已婚（%）	70.40	45.66	0	100
家庭规模（人）	3.77	1.46	1	16
家庭小孩数（人）	0.85	0.73	0	4
健康（%）	86.71	33.96	0	100
农村户口（%）	20.66	40.50	0	100

注：投资收益水平 1 代表年化收益率 1%～7%；2 代表 8%～12%；3 代表 13%～18%；4 代表 19%～24%；5 代表 24%以上。

由于被解释变量为表示级别的变量，此处采用有序 Probit 回归检验数字金融风险意识与投资收益水平的关系。考虑到数字金融风险意识有可能与投资收益水平互为因果，即解释变量可能存在内生性，如表 4-12 所示，以“受访人自评数字技术适应程度”作为工具变量，因为受访人的数字技术适应程度与其数字金融风险意识相关，但与投资收益水平无直接关系。工具变量相关检验显示，Kleibergen-Paap rk LM 统计量和 Kleibergen-Paap rk Wald F 统计量分别为 45.16 和 46.88，Stock-Yogo 弱工具变量检测在 10%偏误水平下的临界值为 16.38，不存在工具变量识别不足和弱工具变量问题。此外，Durbin-Wu-Hausman 检验结果显示确实需要处理解释变量的内生性问题。

表 4-12　数字金融风险意识对投资收益水平的影响

被解释变量	投资收益水平	Ordinal Probit 边际效应	IV Ordinal Probit 边际效应
解释变量： 数字金融风险意识评分	1%～7%	-0.0222*** (0.0064)	-0.1116** (0.0496)
	8%～12%	0.0144*** (0.0043)	0.0725** (0.0328)
	13%～18%	0.0053*** (0.0016)	0.0265** (0.0118)
	19%～24%	0.0016*** (0.0006)	0.0078* (0.0040)
	24%以上	0.0010** (0.0004)	0.0048* (0.0026)
控制变量		控制	控制
N		1926	1926
弱工具变量检验			
	Kleibergen-Paap rk LM statistic		45.16
	Kleibergen-Paap rk Wald F statistic		46.88
内生性检验			
	Durbin (score) chi2 (1)		6.05
	Wu-Hausman F (1，1878)		5.91

注：(1) * 代表 $p<0.1$，** 代表 $p<0.05$，*** 代表 $p<0.01$。(2) Ordinal Probit 和 IV Ordinal Probit 的边际效应均指实现相应投资收益水平的边际概率。(3) 括号中，Ordinal Probit 模型汇报的是社区层面的聚类标准误，IV Ordinal Probit 模型汇报的是通过控制函数方法、bootstrap 重复抽样 1000 次获取的标准误。

根据包含工具变量的有序 Probit 回归结果，在控制其他变量的情况下，数字金融风险意识评分在均值处提升 1 个单位，会在 95%的置信水平下，减少 11.16%投资收益水平为 1%～7%的概率，增加 7.25%投资收益水平为 8%～12%的概率，以及增加 2.65%投资收益水平为 13%～18%的概率，对更高投资收益水平的影响相对微弱。

综上所述，数字金融风险意识的提升会显著地减少获取过低投资收益水平的概率，对获取高风险投资收益水平的正影响较为微弱，主要显著增加获取中等投资收益水平的概率。虽然 P2P 网贷的资产可能包括不同风险等级，但由于不保本，属于相对高风险的投资，从风险收益关系的角度来看，1%～7%的收益水平更有可能是偏低的。与此同时，追求过高的收益水平则意味着过高风险。因此，总体而言，数字金融风险意识的提升更有利于投资者实现风险收益匹配、风险程度适中的收益水平。

4.5 本章小结与讨论

本章主要基于 2017 年中国家庭金融调查数据（CHFS）。首先，实证研究了数字能力和金融能力对家庭相对贫困发生概率的影响和交互效应，并通过条件边际效应探索了这种交互效应对缩小贫富差距的启示。其次，进一步分析数字能力和金融能力相交融的部分——数字金融能力，指出了认识到数字金融能力作为一种数字时代生存能力的重要性，并首次对数字金融能力进行了定义和衡量，实证检验了其反贫困效应和作用渠道。最后，将被解释变量从是否相对贫困替换为相对贫困深度、创新地使用 Gaussian Copula 方法处理内生性的方式验证了模型结果的稳健性，并通过引入新的数据讨论了数字金融风险意识与投资收益水平的关系。研究表明，在处理内生性问题的前提下，数字能力和金融能力都具有显著的反贫困效应。同时它们也具有显著的交互效应，在数字能力或金融能力越低的水平上，相对贫困群体占比越大，另一种能力减少相对贫困的条件边际效应也越大，这种交互特征将有助于缩小贫富差距。数字金融能力也显著地减少相对贫困发生概率，主要间接作用渠道包括，一是提升收入；二是促进财富积累；三是缓解流动性约束，但在该样本期间总效应中的占比还较小；四是影响购物渠道，通过网络购物进入更大的“买方”市场，获取更多种类和更友好价格的商品，实现部分从前被抑制的消费需求。稳健性检验显示，聚焦于相对贫困样本而非全样本时，数字金融能力对减少相对贫困深度也具有类似的作用，此时负债作为中介渠道的效应不显著，表明在该样本期间数字金融能力缓解相对贫困群体流动性约束的效应尚未显著发挥。从分样本的异质性检验结果来看，数字金融能力对以居住在农村、低教育程度和老年人为代表的弱势群体的减贫效应更大。基于“数字金融平台客户的现状和政策研究调查”数据，以 P2P 网贷投资为例进一步检验发现，数字金融风险意识的提升更有利于投资者实现风险收益匹配、风险程度适中的收益水平。值得关注的是，对相对贫困群体而言，如果数字金融能力仅达到了参与数字交易的水平，而未达到参与多样化投资的程度，那么由数字金融能力促进的相对更高的消费意愿有可能不利于家庭为意外、医疗、养老等家庭金融规划做好准备。在家庭福祉不确定性加剧的当下，相关能力建设项目需要格外关注更高层次数字金融能力的培养。

本章的贡献主要体现在以下三个方面：一是首次同时将数字能力和金融能力纳入反贫困的检验模型，并探索了两种能力的交互效应及其对缩小贫富差距的启示。二是强调了数字金融能力在微观数字经济生活中的重要性，首次衡量了家庭的数字金融能力，并较为详细地检验了数字金融能力的反贫困作用和作用渠道。三是在稳健性检验中，创新地采用高斯联结函数（Gaussian Copula）方法、从统计技术上处理了模型的内生性问题。在将该方法引入福祉经济学研究的同时，进一步检验了数字金融能力对相对贫困深度的影响、中介渠道和在不同弱势群体中的作用。在我国即将消除绝对贫困、尚需减少相对贫困的数字经济背景下，本章从微观层面为反贫困研究提供了新的视角、提出了新的概念、探索了新的研究方法。

从政策启示来看，旨在缩小贫富差距的相关政策可以重点提升弱势群体的数字金融能力。徐瑞朝和曾一昕（2017）、赵安琪和付少雄（2019）结合欧盟和英国的经验，提出了向弱势群体普及数字化理念、从弱势群体的需求出发调查原因和制定政策措施、促进社会各层面联动、创新方法路径等方面的建议。Sherraden 和 Ansong（2016）特别指出了创造提升金融能力的环境的重要性，强调了能力并不仅仅是由内而发的，在很大程度上取决于个人与社会制度的关系。这实际上与 Banerjee 和 Duflo（2012）关于贫困的实验性研究成果不谋而合——个人或家庭应对生活琐事的精力和意志力都是有限的。相应地，通过传统培训、教育等要求相对贫困群体花费额外时间和精力来提高金融能力的方式可能收效有限，应该从这些群体的具体特征和需求出发来制定相关政策和措施。

作为影响数字时代家庭物质生活的一种重要的人力资本，数字金融能力很可能会影响家庭经济活动的其他层面。本章对数字金融能力反贫困作用的讨论，可以作为未来一系列类似探索的开端。虽然本章尽可能全面地采用了数字金融能力的构成指标，但由于数据限制而未能纳入非常全面的相关指标。未来的研究可以在数据可得的情况下考虑纳入其他体现数字金融能力的维度。

第5章　数字金融能力影响家庭福祉的作用渠道

——相对贫困与金融行为视角

自古以来，福祉的实现或多或少都与运气相关。如英语中 happiness 的原始词根“hap”就源自古挪威语中的“偶然”“运气”之义。在古汉语中，“福祉”和“幸福”更是经历了“神佑”“君赐”等个体难以控制的含义。要增进福祉，在很大程度上就是要更好地应对生活中的不确定性。

当今世界正处在一个百年不遇的不确定性时期。新冠疫情已经在全球范围内大流行超过半年，多国经济数据大幅度下滑，而新冠疫情结束之日依旧超出人类可预料的范围。百年不遇的新冠疫情叠加多种自然灾害和紧张的国际关系，加剧了亿万家庭福祉的不确定性。

不确定性之所以具有强烈的福祉效应，是因为它代表着现实与预期的差异。对于一个富裕的家庭而言，即使一直保持一个相当高的消费水平，他们也不太可能一直因此而感到幸福，因为他们会很快变得适应。但是如果不确定性发生，从前的许多习以为常的经济活动就会变得难以实现，福祉则会明显减损。对于一个贫困的家庭而言，如果身边全都是类似的家庭，那么他们可能并不因为贫困而感到不幸。但在现实世界中，贫困的家庭往往会因为变化的环境和遭遇而时常感受到经济资源的匮乏。因此，从横向来看，消费越高不一定越幸福，而消费匮乏却很可能感到不幸。从纵向来看，我们永远不确定未来还会有多少不确定性，这意味着每个家庭都应该有所准备。从家庭金融的角度来看，这种准备可能意味着一笔存款、一份保险。积极的金融行为赋予家庭面对不确定性的底气。无论不确定性发生与否，预期冲击的减小就足以增加幸福。

因此，紧扣数字时代的发展实践，本章进一步深入福祉层面，采用2017年中国家庭金融调查数据（CHFS），实证研究数字金融能力、相对贫困、金融行为与家庭福祉的关系。基于3.5节提出的家庭福祉模型，本章首先探讨了对于家庭福祉而言，绝对消费和相对消费的不同作用，尝试验证以消费衡量的相对贫困对于家庭福祉的重要意义。然后纳入对金融行为的考察，检验数字金融能力是否同时通过减少相对贫困和改变金融行为来影响家庭福祉。因为前者于家庭福祉而言代表着过去一段时间的经济状况，后者于家庭福祉而言代表着未来一段时间的财富预期，都可能对当下的家庭福祉产生显著影响。在数字技术深入渗透微观经济生活、金融科技日新月异的背景下，本章为理解数字时代的家庭福祉探索了新的视角，也为能力建设相关的公共政策和服务提供了参考。

本章5.1节和5.2节分别介绍研究假设和研究方法，5.3节展示了本章所使用的数据、变量及相应的描述性统计，5.4节为实证结果分析，首先比较了绝对消费、以消费衡量的相对贫困深度与家庭福祉的关系；其次检验了数字金融能力通过相对贫困和不同金融行为等中介渠道对家庭福祉的影响，并通过替换解释变量的形式进行了稳健性检验和异质性分析，5.5节为本章小结与讨论。

5.1 研究假设

假设1：相较绝对消费，以消费衡量的相对贫困深度对家庭福祉有更为显著的影响。

如2.2.1小节所述，在实证研究中，福祉（作为幸福、快乐）的加总还受到技术的限制。因此，参考尹志超等（2019）关于金融市场参与家庭幸福的研究，本章也采用了以家庭经济决策者的主观幸福感来代表家庭福祉。

研究证据显示，能够增进福祉的并非高收入，而是人们的基本物质需求是否得到满足（Diener和Biswas-Diener，2002）。当国家人均收入超过5000美元时，幸福与收入的显著相关性就不存在了（Veenhoven和Timmermans，1998）。也就是说，在进行横向比较时，更需要关注经济水平是否达到一定的基本水平，而不是追求越多越好。Ng（2003）将相对消费引入福祉模型，理论证明了过度的消费主义不仅会使人们高估消费的贡献，而且还会使人高估工资率的贡献。这意味着如果只关注消费的总量而不关注消费的分布结构对福祉的影响，并寄希望于消费推动经济增长，如此循环往复，可能会有损社会福祉，使经济发展偏离“出发点”和“落脚点”。

因此，本章首先检验和比较绝对消费和以消费衡量的相对贫困深度对家庭福祉的不同影响。

假设 2：数字金融能力通过减少相对贫困、改变金融行为来影响家庭福祉。

数字金融能力作为一种人力资本，并不会直接使人幸福或者痛苦，而是通过影响经济金融活动的过程和结果来影响家庭福祉。

金融部门作为经济发展的枢纽行业，影响着各行各业和家家户户的资源配置。随着数字时代的到来，金融科技不仅越来越多地改变金融活动的形式和载体，也正在重塑经济福祉的配置渠道。一方面，数字化促进了金融服务的下沉，为改善从前金融服务不足的弱势群体的经济福祉创造了新的机会。另一方面，技术日新月异，在不同群体间出现的不同程度的数字鸿沟又有可能导致新的弱势群体的产生。这意味着，充分地、合理地使用数字金融产品和服务的能力将直接影响家庭的经济福祉，而很多证据都表明经济福祉对主观幸福感有显著的影响（如 Headey，2008；Jantsch 和 Veenhoven，2019）。正如本书 3.1 节至 3.4 节的理论分析和第 4 章的实证检验，数字金融能力有可能通过提升收入、促进财富积累、缓解流动性约束以及影响购物渠道来减少家庭的相对贫困。根据已有研究，以消费衡量的相对贫困的减少可能有利于增进家庭福祉（Wang 等，2019）。

与此同时，根据 2.5 节总结的实证经验和 3.5 节的理论分析，除了消费等结果变量，金融行为本身也会显著地影响幸福感。由于数字金融能力的提升很可能会改变家庭的金融行为，因此，本章也尝试检验数字金融能力如何通过改变家庭的流动性投资、保障性投资、增长性投资以及负债行为来影响家庭福祉。

事实上，对于当下的幸福感而言，相对贫困深度等结果变量代表的是过去，其对幸福感的影响可以理解为对过去一段时间经济状况的满意度。金融行为变量影响的是未来，其对幸福感的影响可以理解为对未来经济状况的预期和掌控感。

5.2 研究方法

基于式（5-1），采用有序Probit回归检验绝对消费和以消费衡量的相对贫困深度对家庭福祉的影响。

$$Happiness_i = \alpha_1 + \beta_1 C_i + \theta_1 R_i + \varphi Y + \mu_{1,i} \tag{5-1}$$

其中，$Happiness_i$表示家庭i的主观幸福感。C_i表示绝对消费，在模型中使用家庭年人均消费的自然对数。R_i表示相对消费，是以消费衡量的相对贫困深度，与第4章相应变量定义相同。Y和φ分别为所有控制变量的向量和对应系数的向量，α_1是截距项，β_1为绝对消费的回归系数，θ_1为相对消费的回归系数，$\mu_{1,i}$是扰动项。采用社区层面的聚类标准误。

根据Oswald等（2015）和Proto（2016），幸福的人会有更高的工作效率，因此可能有更高的收入和消费，这意味着式（5-1）的解释变量和被解释变量之间可能存在互为因果关系（尹志超等，2019）。本书选取“受访人风险收益知识”作为家庭消费变量的工具变量。因为“受访人风险收益知识”会影响家庭的经济行为，但不会对主观幸福感形成直接影响。为了确认工具变量的有效性，需要排除识别不足和弱工具变量问题，并采用DWH检验验证解释变量确实存在内生性，确认使用工具变量处理内生性问题的必要性。基于Papies等（2017）、Wooldridge（2015）的研究，式（5-1）采用控制函数方法（Control Function Approach）来处理内生性问题，并通过bootstrap 1000次抽样获取修正标准误。由于主观幸福感由非常不幸福、不幸福、一般、幸福和非常幸福五个层次衡量，分别检验消费变量影响各层次幸福感的边际效应，可以确定这种效应的方向和特征。

研究假设2所包含的作用路径可由图5-1表示。为检验该作用路径，本章使用广义结构方程模型（GSEM）对中介效应进行估计。

在中介渠道的分析中，bootstrap用于生成间接效应抽样分布的实证推导代表样本，并以此构造置信区间。不同于正态理论方法，使用bootstrap方法构造的置信区间不需要对抽样分布的形状进行假设，更好地尊重了抽样分布

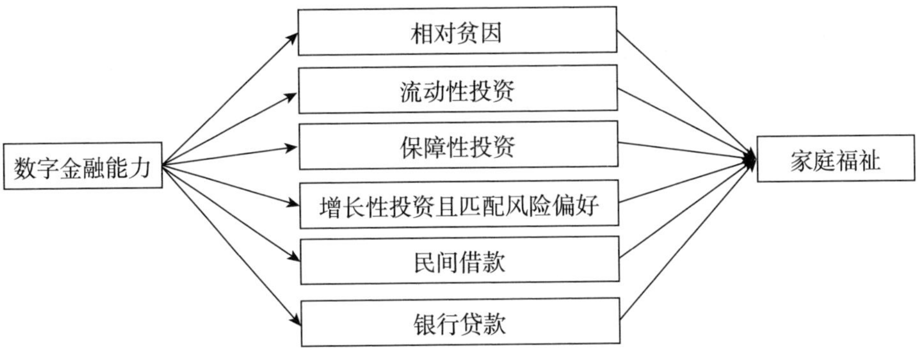

图 5－1　数字金融能力影响家庭福祉的作用路径

的不规则性，比基于正态理论的方法更可能产生准确的结果。当被用于假设检验时，通过 bootstrap 获得的结果是比正态理论方法更有效力的检验。假设中介渠道的模型过程如式（5－2）和式（5－3）所示，根据 Hayes（2013）对该结构方程模型进行检验。

$$Mediator_{i,k} = g_k + h_k DF_i + \omega_k X + \epsilon_{i,k} \tag{5-2}$$

其中，$k=1\sim6$，分别代表相对贫困、流动性投资、保障性投资、增长性投资且匹配风险偏好、存在未偿清的民间借款和存在未偿清的银行贷款，共六个中介变量。DF_i 表示家庭 i 的数字金融能力，g_k、h_k、ω_k、$\epsilon_{i,k}$ 分别为相应中介变量模型中的常数项、数字金融能力的系数、控制变量向量的系数向量和扰动项。式（5－2）中控制变量向量 X 与第 4 章研究数字金融能力与相对贫困关系所取的控制变量相同，但与式（5－1）和式（5－3）中的控制变量向量 Y 不同，因为式（5－2）中的被解释变量均为经济相关变量，而式（5－1）的被解释变量为家庭福祉，需要考虑额外的影响幸福感的控制变量，详见本章 5.3.2 小节有关变量的介绍。

在式（5－2）共六个方程的基础上，进一步使用式（5－3）检验数字金融能力通过这六个中介渠道影响家庭福祉的效应。

$$Happiness_i = \alpha_3 + \beta_3 DF_i + \sum_{k=1}^{6} \delta_k Mediator_{i,k} + \gamma Y + \mu_{3,i} \tag{5-3}$$

其中，α_3、β_3、δ_k、φ 和 $\mu_{3,i}$ 分别为各项的系数（系数向量）和扰动项。

综合式（5－2）和式（5－3）形成的七个方程系统，可以对假设 2 提出的数字金融能力影响家庭福祉的渠道进行检验。

5.3 数据、变量与描述性统计

5.3.1 数据

本章继续采用中国家庭金融调查（CHFS）2017 年数据。经过数据清洗并去除缺失关键变量的样本，最终本章采用了 36683 户家庭的数据。

5.3.2 变量

5.3.2.1 家庭福祉

Sandvik、Diener 和 Seidlitz（2009），Oswald 和 Wu（2010）研究发现，主观汇报的幸福感和客观衡量的幸福感具有一致性，无论是单项还是多项的衡量指标都是有效的。基于尹志超等（2019）研究，本章采用 CHFS 中受访人①对幸福感的评价来衡量家庭福祉。在 CHFS 的问卷调查中，受访人被问道，“总的来说，您现在觉得幸福吗?”受访人可以从“非常不幸福”“不幸福”“一般”“幸福”“非常幸福”五个层次进行选择。相应地，本书将主观幸福感变量赋值为 1、2、3、4、5，赋值越高代表越幸福。

5.3.2.2 绝对消费与相对消费

根据本章研究假设及 2.2.3 小节的讨论，目前尚未见到特别令人满意的考虑家庭规模效应的度量方法（Deaton，2019），因此，本章采用家庭年人均消费作为绝对消费的衡量指标，并在模型中使用其自然对数。相对消费主要以受访家庭所在省的城镇/农村居民人均消费支出作为参考。例如，如果该家庭处在农村地区，则使用农村居民人均消费支出指标。这意味着并非所有家庭都对应着相同的平均消费水平，城镇以及经济发达地区的农村平均消费水平都会更高。本章采用的相对消费指标即第 4 章定义的以消费衡量的相对贫困和相对贫困深度指标。

5.3.2.3 数字金融能力

本章采用的数字金融能力指标构成与第 4 章相同，但由于样本量略有差

---

① 根据 CHFS 的调查设计和要求，受访人是最了解家里财务状况的人。

异，此处对指标稳健性进行补充介绍。如表 5－1 所示，采用迭代主因子法对数字金融能力构成变量进行因子分析的结果显示，KMO 检验值为 0.7182，特征值大于 1 的因子为一个。在此基础上，将四个构成变量相加，得到了分布范围为 0～4 的“数字金融能力评分”。在稳健性检验中，我们将解释变量替换为基于因子分析结果预测生成的“数字金融能力指数”，得到分布范围为［－0.4945，2.3181］的连续变量作为数字金融能力的衡量指标，进一步检验数字金融能力指数与家庭福祉的关系。

表 5－1　数字金融能力构成变量的因子分析结果

因子	特征值	构成变量	因子 1 载荷	KMO
Factor1	1.4729	使用电脑支付	0.5837	0.7256
Factor2	0.0636	使用移动支付	0.7592	0.6716
Factor3	0.0148	使用互联网理财服务	0.4716	0.7833
Factor4	－0.0002	使用信用卡	0.5774	0.7369
全样本（N＝36683）				0.7182

5.3.2.4　其他变量

参考邓大松和杨晶（2019），何立新和潘春阳（2011），胡珺等（2019），李树和陈刚（2015），陆方文、刘国恩和李辉文（2017）及 Fang 和 Sakellariou（2016），Helliwell（2003）等相关研究，本书选取了人口统计学特征、心理行为特征、家庭经济特征和所在地环境特征四个层面的控制变量，以及若干体现金融行为的中介变量。人口统计学特征变量包括年龄（年龄的平方）、是否女性、是否已婚、是否高中及以上文化程度、是否居住在农村、是否有 16 岁以下小孩、是否有婚育年龄儿子①、是否有 60 岁及以上老人、是否家庭至少 1 人健康状况不佳。心理行为特征变量包括是否偏好平均及以上投资风险和收益，信任陌生人的程度，包括 1～5 共五个层次，其中 1 表示非常不信任，5 表示非常信任。家庭经济特征变量包括受访人是否就业、是否拥有房

① 陆方文等（2017）研究发现，有婚育年龄儿子的父母具有显著更低的幸福感。按照我国的法定结婚年龄，本书将“有婚育年龄的儿子”定义为，当受访人有 22 周岁及以上的儿子时取值为 1，否则为 0。

产、是否拥有汽车、是否持有必要社会保险[①]。就环境特征而言，考虑到家庭所在地的经济、治安、文化、社会资本等因素都会影响其幸福感，但却难以找到对家庭影响最为直接的社区和县域层面的相关数据。因此，本章参考心理学研究发现的情绪会传染的观点（Neumann 和 Strack，2000），采用家庭所在社区受访者幸福比例和所在县域受访者幸福比例（指受访人表示幸福或非常幸福的比例）来反映其环境特征。体现金融行为的中介变量包括，是否有流动性投资（足以支持家庭 3 个月及以上消费），是否有保障性投资（持有商业保险），是否有增长性投资且匹配风险偏好（持有除储蓄和商业保险以外的金融投资，且没有表示“不愿意承担任何风险”），是否存在尚未偿清的民间借款，是否存在尚未偿清的银行贷款。

5.3.3 描述性统计

表 5-2 通过描述性统计的形式呈现了本章所用样本的以下社会经济特征。

表 5-2 样本特征的描述性统计

变量	观测值	均值	标准差	最小值	最大值
家庭福祉（1～5，1＝非常不幸福，5＝非常幸福）	36683	3.86	0.83	1	5
绝对消费（家庭年人均消费/元）	36683	21907.93	28824.73	368.40	1000000
相对贫困深度	36683	0.08	0.17	0	0.97
相对贫困深度（相对贫困样本）	9132	0.32	0.21	0	0.97
相对贫困（%）	36683	24.89	43.24	0	100
数字金融能力评分（#）	36683	0.64	1.01	0	4
年龄（岁）	36683	54.26	14.75	18	90
女性（%）	36683	49.45	50.00	0	100
已婚（%）	36683	83.43	37.18	0	100

① 是否持有必要社会保险，是指是否所有家庭成员持有社会医疗保险，且所有 16 岁以上、非学生家庭成员持有社会养老保险。

续表

变量	观测值	均值	标准差	最小值	最大值
高中及以上文化程度（%）	36683	35.72	47.92	0	100
居住在农村（%）	36683	31.11	46.29	0	100
家庭规模（人）	36683	3.12	1.52	1	15
有 16 岁以下小孩（%）	36683	32.97	47.01	0	100
有婚育年龄儿子（%）	36683	21.60	41.15	0	100
有 60 岁及以上老人（%）	36683	51.83	49.97	0	100
家庭至少 1 人健康状况不佳（%）	36683	32.82	46.96	0	100
偏好平均及以上投资风险和收益（%）	36683	26.15	43.94	0	100
信任陌生人（1＝非常不信任，5＝非常信任）	36683	2.04	0.93	1	5
就业（%）	36683	58.73	49.23	0	100
拥有房产（%）	36683	90.39	29.48	0	100
拥有汽车（%）	36683	22.23	41.58	0	100
所有家庭成员持有要社会保险（%）	36683	59.41	49.11	0	100
所在社区受访者幸福比例（%）	36683	64.82	11.84	20.59	100.00
所在县域受访者幸福比例（%）	36683	70.29	7.69	41.56	90.80
流动性投资（%）	36683	46.63	49.89	0	100
保障性投资（%）	36683	14.87	35.58	0	100
增长性投资且匹配风险偏好（%）	36683	10.03	30.04	0	100
存在尚未偿清的民间借款（%）	36683	3.61	18.65	0	100
存在尚未偿清的银行贷款（%）	36683	18.34	38.70	0	100

主观幸福感整体接近但略低于“幸福”水平。具体而言，被解释变量分布范围为 1～5，平均为 3.86。通过统计分析可以发现，“幸福”的样本最多，占全样本的 48.82%，“一般”的次之，占全样本的 24.87%，“非常幸福”的占全样本 21.47%，“不幸福”“非常不幸福”占比相对较少。

家庭消费水平存在较大差异。从绝对消费来看，绝对消费的标准差超过其均值，最大值是最小值的 2000 余倍。从相对消费来看，总样本中，平均相对贫困深度为 0.08。进一步对所有相对贫困样本进行统计可得平均相对贫困深度为0.32，这意味着，相对贫困家庭的人均年消费是所在地城镇/农村年人均消费的34.00%，即相对贫困线（年人均消费一半）的68.00%。

数字金融能力水平较低。分布范围为0～4的核心解释变量数字金融能力评分总体均值为0.64，不及最高分值的六分之一。虽然截至该数据报告期2017年，我国的数字金融服务已经得到了长足的发展，“扫码支付”还成为当年的热词，但从本书所使用的调查数据结果来看，当年数字金融服务的“流行”还远未达到“普及”的程度，不同地域、不同群体之间仍然存在较大差异。媒体中呈现出来的较高使用率和平均的较低使用率也在一定程度上体现出“数字鸿沟”的存在。

从人口统计学特征来看，受访人平均年龄约为54岁，49.45%为女性，83.43%为已婚，35.72%为高中及以上文化程度，31.11%居住在农村，家庭平均规模略多于3人，32.97%的家庭有16岁以下小孩，21.60%的受访人有婚育年龄的儿子，51.83%的家庭有60岁及以上老人，32.82%的家庭至少1人健康状况不佳。

从心理行为特征来看，26.15%的受访人表示偏好平均及以上投资风险和收益，包括17.17%愿意接受“平均风险、平均回报的项目”，4.26%愿意接受“略高风险、略高回报的项目”，4.72%愿意接受“高风险、高回报的项目”及以上的投资结果。就对陌生人的信任感而言，平均接近“不太信任”水平，体现出样本整体具有较高的警惕性。

从家庭经济特征来看，58.73%的受访人在上年至少工作了一定时间，90.39%的家庭拥有房产，22.23%的家庭拥有汽车，59.41%的家庭所有成员均持有必要社会保险。

从所在地环境特征来看，家庭所在社区受访者幸福比例平均为64.82%，但最低仅有20.59%，最高为100.00%。所在县域受访者幸福比例平均为70.29%，最低为41.56%，最高为90.80%。幸福比例的不同在一定程度上反映出家庭所在地环境的综合特征。

从中介变量来看，46.63%的家庭流动性投资足以支持家庭三个月及以上消费，14.87%的家庭持有以商业保险衡量的保障性投资，10.03%的家庭持有增长性投资且与其风险偏好基本匹配，3.61%的家庭有尚未偿清的民间借款，18.34%的家庭有尚未偿清的银行贷款。

5.4 实证结果分析

5.4.1 比较绝对消费、相对贫困深度对家庭福祉的影响

表 5-3 所示为绝对消费、以消费衡量的相对贫困深度以及控制变量与家庭福祉的关系。由于本部分的首要目的在于比较不同消费指标与家庭福祉的关系，因此表 5-3 仅介绍了有序 Probit 回归的系数。

表 5-3 绝对消费、相对贫困深度对家庭福祉的影响

被解释变量：家庭福祉	Oprobit		
	(1)	(2)	(3)
绝对消费	-0.0112 (0.0109)	0.0118 (0.0087)	
相对贫困深度	-0.1512*** (0.0471)		-0.1205*** (0.0375)
年龄	-0.0471*** (0.0028)	-0.0468*** (0.0028)	-0.0470*** (0.0028)
年龄^2	0.0006*** (0.0000)	0.0006*** (0.0000)	0.0006*** (0.0000)
女性	0.0410*** (0.0126)	0.0411*** (0.0126)	0.0411*** (0.0126)
已婚	0.2350*** (0.0184)	0.2360*** (0.0184)	0.2351*** (0.0184)
高中及以上文化程度	-0.0511*** (0.0143)	-0.0509*** (0.0143)	-0.0531*** (0.0142)
居住在农村	0.0499*** (0.0154)	0.0696*** (0.0143)	0.0570*** (0.0137)
家庭规模（人）	0.0529*** (0.0071)	0.0530*** (0.0071)	0.0538*** (0.0070)
有 16 岁以下小孩	-0.0456*** (0.0170)	-0.0443*** (0.0170)	-0.0450*** (0.0170)
有婚育年龄儿子	-0.0720*** (0.0180)	-0.0740*** (0.0180)	-0.0722*** (0.0180)

续表

被解释变量：家庭福祉	Oprobit		
	(1)	(2)	(3)
有 60 岁及以上老人	0.0097 (0.0159)	0.0098 (0.0159)	0.0099 (0.0159)
家庭至少 1 人健康状况不佳	-0.3099*** (0.0137)	-0.3101*** (0.0137)	-0.3093*** (0.0137)
偏好平均及以上投资风险和收益	-0.0334** (0.0135)	-0.0338** (0.0136)	-0.0344** (0.0135)
信任陌生人	-0.0198*** (0.0068)	-0.0203*** (0.0068)	-0.0202*** (0.0068)
就业	0.0497*** (0.0141)	0.0484*** (0.0140)	0.0502*** (0.0141)
拥有房产	0.0921*** (0.0199)	0.0915*** (0.0199)	0.0922*** (0.0199)
拥有汽车	0.0756*** (0.0145)	0.0755*** (0.0144)	0.0737*** (0.0143)
所有家庭成员持有要社会保险	0.0800*** (0.0128)	0.0807*** (0.0128)	0.0795*** (0.0128)
所在社区受访者幸福比例	1.5926*** (0.0601)	1.5960*** (0.0600)	1.5920*** (0.0602)
所在县域受访者幸福比例	0.4409*** (0.0871)	0.4243*** (0.0871)	0.4406*** (0.0873)
观测值	36683	36683	36683

注：(1) * 代表 p<0.1，** 代表 p<0.05，*** 代表 p<0.01。(2) Ordinal Probit 模型汇报的是回归系数，括号中为社区层面的聚类标准误。

首先，从表 5-3 中回归（1）可以看出，当把绝对消费和以消费衡量的相对贫困深度同时放入模型中时，绝对消费与家庭福祉并无显著关系，而相对贫困深度与家庭福祉显著负相关。由于计算可得绝对消费和相对贫困深度在 1%的置信水平下具有-0.6152 的相关系数，因此有理由怀疑它们会相互影响。于是，在表 5-3 中回归（2）和回归（3）中分别单独放入了绝对消费和相对贫困深度，得到的结果依旧是，绝对消费与家庭福祉无显著关系，相对贫困深度与家庭福祉显著负相关。由于 CHFS 问卷中询问的是家庭“上年”的消费情况和“现在”的幸福感，因此，我们可以初步判断，在控制其他变量的情况下，就社会整体而言，过去一段时间消费得越多，并不会显著地提升家庭福祉。与此同时，相对贫困深度越深，家庭越不幸福。为了更为严格地验证研究假设 1，表 5 - 4 介绍了进一步对可能存在的内生性进行了处理和检验的结果，并计算相对贫困深度影响家庭福祉的边际效应。

表 5 - 3 接下来介绍的是各控制变量与家庭福祉的关系。在 99%置信水平下，年龄平方的符号为正，年龄的符号为负，这意味着随着年龄的增长，成年人的主观幸福感呈现出先减少、后增加的趋势。根据系数可计算出，幸福感从减少到增加的拐点约为 39 岁，符合 Blanchflower 和 Oswald（2008）、Frey 和 Stutzer（2002）等的研究发现——比起年轻和年长者而言，中年人往往面临更大的生存压力，相对更不幸福。其他人口统计特征中，女性、已婚、低教育程度、居住在农村、家庭规模更大、没有 16 岁以下小孩、没有婚育年龄儿子、身体健康的受访人在 99%置信水平下更幸福，与已有文献结果相符。从心理行为特征来看，更偏好风险、更信任陌生人的受访人反而幸福的概率更小，可能是因为这样的群体更容易使自身处在压力或风险中。从家庭经济特征来看，就业、拥有房产、拥有汽车、所有家庭成员持有必要的社会保险都有利于增进幸福。从所在地社会环境代表指标来看，所在社区受访者幸福比例和所在县域受访者幸福比例都与家庭福祉显著正相关。

由于幸福的人可能挣得更高的收入（Oswald 等，2015；Proto，2016），相应地，也就有更低的可能性出现相对贫困——家庭福祉与相对贫困深度之间可能存在互为因果关系。因此，接下来检验相对贫困深度可能存在的内生性，以及其影响家庭福祉的边际效应。

如表 5 - 4 所示，以“受访人风险收益知识”作为工具变量，因为受访人的金融知识与其经济状况相关，但与其幸福感没有直接关系。关于工具变量有效性的检验显示，不存在工具变量识别不足或弱工具变量问题，并且确实存在内生性问题，需要对此进行处理。具体而言，Anderson canon. corr. LM 统计量和 Cragg-Donald Wald F 统计量分别为 155.70 和 156.27，而 Stock-Yogo 弱工具变量检测在 10%偏误水平下的临界值为 16.38，排除了工具变量识别不足和弱工具变量问题。与此同时，Durbin（score）chi2（1）为 8.13，Wu-Hausman F（1，36631）为 8.13，即 Durbin-Wu-Hausman 检验拒绝了解释变量为外生变量的假设，我们确实需要处理模型中的内生性问题。

表 5-4　相对贫困深度对家庭福祉的影响

被解释变量： 家庭福祉	幸福的 自我评价	Ordinal Probit 边际效应	IV Ordinal Probit 边际效应
解释变量： 相对贫困深度	非常不幸福	0.0022*** (0.0007)	0.0275** (0.0107)
	不幸福	0.0078*** (0.0024)	0.0982*** (0.0378)
	一般	0.0310*** (0.0097)	0.3892*** (0.1497)
	幸福	-0.0072*** (0.0023)	-0.0907** (0.0350)
	非常幸福	-0.0338*** (0.0105)	-0.4242*** (0.1632)
控制变量		控制	控制
观测值		36683	36653
弱工具变量检验			
	Anderson canon. corr. LM statistic		155.70
	Cragg-Donald Wald Fstatistic		156.27
内生性检验			
	Durbin (score) chi2 (1)		8.13
	Wu-Hausman F (1，36631)		8.13

注：(1) * 代表 p<0.1，** 代表 p<0.05，*** 代表 p<0.01。(2) Ordinal Probit 和 IV Ordinal Probit 的边际效应均指实现相应幸福水平的边际概率。(3) 括号中，Ordinal Probit 模型汇报的是社区层面的聚类标准误，IV Ordinal Probit 模型汇报的是通过控制函数方法、bootstrap 重复抽样 1000 次获取的标准误。(4) IV Ordinal Probit 观测值更少是因为工具变量存在少量缺失值。

根据表 5-4 中包含工具变量的有序 Probit 回归结果，在使用控制函数方法处理模型内生性的情况下，相对贫困深度的增加会减少家庭“幸福”和“非常幸福”的概率，增加“一般”“不幸福”“非常不幸福”的概率，置信水平为 95%或 99%。基于表 5-2，相对贫困群体的相对贫困深度标准差为 0.21，相应地，他们的相对贫困深度减少一个标准差，“非常幸福”的概率会增加 8.9%。

综合表 5-3 和表 5-4，本部分验证了研究假设 1，相较绝对消费，以消费衡量的相对贫困深度对家庭福祉有更为显著的影响。这意味着，一味地追求消费的扩张、过度的物质主义有可能难以增进整个社会的福祉（Ng，2003），我们需要更加关注消费的结构问题。在即将消除绝对贫困的背景下，减少相对贫困可能是下一个需要努力的方向。

5.4.2 数字金融能力影响家庭福祉的作用渠道

表 5-5 展示了基于图 5-1 的作用路径假设检验中介效应的结果。经本书样本检验，数字金融能力影响主观幸福感全部表现为间接效应，符合研究假设中的预期。从表 5-5 可以看出，所有假设的中介效应均在 99%的置信水平下显著。数字金融能力通过减少相对贫困从而增进家庭福祉的中介效应在总效应中占比为 39.41%，这意味着有六成的总效应是由金融行为渠道贡献的。由于金融行为的不同会使家庭对未来财富形成不同的预期，那么，上述结果实际表明，对于总样本而言，相较对过去经济结果的满意度，“现在”的幸福受到未来预期的更大影响。

表 5-5　数字金融能力影响家庭福祉的中介渠道

中介渠道			GSEM 系数	占比（%）
数字金融能力评分	→相对贫困→	家庭福祉	0.0121*** (0.0043)	39.41
	→流动性投资→		0.0232*** (0.0028)	75.57
	→保障性投资→		0.0139*** (0.0046)	45.28
	→增长性投资且匹配风险偏好→		-0.0240*** (0.0075)	-78.18
	→存在尚未偿清的民间借款→		0.0148*** (0.0041)	48.21
	→存在尚未偿清的银行贷款→		-0.0093*** (0.0026)	-30.29
N			36683	

注：(1) * 代表 $p<0.1$，** 代表 $p<0.05$，*** 代表 $p<0.01$。(2) 参考 Hayes (2013)，括号中为 bootstrap 重复抽样 1000 次获取的修正标准误。

从投资行为来看，数字金融能力通过流动性投资和保障性投资都显著地增进福祉，且 GSEM 系数要大于相对贫困的系数，表明面向未来的财务安全感非常有利于增加幸福感。数字金融能力通过增长性投资且匹配风险偏好显著地减少福祉，GSEM 系数的绝对值也较大，表明面向未来的财富波动可能性会非常显著的减少幸福感。从负债行为来看，数字金融能力通过减少民间借款而增进福祉，GSEM 系数大于相对贫困的系数。数字金融能力通过增加银行贷款而减少福祉，GSEM 系数绝对值相对较小。

经过进一步检验可以发现，增长性投资中对家庭福祉形成显著负效应的仅有股票投资，其他中高风险投资对家庭福祉无显著影响（见附录 2）。这样的结果可能存在三种解释，一是由于我国股票投资以散户参与为主，股市的波动会对投资者造成较大的心理压力，形成非常强烈的风险预期。相较而言，风险可能更高的金融衍生品投资更有可能是由机构代为管理，对投资者的影响相对更小。二是投资者对各类金融投资品的特征和风险了解不足，尚未形成合理的风险预期。三是由于参与部分种类金融投资的样本量较少，有可能还不足以形成代表性的实证结果。

表 5－6 所示为对本书样本家庭持有金融资产类型的统计结果。值得关注的是，第一，总体而言，样本家庭参与各类金融投资的比例都较低。股票依旧是参与率最高的金融投资。相较而言，更利于分散风险的基金投资参与率却更低得多。第二，投资者对金融投资品的认识非常不足。例如，在问卷中既问到了持有货币基金的问题，也问到了持有易存易取类互联网理财产品（实际为货币基金）的问题，而二者统计结果的差异超过 10 倍。上述统计结果表明，虽然数字金融能力的提升有利于家庭参与各类投资，但当数字金融能力仅仅达到参与交易的水平，而对各类金融投资品的风险收益特征认识不足时，可能会对家庭福祉形成不利影响。例如，既可能失去一些中低风险的财富增值机会，也可能因为认识不足导致过大的风险暴露。

表 5－6　2017 年中国家庭持有金融资产类型

资产类型	比例（%）
持有股票	6.00
持有金融理财产品（指认购起点一般在五万元以上的）	4.18
持有基金	3.15

续表

资产类型	比例（%）
——持有高风险基金	1.78
——持有中风险基金	0.58
——持有货币基金	0.49
［持有互联网理财产品（实际为货币基金）］	5.98
持有债券	0.58
持有金融衍生品	0.05
持有黄金（不含首饰）	0.45
持有非人民币资产（含境外固定资产）	0.18

注：根据 2017 年中国家庭金融调查（CHFS）数据统计。

综上所述，数字金融能力会通过减少相对贫困、改变金融行为影响家庭福祉。由于当前的金融行为会影响家庭对未来经济状况的预期，因此，上述结果实际表明数字金融能力对家庭福祉的影响一部分源自对当前经济状况的满意程度，另一部分源自对未来经济状况的预期。截至本章所采用数据的样本期，样本家庭的金融投资参与率还比较低，数字金融能力对家庭福祉的正效应主要通过流动性投资和保障性投资的增加以及民间借款的减少，表明本章所采用的数字金融能力指标主要体现的是本书理论框架中所分析的数字金融能力水平 $\dot{D}$ 和 $\ddot{D}$。整体而言，样本家庭对数字金融产品和服务的认识依旧是非常不足的，目标于更高层次的数字金融能力建设将有利于提升家庭福祉。

5.4.3 稳健性检验

以下采用替换解释变量的形式对数字金融能力、相对贫困、金融行为和家庭福祉的关系进行稳健性检验，并分析在不同年龄群体、城镇与农村及不同教育程度群体之间的结果异质性及其启示。

表 5－5 采用的是数字金融能力评分，该指标基于只有一个公因子的因子分析结果，将所有构成变量相加得到了数字金融能力评分，为值域为［0，4］的离散变量。在稳健性检验中，我们将解释变量替换为直接根据因子分析结果预测生成的数字金融能力指数，得到值域为［－0.4945，2.3181］的连续变量，检验模型结果在替换解释变量的情况下是否稳健。

如表 5 - 7 所示，全样本的计算结果与表 5 - 5 的结果基本相符。虽然该结果系数大于使用数字金融能力评分时的系数，但数字金融能力指数的值域范围更小，因此，与使用数字金融能力评分时的结果是相吻合的。也就是说，数字金融能力、相对贫困、金融行为和家庭福祉的关系在替换解释变量的情况下是稳健的。

从结果异质性来看，不同社会群体之间的作用渠道呈现出明显的差异。检验结果值得关注的特征包括以下几个方面。

第一，16～35 岁群体的数字金融能力增进福祉的效应最大，但中介渠道集中在减少相对贫困和促进流动性投资两个层面。进一步检验发现，数字金融能力与该群体的保障性投资、增长性投资和持有银行贷款均显著正相关，但这三种金融行为与该群体的家庭福祉没有显著关系。与此同时，数字金融能力对该群体持有民间借款没有显著关系，可能是由于该群体更多地通过商业渠道缓解流动性约束。由于该年龄指标是受访人也是家庭主要经济决策人的年龄，上述结果实际体现出，对于年轻家庭而言，通过数字金融能力实现减少相对贫困、维持流动性等更即时的需求最能提升幸福感，保障性投资、增长性投资、负债等影响更远期财富的金融行为对该群体幸福感的影响总体不显著。

第二，对 60 岁及以上和农村群体而言，数字金融能力通过减少相对贫困增进福祉的效应不显著。通过进一步检验发现，虽然数字金融能力更有利于相对贫困的 60 岁及以上和农村群体减少相对贫困深度（见表 4 - 9），但相较于所在省平均消费水平的相对贫困与他们的福祉无显著关系，仅有社区/村层面的相对消费与他们的福祉显著相关。这意味着 60 岁及以上和农村群体的相对消费比较范围非常小，社区/村内的贫富差距才会对他们形成显著影响。

第三，比较银行贷款对不同年龄组的福祉影响可以发现，年龄越大，负债带来的焦虑可能越大。这意味着，管理信用和控制债务的数字金融能力应该尽早形成，否则会对退休期的福祉形成较强的负面影响。此外，经过进一步检验可得，数字金融能力不会显著影响农村家庭持有银行贷款的概率，因此也就无从通过持有银行贷款影响家庭福祉。与此同时，数字金融能力会显著提升高中及以上教育程度家庭持有银行贷款的概率，但不会由此对家庭福祉产生显著影响，可能表明高中及以上教育程度家庭对归还贷款更有把握、更少精神压力。

表 5-7 稳健性检验与异质性分析

中介渠道			全样本 GSEM 系数	全样本 占比(%)	16～35 岁 GSEM 系数	16～35 岁 占比(%)	36～59 岁 GSEM 系数	36～59 岁 占比(%)	60 岁及以上 GSEM 系数	60 岁及以上 占比(%)
数字金融能力指数	→相对贫困→	家庭福祉	0.0138*** (0.0050)	37.20	0.0740*** (0.0205)	73.71	0.0283*** (0.0083)	53	-0.0034 (0.0072)	
	→流动性投资→		0.0268*** (0.0033)	72.24	0.0264*** (0.0095)	26.29	0.0312*** (0.0051)	58.43	0.0300*** (0.0060)	84.75
	→保障性投资→		0.0156*** (0.0053)	42.05	0.0083 (0.0097)		0.0166** (0.0074)	31.09	0.0231* (0.0124)	65.25
	→增长性投资且匹配风险偏好→		-0.0284*** (0.0086)	-76.55	-0.0150 (0.0194)		-0.0360*** (0.0126)	-67.42	-0.0203 (0.0144)	
	→存在尚未偿清的民间借款→		0.0189*** (0.0051)	50.94	-0.0075 (0.0087)		0.0219*** (0.0069)	41.01	0.0146 (0.0136)	
	→存在尚未偿清的银行贷款→		-0.0096*** (0.0027)	-25.88	-0.0049 (0.0053)		-0.0086*** (0.0031)	-16.10	-0.0177** (0.0078)	-50.00
N			36683		4437		17750		14496	

续表

中介渠道			城市		农村		高中及以上教育程度		初中及以下教育程度	
			GSEM 系数	占比（%）	GSEM 系数	占比（%）	GSEM 系数	占比（%）	GSEM 系数	占比（%）
数字金融能力指数	→相对贫困→	家庭福祉	0.0208*** (0.0068)	50.86	0.0093 (0.0129)		0.0243** (0.0113)	33.66	0.0119* (0.0061)	15.54
	→流动性投资→		0.0281*** (0.0040)	68.70	0.0244*** (0.0062)	37.48	0.0226*** (0.0056)	31.30	0.0306*** (0.0044)	39.95
	→保障性投资→		0.0070 (0.0060)		0.0407*** (0.0118)	62.52	0.0018 (0.0073)		0.0301*** (0.0083)	39.30
	→增长性投资且匹配风险偏好→		-0.0250*** (0.0091)	-61.12	0.0066 (0.0295)		-0.0173 (0.0109)		-0.0222 (0.0142)	
	→存在尚未偿清的民间借款→		0.0230*** (0.0072)	56.23	0.0090 (0.0068)		0.0253** (0.0106)	35.04	0.0124** (0.0052)	16.19
	→存在尚未偿清的银行贷款→		-0.0060* (0.0036)	-14.67	-0.0010 (0.0027)		-0.0059 (0.0044)		-0.0084*** (0.0028)	-10.97
N			25271		11412		13102		23581	

第四，比较保障性投资对于城镇和农村家庭的福祉影响可以发现，保障性投资并不显著地影响城镇家庭的福祉。进一步检验可得，数字金融能力对城镇和农村家庭的保障性投资行为都有显著的促进作用，但保障性投资仅对农村家庭福祉形成显著影响。这种效应可能源自农村地区的社会保障体系还有待健全，平均而言收入也更低，保障性投资能够更能够安抚他们对未来不确定性的焦虑。

第五，类似地，比较保障性投资对高中及以上和初中及以下教育程度家庭的福祉影响可以发现，保障性投资也不显著地影响高中及以上教育程度家庭的福祉。进一步检验可得，数字金融能力对两类家庭的保障性投资行为都有显著的促进作用，但保障性投资仅对初中及以下教育程度家庭福祉形成显著影响。这种效应可能源自初中及以下教育程度家庭对未来收入有更大的不确定性预期，保障性投资更能给予他们应对未来风险的信心。

综合关于异质性的讨论，数字金融能力对上述群体的大部分金融行为都有显著的促进作用，但不同的金融行为会对不同类型群体的家庭福祉产生不同的影响。这种影响的差异可以帮助我们理解对于不同的家庭而言，哪些是更能提升福祉的金融行为，哪些金融行为又可能会形成负面影响，从而在数字金融能力建设项目中予以考虑和应对。

5.5 本章小结与讨论

基于 2017 年中国家庭金融调查数据（CHFS），本章根据 3.5 节的理论框架，实证研究了数字金融能力、相对贫困、金融行为与家庭福祉的关系，验证了以下两个研究假设：一是相较绝对消费，以消费衡量的相对贫困深度对家庭福祉有更为显著的影响；二是数字金融能力通过减少相对贫困、改变金融行为来影响家庭福祉。研究表明，绝对消费与家庭福祉之间没有显著关系，而相对贫困深度显著地影响家庭福祉。在处理内生性问题的前提下，相对贫困深度的增长显著减少“幸福”“非常幸福”的概率，显著增加“一般”“不幸福”“非常不幸福”的概率。数字金融能力同时通过减少相对贫困、改变金融行为来作用于家庭福祉。其中，以消费衡量的相对贫困代表的是家庭当前的经济状况，金融行为影响的是家庭对未来财富的预期。因此，于当下的家庭福祉而言，既包含对当前经济状况的满意度，也包含对未来财富的掌控感。具体而言，数字金融能力的提升会促进流动性投资、保障性投资、增长性投资，流动性投资和保障性投资有助于提升家庭福祉，增长性投资会减少家庭福祉，可能源自这些金融行为使家庭对未来财富产生不同的预期。数字金融能力的提升会减少民间借款，从而增进福祉，可能源自数字交易记录的增加使家庭有机会从商业渠道获取急需的流动性。数字金融能力的提升有助于家庭获取银行贷款，尚未偿清的银行贷款会对家庭福祉形成小幅度的负面作用。总体而言，数字金融能力会同时通过减少相对贫困和影响金融行为来作用于家庭福祉，家庭福祉同时受到对当前经济状况的满意度和对未来财富预期的影响。

本章的贡献主要体现在以下三个方面。第一，通过比较绝对消费和以消费衡量的相对贫困深度对家庭福祉的影响，验证了相对消费对家庭福祉的重要性。第二，实证检验了 3.5 节理论模型的合理性，即数字金融能力通过减少相对贫困、改变金融行为来影响福祉，分别代表家庭对当前经济状况的满意度和对未来财富状况的预期。第三，通过较为详细的异质性分析，指出了面向不同群体的数字金融能力建设需要注意的问题。总体而言，本章为理解数字时代的家庭福祉尝试了新的视角，也为提升不同社会群体的家庭福祉提供了政策参考。

在新冠疫情的影响下，当前全球经济正陷入难以预计严重程度的衰退中，人类福祉正在经历严峻考验。在距今 90 年前的大萧条期间，Keynes 曾在《我们孙辈的经济可能性》一文中提出对未来经济学家的期待——如牙医般谦逊、富有竞争力（Keynes，1930）。牙医维护的是个人的口腔健康，那么，经济学家应该关注家庭的经济金融健康。只是尚未消除极端贫困（World Bank，2018）的世界似乎距离每个家庭都能够看得起专属“金融医生”的时代还很遥远？幸运的是，数字技术与金融服务的交融正在为我们身处的时代带来转机。作为政策制定者或其他利益相关方，有必要认识到适当地使用数字金融服务的能力对于数字时代微观经济生活的重要意义。从本章的研究结果来看，数字金融能力可以通过减少相对贫困和改变金融行为，来改善家庭的经济状况并提升家庭对未来财富的掌控感，从而增进家庭福祉。正是在金融科技为弱势群体的发展与福祉带来了前所未有的机会的背景下，2019 年的

T20会议将相关内容纳入了主要政策议题中。然而，机遇与挑战共生，由于既有经济禀赋、人力资本和社会环境支持的不同，弱势群体对数字金融能力进行投资反而面临更高的成本。弱势群体的数字金融能力建设应该成为致力于减少贫困、提升福祉的相关政策的一个关注点。

第 6 章　我国家庭数字金融能力建设

——影响因素分析、国际经验总结及政策建议

数字化之所以引起国际组织和发展中国家的广泛重视，是因为数字化在改善信息不对称和降低交易成本方面成效卓著，使得许多原本相对昂贵的服务变得低成本甚至免费了，这意味着数字化进程是具备扶贫、扶弱的潜力。例如，仅仅是手机的使用就被证明具有优化市场表现、提升供求双方福祉的作用（Jensen，2007）。然而，数字金融的发展和应用实际有别于普遍意义上的数字产品和服务，因为金融本是经营风险的行业，虽然数字化带来了许多的机会，但使用数字金融产品和服务过程中的每一次“点击”都有可能意味着不确定性。这也就解释了广大老年群体中，使用社交媒体和视频娱乐的用户越来越多，而使用数字金融产品和服务，哪怕最基本的数字支付的用户都要少得多。事实上，不仅仅是老年群体中存在这样的现象。自互联网金融“元年”（2013 年）“宝宝类”产品大放异彩以来，我国家庭的金融投资参与率至今依旧不及两成[①]。虽然数字金融所吸引的业界和媒体关注似乎给人一种错觉，即数字金融的发展已经可以基本解决金融包容性问题，但从调查数据来看，现实中不仅“数字鸿沟”尚未消除，还存在数字金融能力的“鸿沟”。

从社会经济的发展趋势来看，越来越多的家庭需要“自力更生”地管理好金融事务，并且，其中以经济弱势家庭为主。2020 年 8 月，人力资源和社会保障部数据显示，我国灵活就业从业人员规模达 2 亿人左右，约占总就业

① 根据 2017 年中国家庭金融调查（CHFS），样本家庭参与银行存款和商业保险以外的所有类型金融投资的比率仅为 11%。根据 2020 年第二季度的《中国家庭财富指数调研报告》，2019 年我国家庭互联网理财产品参与率为 11.3%。

人口[①]的 1/4，他们当中“小商小贩多、生活服务业就业多、大龄失业人员多，抗风险能力弱”。然而，在生活的重压下，人类本不擅长的推理、预见能力（Benner 和 Putterman，2000）可能被进一步抑制了，包括建立应急资金、风险对冲准备、子女教育、医疗和养老规划等。类似灵活就业从业人员等社会群体，他们更需要低门槛、低成本的数字金融产品和服务。如果缺乏恰当的干预和支持，这些家庭的未来金融健康很可能暴露在风险当中，也会对整个社会的发展繁荣形成挑战。

因此，本章首先基于 3.1 节提出的数字金融能力投资的生产函数，对我国家庭数字金融能力的影响因素进行研究，重点明确哪些社会群体是数字金融能力的弱势群体，并探索对弱势群体数字金融能力影响更大的因素。与此同时，根据已有文献总结数字能力和金融能力建设的国际经验。在此基础上，结合本书研究结果，提出提升我国家庭数字金融能力的政策建议。总体而言，本章为明确我国家庭数字金融能力建设的重点以及可以借鉴的方法提供了参考和启示。

本章 6.1 节和 6.2 节分别介绍研究假设和模型设定；6.3 节介绍本章数据、变量和描述性统计；6.4 节首先通过描述性统计的形式展示了不同社会群体的数字金融能力水平差异，其次通过实证分析结果讨论对弱势群体数字金融能力影响更大的因素；6.5 节梳理总结了提升数字能力和金融能力的国际经验；6.6 节提出我国家庭数字金融能力建设的政策建议；6.7 节是本章小结与讨论。

6.1 研究假设

根据 3.1 节提出的数字金融能力投资的生产函数，数字金融能力受到个人天生的能力禀赋、个人付出的努力或时间、期初数字金融能力、旨在提升数字金融能力的货币投入、其他形式的人力资本存量以及社会环境条件的影响。总体而言，可以将上述要素分为以下两类：一是内在影响因素，二是外在影响因素。内在影响因素包括天生的能力禀赋、个人付出的努力或时间、期初数字金融能力以及其他形式的人力资本存量。外在影响因素包括经济禀

① 2019 年 11 月，国家统计局国民经济综合统计司在媒体中发布的总就业人口数约为 7.7 亿人。

赋（可用的货币投入）和社会环境条件。

此外，我们可以进行合理地猜测，对于不同情况和不同社会群体的数字金融能力而言，存在不同的驱动因素。例如，相较城市家庭而言，农村家庭通常会在外在影响因素中处于弱势，相应地，从静态数据反映出来，他们的数字金融能力应该更容易受到内在影响因素的驱动。在此基础上，如果加入对外生因素的检验，则可能提供新的发现和启示。

因此，本章的研究假设即数字金融能力受到内在因素和外在因素的共同影响，对不同社会群体而言存在不同的驱动因素。

6.2 研究方法

为研究数字金融能力的影响因素，我们需要从现有的数据中挑选出能够代表内在和外在影响因素的变量，根据式（6－1），使用最小二乘法进行估计。

$$DF_i = \alpha_i + \beta Interior + \gamma Exterior + \omega Z + \varepsilon_i \tag{6-1}$$

其中，被解释变量DF_i代表家庭 i 的数字金融能力，$Interior$ 代表内在影响因素向量，$Exterior$ 代表外在影响因素向量，Z 为控制变量向量，α_i、β、γ、ω 和ε_i分别为各变量的系数（系数向量）和扰动项。采用社区层面的聚类标准误。

考虑到数字能力和金融能力也会对数字金融能力形成影响，并且可能存在交互作用，因此，我们在估计的过程中尝试加入数字能力和金融能力及其交乘项，考察数字能力和金融能力交互作用的方向及其启示。内在影响因素变量和外在影响因素变量详见 6.3.2 小节。

通过描述性统计和式（6－1）进行分组检验，本章实证分析的目标在于明确哪些社会群体是数字金融能力的弱势群体，探索对于不同社会群体的数字金融能力而言，更有影响力的驱动因素。

6.3 数据、变量与描述性统计

6.3.1 数据

本章继续采用中国家庭金融调查（CHFS）2017 年数据。经过数据清洗并去除缺失关键变量的样本，最终本章采用了 37231 户家庭的数据（见 4.3.1 节）。

6.3.2 变量

6.3.2.1 数字金融能力

本章采用的数字金融能力指标构成与第 4 章相同，但由于样本量略有差异，此处对指标稳健性进行补充介绍。如表 6－1 所示，采用迭代主因子法对数字金融能力构成变量进行因子分析的结果显示，KMO 检验值为 0.7181，特征值大于 1 的因子为一个。在此基础上，将四个构成变量相加，得到了分布范围为 0～4 的“数字金融能力评分”。

表 6－1　数字金融能力、数字能力、金融能力构成变量的因子分析结果

数字金融能力评分				
因子	特征值	构成变量	因子 1 载荷	KMO
Factor1	1.4665	使用电脑支付	0.5813	0.7273
Factor2	0.0537	使用移动支付	0.7606	0.6712
Factor3	0.0115	使用互联网理财服务	0.4701	0.7818
Factor4	－0.0002	使用信用卡	0.5738	0.7366
全样本（N＝37231）				0.7181
数字能力评分				
因子	特征值	构成变量	因子 1 载荷	KMO
Factor1	3.2180	拥有电脑	0.6090	0.8800
Factor2	0.4101	使用智能手机	0.5159	0.8474
Factor3	0.1815	使用互联网进行社交	0.8362	0.8539
Factor4	0.0549	使用互联网了解资讯	0.7924	0.8780
Factor5	0.0206	使用互联网购买产品	0.7423	0.8857
Factor6	0.0088	使用互联网销售产品和服务	0.2954	0.8899
Factor7	－0.0002	使用互联网进行娱乐活动	0.7846	0.8757
全样本（N＝37231）				0.8716

续表

金融能力评分				
因子	特征值	构成变量	因子1载荷	KMO
Factor1	1.2721	拥有银行账户	0.3688	0.7089
Factor2	0.3658	了解风险收益知识	0.2945	0.7566
Factor3	0.2290	关注经济金融信息	0.3509	0.7143
Factor4	0.1207	收支平衡	0.3527	0.7252
Factor5	0.0808	债务可控	0.2485	0.6991
Factor6	0.0476	持有必要社会保险	0.1832	0.7068
Factor7	0.0424	流动性投资	0.6175	0.6829
Factor8	0.0103	保障性投资	0.2940	0.7256
Factor9	-0.0002	增长性投资且匹配风险偏好	0.4886	0.7000
全样本（N=37231）				0.7076

6.3.2.2 内在影响因素

根据数字金融能力投资的生产函数，内在影响因素既包括天生的能力禀赋，也包括其他各类人力资本存量。已有数据并不包含智商等天生能力禀赋变量。因此，本章主要基于人力资本理论（Becker，1993）选取了以下四个变量：数字能力、金融能力、教育程度和健康水平。

（1）数字能力。本章采用的数字能力指标构成与第4章相同，但由于样本量存在少量差异，此处对指标稳健性进行补充介绍。如表6-1所示，采用迭代主因子法对数字能力构成变量进行因子分析的结果显示，KMO检验值为0.8716，特征值大于1的因子为一个。在此基础上，将七个构成变量相加，得到了分布范围为0～7的“数字能力评分”。

（2）金融能力。本章采用的金融能力指标构成与第4章相同，同样由于样本量差异，此处对指标稳健性进行补充介绍。如表6-1所示，采用迭代主因子法对金融能力构成变量进行因子分析的结果显示，KMO检验值为0.7076，特征值大于1的因子为一个。在此基础上，将九个构成变量相加，得到了分布范围为0～9的“金融能力评分”。

（3）教育程度。为了反映不同教育程度对数字金融能力的影响，如表6-

2 所示，本章将教育程度变量分为五个 0/1 变量。根据 2017 年的 CHFS 问卷，这五个层次分别代表受访人入学登记过的最高教育程度。

（4）健康水平。健康水平也是最基础的人力资本维度。2017 年 CHFS 问卷中，受访人被问道，“与同龄人相比，您现在的身体状况如何?”受访人需要从“非常好”“好”“一般”“不好”“非常不好”共五个选项进行选择。相应地，健康水平 1～5 代表从“非常不好”到“非常好”。

6.3.2.3 外在影响因素

（1）资产。由于数字金融能力涉及家庭的投资活动，因此，资产是比收入更相关的经济禀赋。表 6-2 介绍家庭资产绝对值的相关统计值。为了反映不同资产分位的家庭的特征，本章将家庭资产分为四个分位组，在回归模型中使用的是不同资产四分位组的 0/1 变量进行比较。

表 6-2　样本特征的描述性统计

N=37231	均值	标准差	最小值	最大值
数字金融能力评分	0.66	1.03	0	4
数字能力评分	2.61	2.16	0	7
金融能力评分	4.77	1.68	0	9
教育程度——小学（%）	23.63	42.48	0	100
教育程度——初中（%）	31.18	46.32	0	100
教育程度——高中（%）	19.33	39.49	0	100
教育程度——大专（%）	8.00	27.13	0	100
教育程度——本科及以上（%）	9.06	28.71	0	100
健康（1=非常不好，5=非常好）	3.39	1.01	1	5
资产（元）	1146585.90	2323983.10	0	30000000
县域平均数字金融能力评分	0.65	0.39	0	2.15
社区平均数字金融能力评分	0.65	0.50	0	2.69
年龄（岁）	53.66	15.02	16	90
女性（%）	49.42	50.00	0	100
已婚（%）	82.90	37.65	0	100
家庭规模（人）	3.14	1.52	1	15
有 16 岁以下小孩（%）	33.22	47.10	0	100
居住在农村（%）	31.20	46.30	0	100
容忍中等及以上风险（%）	26.55	44.16	0	100

(2) 县域和社区/村数字金融能力评分均值。为了比较不同地域层面干预的影响，本章构造了能够反映县域和社区/村数字金融能力平均水平的变量“县域数字金融能力评分均值”和“社区/村数字金融能力评分均值”。

6.3.2.4 其他变量

参考 Delavande 等 (2008) 和 Taylor (2011) 等相关研究，本书还选取了如下控制变量，包括年龄、是否女性、是否已婚、家庭规模（人）、是否有 16 岁以下小孩、是否居住在农村、是否容忍中等以上风险及所在省份虚拟变量。

6.3.3 描述性统计

表 6-2 通过描述性统计的形式展示了本章样本的以下人力资本和经济特征。

从前两项与数字化相关的变量（数字金融能力评分和数字能力评分）来看，都体现出均值较低、标准差相对较大的特点。其中，值域为 0～4 的数字金融能力评分均值仅为 0.66，标准差为 1.03；值域为 0～7 的数字金融能力评分均值仅为 2.61，标准差为 2.16，表明在该样本期间，家庭之间的数字金融能力和数字能力分化还十分显著。相较而言，金融能力评分的均值超过了值域的一半，标准差也相对较小，说明以该九个维度（见表 6-1）衡量的金融能力在家庭之间分化较小。其中，拥有银行账户、了解风险收益知识、收支平衡、债务可控、持有必要社会保险是较多家庭相对容易实现的。

从教育程度来看，受访人入学登记过的最高教育层次集中在小学和初中，高中及以上层次占比逐渐减少。本科及以上层次中，大部分为本科，约占总样本的 8.04%，硕士和博士研究生均不及 1%，因此将该三个层次合而为一。

从健康水平来看，样本总体可视为中等偏上的水平。进一步分析发现，34.18%的受访人选择了“一般”，33.47%的受访人选择了“好”，选择“不好”或“非常不好”的合计占比约为 18.64%，选择“非常好”的占比为 13.71%。

从资产来看，家庭资产均值约为 114.66 万元，标准差约为 232.40 万元，进一步计算可得，家庭资产在均值线以下的占比为 75.50%。

从县域和社区/村平均数字金融能力评分来看，平均分数最低的县域和社区/村为 0 分，这意味着 2017 年这些县域和社区/村的受访家庭都没有使用任何数字金融服务。通过统计可以发现，355 个样本县和 1428 个样本社区/村中，分别有 2 个县和 74 个社区/村属于这样的情况。

从人口统计学和心理行为特征来看，受访人平均年龄约为 54 岁，49.42%为女性，82.90%为已婚，家庭平均规模略多于 3 人，33.22%的家庭有 16 岁以下小孩，31.20%居住在农村，26.55%的受访人表示偏好平均及以上投资风险和收益。

6.4 实证结果分析

为探索我国家庭数字金融能力的影响因素，本部分首先通过统计分析，明确哪些社会群体是数字金融能力的弱势群体，重点强调即使在年轻群体内部，数字金融能力也存在显著差异，而数字金融能力的差异可能会对他们的未来形成深远影响。其次，检验了数字能力和金融能力对数字金融能力的交互影响及启示。最后，通过分组回归，探讨了对不同社会群体而言更有影响力的驱动因素。

6.4.1 数字金融能力的弱势群体

当人们讨论与数字（digital）相关的话题时，有一种普遍的认识即年轻人仿佛天然就善于接纳和使用新的数字产品和服务。Marc Prensky 观察到了这种差异，并提出了著名的“数字原住民”（digital natives）和“数字移民”（digital immigrants）概念（Prensky，2001）。他认为数字技术的产生和快速传播如同一个“奇点”使社会发生了不可逆转的改变，成长于数字时代的“数字原住民”在语言、行为乃至大脑构造都有可能不同。

那么，数字金融能力的不足是否可以等待更多的“数字原住民”成长起来就得以解决？年轻人当中，不同社会群体的数字金融能力差异有多大？

以下通过统计分析展示，2017 年，也就是数字支付在中国诞生和发展 14 年之际，我国家庭数字金融能力的分布情况。在美国，“数字原住民”通常是指 1980 年起出生的一代。为了保持变量界定的连贯性，此处继续采用前两章使用的 16～35 岁作为年轻组，相当于是 1982 年及以后出生的一代。虽然国际上关于“数字原住民”的界定存在不同观点，但不同的界定对于下文分析没有实质影响①。

如表 6-3 所示，从表格的上半部分可以看出，不同年龄组之间确实存在非常显著的差距，16～35 岁组的数字金融能力评分均值是 36～59 岁组的 2.3 倍，是 60 岁及以上组的 9 倍。构成维度中，“使用移动支付”是渗透率最高的维度，所有组都超过“使用电脑支付”的 2 倍。不同年龄组间差异最小的是“使用信用卡”②，差异最大的是“使用互联网理财服务”。由于信用卡的推广远早于互联网理财服务，我们也可以从中看出年轻人确实更容易接受新的数字产品和服务。

表 6-3　不同社会群体的数字金融能力

社会群体分组		数字金融能力评分	使用电脑支付（%）	使用移动支付（%）	使用互联网理财服务（%）	使用信用卡（%）
全样本（N=37231）		0.66	11.04	28.22	6.31	20.50
60 岁及以上（N=14276）		0.19	3.17	7.59	0.91	7.36
36～59 岁（N=17958）		0.74	12.07	32.27	5.66	23.93
16～35 岁（N=4997）		1.72	29.86	72.58	24.09	45.75
16～35 岁	农村	0.83	13.55	42.41	6.27	20.83
	城市	1.89	32.95	78.31	27.48	50.48
	低收入	0.98	18.30	48.28	9.91	21.98
	高收入	2.27	38.02	85.84	37.57	65.54
	低资产	1.12	16.69	56.61	12.48	25.96
	高资产	2.23	38.71	84.12	36.12	63.71
	初中及以下	0.98	14.34	50.57	8.06	24.54
	高中及以上	2.01	35.91	81.17	30.35	54.02

① 笔者也尝试了将年轻组定义为“90 后”，可以得到相同的数据特征。

② 在 2017 年中国家庭金融调查中新兴的数字信贷数据不可得的情况下，我们选用了“使用信用卡”作为数字信用的代表指标。虽然最早的信用卡并非数字（digital）的，但近年来银行发行的信用卡都是芯片卡或磁条卡，并且我国消费者使用实体卡片的场景有所减少，将信用卡绑定移动应用或进行在线支付的场景有所增加。

表格的下半部分展示了 16～35 岁组内根据城乡、收入、资产和教育程度进一步细分的差异[①]。可以看出，即使在 16～35 岁组内部，依旧存在非常明显的差距。具体而言，从数字金融能力评分均值来看，居住在农村、低收入、低资产、教育程度为初中及以下组均只为对照组均值的二分之一或甚至更低。构成维度中，组间差异最小的是“使用移动支付”，没有出现成倍的差值，但差异依旧是非常显著的。组间差异最大的是“使用互联网理财服务”，差异均达 3～4 倍。因此，16～35 岁组数字金融能力的“鸿沟”相当大部分源自“使用互联网理财服务”的差异。

此处以年轻组为例，其他两个年龄组内的差异实际更大。但以所谓的“数字原住民”为例，更能说明数字金融能力的弱势群体特征，也更能突出关注这个“鸿沟”的必要性。

这样的特征会引致怎样的问题？根据本书前面几章的分析，数字金融能力有利于减少相对贫困、增进家庭福祉。而从中介渠道分析来看，如果家庭只具备了参与数字交易的能力，那么它们可能得以享有提升实际收入的机会，但实现财富积累和增值却没那么容易。与此同时，数字支付与电子商务的结合，提供了弱势群体更在意的更低的价格、更丰富的消费选择，相较现金，支付的“痛感”也大为降低。相应地，具备初步数字金融能力的弱势群体确实可以在当前过得更好，但却可能因为认识不足或能力不足而在建立储蓄、风险对冲、促进财富增值等关乎未来福祉的家庭金融事务中有失准备。如果对信用和债务管理不得当，则问题会更加严峻。

综上所述，居住在农村、低收入、低资产及低学历等传统意义上的弱势群体也依旧是数字金融能力的弱势群体。即使数字金融具有低门槛、低成本的友好特征，即使是对“数字原住民”而言，数字金融能力的“鸿沟”依旧不容忽视。

6.4.2 数字金融能力的影响因素

本部分首先验证了数字能力与金融能力促进数字金融能力的正交互效应，

① 其中，收入和资产的分组均按照四分位划分，低收入、低资产是指最低的四分位，高收入、高资产是指最高的四分位。

然后对不同社会群体数字金融能力的影响因素进行分组检验和比较。

6.4.2.1 数字能力与金融能力的交互效应

作为数字能力与金融能力的交融部分，我们可以初步判断，数字能力和金融能力都会显著地促进数字金融能力的提升，并且，随着其中一种能力的提升，另一种能力影响数字金融能力的条件边际效应会更大。表 6-4 展示的检验结果验证了这样的猜想。在控制其他变量的情况下，当金融能力评分为 0 时，数字能力提升 1 个单位对数字金融能力的条件边际效应为 0.0189。随着金融能力评分从 0 上升至 9，数字能力的条件边际效应也逐渐增大。当金融能力评分为 9 时，数字能力提升 1 个单位对数字金融能力的条件边际效应为 0.3108，约为金融能力评分为 0 时的 16 倍多。与此同时，当数字能力评分为 0 时，金融能力提升 1 个单位对数字金融能力的条件边际影响为负，这实际非常直观地展示了数字能力与数字金融能力的关系。回顾表 6-1 可以发现，数字能力的构成包括拥有电脑、使用智能手机等基本要素，如果完全不具备基础的数字能力，则也不可能通过提升金融能力来促进数字金融能力。此外，当数字能力评分从 1 上升至 7 时，提升 1 个单位金融能力的条件边际效应从 0.0093 上升至 0.2039，相差达到接近 22 倍。上述结果表明，数字金融能力受到数字能力和金融能力的正向交互促进。

表 6-4 数字能力和金融能力促进数字金融能力的交互效应

金融能力评分	数字能力的条件边际效应	数字能力评分	金融能力的条件边际效应
0	0.0189*** (0.0069)	0	-0.0231*** (0.0029)
1	0.0514*** (0.0058)	1	0.0093*** (0.0024)
2	0.0838*** (0.0049)	2	0.0418*** (0.0024)
3	0.1162*** (0.0041)	3	0.0742*** (0.0030)
4	0.1487*** (0.0036)	4	0.1066*** (0.0039)

续表

金融能力评分	数字能力的条件边际效应	数字能力评分	金融能力的条件边际效应
5	0.1811*** (0.0034)	5	0.1391*** (0.0049)
6	0.2135*** (0.0037)	6	0.1715*** (0.0060)
7	0.2460*** (0.0043)	7	0.2039*** (0.0072)
8	0.2784*** (0.0051)		
9	0.3108*** (0.0061)		
N	37231	*N*	37231

注：(1) * 代表 p<0.1，** 代表 p<0.05，*** 代表 p<0.01。(2) 括号中为社区层面的聚类标准误。

6.4.2.2 影响不同社会群体数字金融能力的驱动因素

表 6－5 和表 6－6 所示为数字金融能力影响因素的分组检验结果。所有回归包含数字能力和金融能力的交乘项，表中汇报的是均值处边际效应。表 6－5 和表 6－6 中回归（1）、回归（2）和回归（3）、回归（4）分别都按农村、城镇分组，区别在于两组回归分别检验了县域层面的外生影响和社区/村层面的外生影响。回归（5）、回归（6）和回归（7）、回归（8）与之类似。

从城乡差异来看，提升农村家庭数字金融能力的内在影响因素是教育程度，尤其是大专、本科及以上教育程度。由于大专、本科等教育院所大多不在本地，因此，教育程度的积极影响一方面可能来自综合知识水平的提升，另一方面也可能来自社交圈和视野的开阔。除此之外，农村家庭数字能力、金融能力的边际效应都小于城镇家庭，这在一定程度上体现出表 6－4 的检验结果，即因为数字能力和金融能力对数字金融能力具有正向的交互作用，那么在数字能力和金融能力平均更高的城镇地区，均值处的边际效应也就更大，呈现出强者越强的特征。健康水平对农村家庭的数字金融能力影响不显著，但对城镇家庭有小幅的正向影响。

表 6-5 数字金融能力的影响因素

被解释变量：数字金融能力	(1)	(2)	(3)	(4)	(5)	(6)	(7)	(8)
	农村	城镇	农村	城镇	低收入	高收入	低收入	高收入
县域数字金融能力评分均值	0.1524*** (0.0329)	0.2391*** (0.0185)			0.1793*** (0.0259)	0.3175*** (0.0318)		
社区/村数字金融能力评分均值			0.5853*** (0.0224)	0.3173*** (0.0124)			0.2570*** (0.0221)	0.3691*** (0.0210)
数字能力评分	0.1357*** (0.0063)	0.1794*** (0.0040)	0.1249*** (0.0058)	0.1722*** (0.0040)	0.1535*** (0.0067)	0.1858*** (0.0066)	0.1449*** (0.0066)	0.1776*** (0.0065)
金融能力评分	0.0234*** (0.0035)	0.0776*** (0.0036)	0.0211*** (0.0035)	0.0766*** (0.0036)	0.0344*** (0.0040)	0.1076*** (0.0071)	0.0366*** (0.0039)	0.1059*** (0.0070)
小学	-0.0247** (0.0105)	-0.0784*** (0.0157)	-0.0290*** (0.0099)	-0.0806*** (0.0155)	-0.0197** (0.0094)	-0.0934** (0.0467)	-0.0257*** (0.0092)	-0.0932** (0.0462)
初中	-0.0253* (0.0132)	-0.1537*** (0.0164)	-0.0294** (0.0122)	-0.1615*** (0.0160)	-0.0369*** (0.0128)	-0.1260*** (0.0465)	-0.0470*** (0.0126)	-0.1336*** (0.0456)
高中	0.0182 (0.0219)	-0.0773*** (0.0194)	0.0098 (0.0211)	-0.0967*** (0.0188)	0.0421* (0.0244)	-0.0553 (0.0469)	0.0154 (0.0240)	-0.0820* (0.0462)
大专	0.2985*** (0.0713)	0.1554*** (0.0258)	0.2853*** (0.0689)	0.1206*** (0.0254)	0.2390*** (0.0749)	0.1966*** (0.0525)	0.1984*** (0.0741)	0.1467*** (0.0516)
本科及以上	0.5588*** (0.0998)	0.3101*** (0.0269)	0.5267*** (0.0984)	0.2596*** (0.0262)	0.4861*** (0.0711)	0.3095*** (0.0517)	0.4175*** (0.0719)	0.2453*** (0.0511)
健康	-0.0009 (0.0046)	0.0119** (0.0052)	-0.0018 (0.0044)	0.0110** (0.0052)	0.0055 (0.0047)	0.0066 (0.0099)	0.0042 (0.0046)	0.0074 (0.0097)

续表

被解释变量：数字金融能力	(1)	(2)	(3)	(4)	(5)	(6)	(7)	(8)
	农村	城镇	农村	城镇	低收入	高收入	低收入	高收入
中低资产	−0.0193**	−0.0038	−0.0220**	−0.0092	−0.0211**	0.0260	−0.0246**	0.0330
	(0.0092)	(0.0127)	(0.0088)	(0.0127)	(0.0097)	(0.0376)	(0.0096)	(0.0367)
中高资产	0.0598***	0.0571***	0.0406***	0.0406***	0.0470***	0.0388	0.0272	0.0360
	(0.0169)	(0.0140)	(0.0155)	(0.0138)	(0.0181)	(0.0332)	(0.0179)	(0.0328)
高资产	0.2316***	0.1705***	0.1983***	0.1439***	0.1871***	0.1257***	0.1534***	0.1067***
	(0.0327)	(0.0169)	(0.0301)	(0.0166)	(0.0369)	(0.0328)	(0.0365)	(0.0323)
年龄	−0.0025***	−0.0143***	−0.0023***	−0.0142***	−0.0032***	−0.0216***	−0.0032***	−0.0214***
	(0.0005)	(0.0005)	(0.0005)	(0.0005)	(0.0005)	(0.0008)	(0.0005)	(0.0008)
女性	−0.0117	−0.0365***	−0.0172*	−0.0382***	−0.0015	−0.0212	−0.0118	−0.0251
	(0.0101)	(0.0100)	(0.0099)	(0.0099)	(0.0105)	(0.0181)	(0.0105)	(0.0179)
已婚	−0.0388***	−0.0962***	−0.0419***	−0.0959***	−0.0526***	−0.0944***	−0.0489***	−0.0964***
	(0.0121)	(0.0134)	(0.0118)	(0.0131)	(0.0141)	(0.0247)	(0.0142)	(0.0241)
家庭规模	0.0105**	0.0299***	0.0124***	0.0346***	−0.0139***	0.0807***	−0.0091*	0.0856***
	(0.0047)	(0.0055)	(0.0043)	(0.0053)	(0.0048)	(0.0107)	(0.0048)	(0.0104)
有 16 岁以下小孩	0.0258*	0.1083***	0.0188	0.0944***	0.0204	0.1199***	0.0127	0.0956***
	(0.0148)	(0.0160)	(0.0143)	(0.0160)	(0.0167)	(0.0292)	(0.0165)	(0.0289)
容忍中等及以上风险	0.0352**	0.1044***	0.0304**	0.1009***	0.0685***	0.0812***	0.0660***	0.0744***
	(0.0144)	(0.0124)	(0.0140)	(0.0122)	(0.0159)	(0.0221)	(0.0157)	(0.0215)
省份虚拟变量	控制	控制	控制	控制	控制	控制	控制	控制
观测值	11627	25604	11627	25604	9248	9463	9248	9463

注：(1) 所有回归包含数字能力与金融能力的交乘项，表中汇报的是均值处边际效应。(2) * 代表 $p<0.1$，** 代表 $p<0.05$，*** 代表 $p<0.01$。(3) 括号中为社区层面的聚类标准误。(4) 低收入、高收入分别为收入的最低四分位组和最高四分位组。

表 6-6　互联网普及率对数字金融能力的影响

被解释变量：数字金融能力	(1)	(2)	(3)	(4)	(5)	(6)	(7)	(8)
	农村	城镇	农村	城镇	低收入	高收入	低收入	高收入
县域互联网普及率	-0.0550	0.2313***			0.1252***	0.3782***		
	(0.0546)	(0.0412)			(0.0443)	(0.0786)		
社区/村互联网普及率			0.0578	0.2411***			0.1361***	0.4561***
			(0.0523)	(0.0346)			(0.0313)	(0.0577)
观测值	11627	25604	11627	25604	9248	9463	9248	9463

注：(1) 所有回归包含数字能力与金融能力的交乘项及表 6-5 中除地区数字金融能力水平均值外的其他变量，表中汇报的是均值处边际效应。(2) * 代表 $p<0.1$，** 代表 $p<0.05$，*** 代表 $p<0.01$。(3) 括号中为社区层面的聚类标准误。(4) 低收入、高收入分别为收入的最低四分位组和最高四分位组。

更可能提升农村家庭数字金融能力的外在影响因素是社区/村的数字金融能力平均水平提升以及资产的增长。通过比较表 6-6 中回归（1）、回归（2）和回归（3）、回归（4）可以发现，提升县域层面的数字金融能力平均水平对农村和城镇家庭数字金融能力都具有正向影响，但对城镇家庭的边际效应更大。相较而言，提升社区/村的数字金融能力平均水平，对农村家庭的边际效应更大，这种特征可能源自我国农村家庭生活中相对更低的人口流动率。相应地，如果要对农村地区开展数字金融能力的外生干预，直接从社区/村进行干预会更有效。而从资产的边际影响来看，要达到按四分位分组的中高资产和高资产水平才对农村家庭有更大的正向影响，并非能力建设方面的外生干预能够快速实现的。进一步地，表 6-6 展示了不同地域的互联网普及率与家庭数字金融能力的关系，可以看出，无论是县域还是社区/村的互联网普及率提升都与农村家庭的数字金融能力没有显著关系，表明如果目标是提升农村家庭的数字金融能力，仅仅致力于数字基础设施层面的供需提升是不够的，还需要具体到数字金融能力的干预。

表 6-5 中其他控制变量对数字金融能力的影响基本符合预期。在控制其他变量的情况下，越年轻，越容易提升数字金融能力，并且这种效应在城镇地区更大。此外，在控制其他变量的情况下，具有男性，或未婚，或家庭人数多，或有 16 岁以下小孩，或容忍中等及以上风险特征的家庭数字金融能力水平可能更高，并且也是在城镇地区有更大的边际效应。

从高低收入组的差异来看，边际效应特征与城乡差异类似。对低收入组而言，更有效的内在影响因素是教育程度的提升，更有效的外在影响因素是资产的增长。但按照收入分组的情况下，无论是县域层面还是社区/村层面的外生变量，包括数字金融能力水平均值的提升、互联网普及率的提升，都是高收入组的边际效应更大。但仅就低收入组而言，社区/村层面的外生干预略大于县域层面的外生干预，并且社区/村的数字金融能力平均水平的提升比互联网普及率的提升影响更大。

综上所述，从短期来看，直达社区/村层面的外生干预对于提升农村家庭、低收入家庭数字金融能力可能更为有效。从长期来看，农村和低收入地区教育条件的改善、教育机会的丰富、教育视野的开阔可能是改善诸多问题的根本之道。但短期的外生干预仍然是非常重要的，因为结合 6.4.1 小节和

6.4.2小节的研究结果可以看出，如果缺乏外生干预，家庭数字金融能力有可能出现强者越强、弱者越弱的局面。

6.5 提升数字能力、金融能力的国际经验

自Morgan等（2019）提出数字金融素养的四个维度以来，围绕数字金融能力的研究还较少。数字金融能力作为数字能力和金融能力的交融，其能力建设可以借鉴已有的相关国际经验。通过梳理、总结文献中关于提升数字能力、金融能力的理论和实践经验，本部分可为下一节提出我国家庭数字金融能力的政策建议提供借鉴。

6.5.1 提升数字能力的理论与实践经验

根据已有文献，数字能力的影响因素包括性别、年龄、教育程度、自学能力、工作类型、收入、所处地域经济发展和人口情况等（Ferro、Helbig和Gil-Garcia，2011；Gutiérrez和Gamboa，2010；Hosein、Ramanau和Jones，2010；Lera-López、Billon和Gil，2011；Li和Ranieri，2010；Nasah、Da-Costa、Kinsell和Seok，2010；Nishijima、Ivanauskas和Sarti，2017；Salajan、Schönwetter和Cleghorn，2010；Selwyn，2008；Tømte和Hatlevik，2011；Volman、van Eck、Heemskerk和Kuiper，2005）。提升数字能力的理论和实践经验可以总结为以下三个层面。

6.5.1.1 数字服务可得性是基础

施展数字能力的基础是所需数字服务的可得性，这既要求宽带连接、移动信号等基础设施是可得的，也要求在家庭或个人层面拥有智能设备、使用通信服务（Lera-López等，2011；Stern、Adams和Elsasser，2009），这些都是提升数字能力的前提条件。例如，在网速快和网速慢的地方，使用同样的数字服务给使用者带来的体验有可能是完全不同的。长期网速慢会导致使用该数字服务困难重重，继而会让使用者丧失使用该服务的兴趣，错失了通过使用该服务改善家庭福祉的机会。

6.5.1.2 干预项目需根据不同群体量身定做

注意向干预对象提供利用数字技术解决其本身现实问题的机会，以问题

的导向、以目标群体的需求特征为核心设计干预项目。数字能力的不足可能表现为缺乏数字技术知识（Lera-López 等，2011；Ng，2012），也可能表现为存在关于技术的焦虑、使用技术的自我效能感不足和年龄焦虑等心理特征（Jung 等，2010）。因此，数字能力干预项目要根据不同群体的需求来进行设计。例如，Blakemore、Meek 和 Marks（2019）研究发现，通过先发现不同群体的不同问题再提供指导的方式，可以显著提升学习者的数字素养。

6.5.1.3　同伴影响效果明显

同伴影响是指来自家庭、朋友、学校等社交圈同伴的影响。相关研究发现，研究对象的社交圈如何使用数字技术会显著地影响其数字技术的使用及熟练度（Bennett 和 Maton，2010；Goode，2010；Van den Beemt、Akkerman 和 Simons，2010；Zhao、Lu、Huang 和 Wang，2010）。其中，对于青少年而言，来自学校的影响会大于其他渠道的影响（Zhao 等，2010）。

综上所述，提升数字能力需要以数字服务的可得性为基础。在数字时代背景下，数字服务的可得性有可能意味着机会的公平性。为了提升干预对象的数字能力，首先需要明确其问题所在、有何特征，在此基础上设计的干预项目将更为有效。此外，数字技术使用的同伴影响效果明显也为设计不同群体的数字能力干预方案提供了思路。

6.5.2　提升金融能力的理论与实践经验

已有研究发现，金融能力的影响因素包括性别、年龄、婚姻状态、教育程度、学术背景、所处地域、信息来源、获取金融建议的来源等（Garg 和 Singh，2018；Mändmaa，2019；Mbarire 和 Ali，2014）。提升金融能力的理论和实践经验可以总结为以下三个方面。

6.5.2.1　提升金融信息的质量

金融决策实际上是建立在获取信息、处理信息的基础上的，那么提升信息的质量至关重要。提升信息的质量，一方面要解决信息本身的问题，尤其是减少复杂性、提升准确性，要让看到信息的广大金融消费者能够懂得信息的内容；另一方面要解决机制问题，包括但不限于，畅通获得简单且准确信息的渠道、增强客户的理解能力、提升信息出现的及时性（如风险提示信息何时、以什么形式触达金融消费者）及形成易操作的争端解决机制等（Carlin 和 Robinson，2010；Mandell，2006；Singh 和 Venkataramani，2012；Susan，2010）。

6.5.2.2 关注金融教育项目的形式及其有效性

近年来，无论是发达国家还是发展中国家，都非常重视金融消费者的金融素养的提升，并积极推动金融教育项目。然而，已有研究发现，部分金融教育项目对受教育者金融行为的影响非常有限。一些金融教育项目仅仅是提升了项目参与者的自信而没有提升其能力，会导致更错误的决策。相较之下，没有受过金融教育的群体反而有可能展现出更佳的金融行为（Cole、Sampson 和 Zia，2011；Fernandes 等，2014；Nano 和 Cani，2013；Willis，2008）。

目前被证明更有效的形式包括，利用可教导时刻（a teachable moment）进行能力建设，以及使用模拟和游戏的方式进行金融教育。Miller 等（2014），Kaiser 和 Menkhoff（2017）分别通过荟萃分析检验和强调了可教导时刻的重要性。这意味着，最好的干预是向金融消费者提供他们正好需要的干预。例如，向计划买房的群体提供信用管理和抵押贷款知识的教育，向正需要选择养老金种类的群体提供养老规划的咨询。“干中学”的知识马上就能付诸实践，而“纸上谈兵”的知识会更容易被遗忘，这是由记忆的生理规律决定的。此外，Harter 和 Harter（2010）及 Mandell（2006）都指出，通过炒股游戏的方式进行课堂教学能够显著提升金融素养，说明互动、新颖、有趣的教学更有效。

与此同时，金融能力的不同维度、不同主题内容、所针对的不同对象群体也需要不同的干预形式。例如，Kaiser 和 Menkhoff（2017）指出，对于提升金融知识（也就是通常所说的金融素养）和影响金融行为，不同的干预形式存在明显的影响效应的差别。课堂教授金融知识的效果最好，但对金融行为的影响最小。助推是 2017 诺贝尔经济学奖得主理查德·塞勒提出的通过巧妙的政策设计引导人们做更理性决策的方法，对金融行为的影响效应最大，但对金融素养的影响最小。进一步地，Entorf 和 Hou（2018）指出，穷人的金融行为可能更多的是由意愿的缺乏所控制的，那么相关金融政策就需要向 Bertrand、Mullainathan 和 Shafir（2004）所提出的那种以行为激励为导向的反贫困政策靠拢。

6.5.2.3 完善金融能力建设体系

金融教育项目的执行主体通常包括监管部门、金融机构、教育体系和公益机构等。如果由市场机构（如银行/贷款公司等）来推行提升金融能力的项目，需要防范这样的项目变为推销各自产品的渠道（Mayoux，2011）。从长远来看，形成实用的、成年人易获取的金融知识素材体系、适时的金融能力干预机制，并将金融能力建设融入中小学学科体系中，可能是完善金融能力建设体系的有效途径。

综上所述，提升金融能力并非通过传统的课程或者培训就能轻易实现的，需要根据干预执行主体和受益主体的特征和需求，合理地选择干预的时机和形式。为了提升干预的效果，还需要解决最基础的信息质量问题，以及相关的运作体系和机制问题。这意味着，旨在提升金融能力的干预需要跳出金融能力本身来进行全局设计。

6.6 我国家庭数字金融能力建设的政策建议

在经济生态日益数字化、金融产品更加复杂化、数字金融产品和服务不断更新迭代的背景下，有效地提升数字金融能力关系着家庭是否能以相对平等的机会去参与数字时代的经济活动，以应对数字时代生产和生活中金融事务，进而维护或提升家庭福祉水平。本部分结合所有上述分析及我国实际情况，提出我国家庭数字金融能力建设的政策建议。

6.6.1 数字金融能力建设的基础设施

6.6.1.1 消除“数字鸿沟”

“数字鸿沟”的存在意味着部分群体的需求处于数字金融服务供应商的“雷达”范围之外。这不仅意味着错失使用数字金融服务的机会，也意味着可能处于资源配置效率的劣势。

当越来越多的数字应用变成了家庭生活、经营活动的必要环节，只要存在“数字鸿沟”，就会导致“数字剥夺”。虽然不排除主动排斥数字产品和服务的情况，但在国内近年来大力提速降费的背景下，仍旧受到“数字鸿沟”影响的大多是真正的弱势群体。“数字剥夺”会导致他们的境遇进一步相对恶化，例如媒体报道的延迟开学期间农村学生为上网课而面临的窘境。

因此，虽然近年来我国信息技术基础设施建设已经取得了瞩目成就，但还需进一步关注普及层面的问题，向消除“数字鸿沟”迈进。数字应用的可触达性离不开三个基本条件——环境有信号、家庭/手机有宽带、设备要智能，分别对应网络通达率、互联网普及率以及智能设备普及率三个指标。工信部数据显示，截至2020年3月，我国约69万个行政村光纤通达率和4G通达率都超过了98%。除尚未通网的万余个行政村外，不同地域、不同群体的互联网普及率和智能设备普及率还存在一定差距。

旨在消除“数字鸿沟”的战略举措需要从大刀阔斧的基础设施建设，延伸到对微弱经济体数字意识的启发、数字行为的培养和数字权益的维护上，为所有愿意融入数字生活的微弱经济体创造机会，为数字生活和数字文化发展提供技术支持和制度土壤。

6.6.1.2　健全“软”和“硬”金融基础设施

金融基础设施是金融活动的“舞台”，其发展水平决定了市场主体是“长袖善舞”，还是“如履薄冰”。尤其是对数字金融供应商而言，如果看到硬件基础设施是畅通的，市场规则是健全的，而创新也是有容忍空间和规则的，那么自然会更有信心也更有敬畏地进行探索。与此同时，对非经验的数字金融产品和服务需求者而言，如果看到数字交易是可靠的，风险和收益是相对易懂的，争议是可以解决的，金融消费者是得到保护的，也自然会更多地参与。相应地，金融基础设施建设需要“软”“硬”兼顾。

金融市场的软件设施包括金融相关法律法规市场机制、会计制度、信息披露规则以及信用制度等。其中，对于弱势群体而言，完善的金融消费者保护体系至关重要。2019年12月，国家司法部发布了《中国人民银行金融消费者权益保护实施办法（征求意见稿）》，对纠纷处理、投诉途径、信息披露、公平交易、催收行为、消费者信息保护等规则提出了实施办法，标志着我国金融消费者保护体系正在强化执行层面。面向数字金融的未来，市场和规则必然还需要不断磨合，而执行的优化可以考虑纳入更多认知、行为层面的研究，正如2019年诺贝尔经济学奖获得者Duflo的比喻，经济学家需要像水管工那样注重现实世界中关乎政策执行效果的细节（Duflo，2017）。此外，还需继续推动金融市场化风险定价机制的形成，为竞争、创新与稳定提供有利的制度土壤，才能更好地满足多样化的市场需求。

金融市场的硬件设施通常包括支付、存管、清算、交易等系统。2020 年 3 月，人民银行、国家发展改革委、财政部、银保监会、证监会、国家外汇局联合印发了《统筹监管金融基础设施工作方案》，重点推进金融资产登记托管系统、清算结算系统、交易设施、交易报告库、重要支付系统、基础征信系统六类设施及其运营机构的统筹监管，可以视为在数字经济社会发展背景下的“金融新基建”。其中，特别需要关注的是征信系统的完善。目前国内数据产业尚未发育完全，数据应用仍然存在割裂，如何实现海量征信相关数据安全地流通和交换仍然需要数据供给方与监管层面的多方协调。

6.6.2 数字金融能力建设的措施和体系

数字金融能力建设需要着眼于未来社会经济形态，以及家庭教育、医疗和养老等需求特征，“以终为始”地设计能力建设的措施和体系。

6.6.2.1 形成针对具体对象群体和具体主题框架的数字金融能力建设“素材库”

我国地域之广、人口之巨，进行数字金融能力建设首先要明确我们不可能使人人都成为金融专家的现实。与此同时，我们的目标是让所有家庭都有机会，他们有不同年龄，不同的知识背景（尤其是识字、阅读、计算和数字适应能力），甚至有不同地域文化差异，数字金融能力建设的素材需要“接地气”，可以借助多媒体和数字技术进行形式创新，适应不同对象群体的特征。在此基础上，尝试探索以功能为导向建立素材主题框架，例如收支管理、储蓄、投资、信用管理、养老规划、欺诈预防等，在框架下提供认识和使用数字金融产品和服务、应对数字金融风险的“经验法则”（Rule of thumb），让素材与家庭经济活动息息相关且易于理解和应用。此外，还可以归集参与数字金融活动需要的“工具包”，如年化利率计算器、信用卡成本计算器等。

理想状态下，这样的“素材库”应该是具有难度、风格适应性的。例如，针对数学基础不一样的群体，讲述复利概念的方式和进度可以有所不同。又如，针对文化背景不一样的群体，讲述同样的概念可能需要引申为不同的本地化词汇。依靠数字媒体技术，可以建立起类似“AI 自适应”功能的数字金融能力建设“素材库”，包含文字、视频、互动 AI 课程以及游戏等多样化形式，通过不同机制提供给学校、金融行业、企业、社会组织以及个人使用。举例而言，加拿大金融消费者组织（FCAC）在其金融素养网站①上提供了成年人金融工具包、学习视频等素材，可以供具备自学能力的群体使用。与此同时，该网站也提供了金融基础（financial basics）工作坊材料、理解信用报告（understanding your credit report）工作坊材料、培训者工具包，可供开展培训的社会组织使用。但这些素材目前还是相对比较单一的体系。在数字教育及相关技术快速发展的背景下，当前的技术已经可以实现以上“有难度、风格适应性”的设想，只是在教研方面尚需投入较大的努力。

6.6.2.2 建立针对所有家庭、不同生命周期的数字金融能力建设机制

（1）将数字金融能力建设内容融入学校学科体系。OECD组织的国际学生测评项目（PISA）自2012年起开始在部分国家加测金融素养项目，这意味着金融素养也开始和阅读、数学和科学知识技能其他三门传统测试科目一样，需要在学生素养中占有一席之地。随着数字金融的发展，Morgan等（2019）在2019年的T20会议中提出，数字金融素养将在数字时代的教育中变得更加重要，尤其是考虑到“零工经济”的兴起，未来人们越来越需要为自己和家庭的金融事务承担责任，而他们也面临更加复杂的数字金融产品和数字金融风险。此外，根据中国互联网络信息中心数据显示，2019年，我国未成年网民已经达到1.75亿，其中，网络购物参与率为20.5%，高中生更是达到46.9%，接近所有网民网购参与率。这意味着未成年人不仅已经深入地使用各类文化、娱乐类应用，部分也已经开始参与数字交易，需要开始习得合理运用数字金融产品和服务的能力。

与此同时，学校也可能是未来家庭经济决策者形成金融思维模式的最佳阶段。目前我国部分中小学校已经开始和金融行业、公益组织合作开展金融教育项目，但效果最好的往往是长期、深度合作的项目。参考加拿大、日本等国经验，将数字金融能力建设内容融入学校学科体系可能是更长远之道。

（2）设计针对金融决策时刻的“适时”干预机制。Lusardi（2008）曾指出，如果金融能力不足的群体作出的错误决策需要整个社会（纳税人）来负

① https://www.canada.ca/en/financial-consumer-agency/services/financial-literacy-programs.html.

担，那么所有人在参与金融市场之前都应该像考取“驾驶执照”那样，参加必要的金融知识和技能学习和考试，以获取一个“金融执照”。事实上，每个人的生命周期会经历一些类似的金融决策，可以围绕这些金融决策时刻，结合认知和行为学研究，开展适时的数字金融能力建设。例如，围绕信用卡或数字信贷的使用，在开始使用前，可以通过强制数字程序开展简短的数字信用管理和债务控制重点知识和技巧的讲解和问答，并提供进一步学习的资源入口。又如，针对新入职员工（尤其是校招的初入社会的年轻人），雇主可以在新员工培训中为他们提供家庭金融规划学习资源（包括置业贷款、医疗和养老规划等）。再如，针对新手父母，可以通过医院或社区派发子女教育资金规划的学习资源。此外，在投资行为中，目前主要通过投资者资产规模、风险测评和产品风险分级进行投资者适当性管理，未来也可以在开户时进行重点内容的强制学习，并通过交易商数字应用平台提供非强制的学习资源。概言之，适时干预就是要探索抓住 Kaiser 和 Menkhoff（2017）所强调的“可教导的时刻”进行数字金融能力建设。

（3）开展针对弱势群体的数字金融能力建设。根据 6.4.2 小节的研究结果，针对居住在农村、低收入等弱势群体，直达社区/村层面的干预会更加有效。需要注意的是，面向教育程度及经济禀赋的弱势群体，“活动式”的短期数字金融能力干预可能会收效更为有限。解决方案是以社区/村为据点，通过培训社区/村层面的工作者向其提供持续的支持，由他们基于较为成熟的数字金融能力建设“素材库”，面向弱势群体提供相对长期的数字金融能力建设。在此基础上，也可以通过数字渠道提供远程的专业答疑和支持。

6.6.2.3 建立数字金融能力建设有效性评估机制和更新机制

（1）数字金融能力建设的有效性评估机制。一方面，需要具体的衡量指标体系作为评估标准；另一方面，需要科学的评估方法来对有效性进行检验。本书所采用的数字金融能力指标受限于已有数据的可选用维度，未来的数字金融能力指标可以纳入更多细化的维度。例如，2017 年，针对南亚和非洲七国的第五轮普惠金融洞见调查［2017 Financial Inclusion Insights Survey (wave 5)］包含了受访对象如何使用移动钱包的细节问题，从是否能找到菜单选项，到能否进行纠错、回撤或取消交易等，可以更好地体现使用移动钱包并且控制相关风险的能力。以数字金融风险为例，相关指标可以包括但不限于，是否了解核实任何一家数字金融供应商资质的方法，数字支付有哪些类型、不同类型数字支付的资金传递流程及其风险特征，数字账户内的资金保障条款及盗刷应对方式，遭遇数字金融风险的争议解决方法和投诉渠道，以及数字金融投资产品的风险识别方法等。在更丰富的指标体系基础上，可以通过随机对照实验的方法，对数字金融能力建设项目的有效性进行评估。

（2）与金融科技和数字经济的发展相适应的更新机制。首先，需要结合有效性评估结果对数字金融能力建设“素材库”和干预机制进行调整。其次，随着金融科技的发展，会有新的数字金融服务形式产生，也会有新的数字金融风险出现，因此，数字金融能力建设的“素材库”需要保持一定的更新速度，并且开放公众纠错和反馈机制，使“素材库”符合实际、贴近需求。此外，随着数字经济的深化发展，人们的消费文化、借贷文化都可能发生改变，相应地，金融决策时刻也可能会发生变迁，适时干预机制需要进行相应更新。

6.7 本章小结与讨论

本章基于 3.1 节提出的数字金融能力投资的生产函数，采用 2017 年中国家庭金融调查数据（CHFS），对我国家庭数字金融能力的影响因素进行实证研究。首先通过统计分析发现，即使在以“数字原住民”为代表的年轻群体中也存在明显的数字金融能力鸿沟。虽然数字金融具有低门槛、低成本的特征，传统上居住在农村、低收入、低资产、低教育程度等群体依旧是数字金融能力的弱势群体。数字金融能力的鸿沟尤其表现在“使用互联网理财服务”的比例中，年轻群体中的弱势群体与对照组的差异达 3～4 倍。如果弱势家庭只具备了参与数字交易的能力，而不具备通过数字金融产品和服务促进财富增值的能力，那么，根据本书第 4 章和第 5 章的研究结果，它们虽然可以通过提升实际收入、增加消费在当前过得更好，却可能在建立储蓄、风险对冲、促进财富增值等关乎未来福祉的家庭金融事务中有失准备。如果对信用和债务管理不得当，则会进一步加剧未来的风险暴露。通过对数字金融能力影响因素的实证检验发现，数字能力和金融能力对数字金融能力具有正向的交互促进作用，这一方面验证了数字金融能力是数字能力和金融能力的交融，另一方面也揭示了数字金融能力可能“强者愈强”的特征，与 3.1 节提出的数字金融能力投资生产函数相符。相应地，由于数字金融能力关系家庭福祉，短期的外生干预可能是必要的。根据分组检验结果，短期而言，直达社区/村层面的外生干预对提升农村家庭、低收入家庭的数字金融能力可能更为有效。长期而言，农村和低收入地区教育条件的改善、教育机会的丰富、教育视野的开阔可能是改善诸多问题的根本之道。在此基础上，本章总结了提升数字能力和金融能力的国际经验，并提出了我国家庭数字金融能力建设的政策建议。

本章的贡献主要体现在三个方面：第一，通过实证分析明确了我国家庭数字金融能力建设的重点和必要性。第二，在数字金融能力相关研究还较为缺乏的背景下，通过文献梳理总结了提升数字能力和金融能力的国际经验，可以为数字金融能力建设提供参考。第三，根据全文研究结果、国际经验以及我国实际情况，提出了我国家庭数字金融能力建设的政策建议。总体而言，本章是在讨论数字金融能力与家庭福祉关系的基础上进行的拓展，可以为实践提供一些参考，但正如政策建议部分的讨论所提到的，未来还需要更多相关主题的实验研究。

人力资本投资，就是那些通过增加人的资源来影响未来货币和心理收入的人类活动（Becker，1993）。当我们更加重视教育及其对受教育者一生的意义时，却常常会忽视了个人或家庭管理自身资源的能力也是影响未来货币和心理收入的人力资本。之所以要在数字能力、金融能力的基础上强调数字金融能力的概念和作用，是因为在数字金融的发展已经较为显著地改变了金融服务供给不足的情况下，市场中的有效需求依旧不足，但这种不足却不是因为服务门槛高、昂贵、用不起导致的，而是因为数字金融能力这种人力资本的不足。数字金融发展带来的提升金融包容性的机会，可能会因为家庭数字金融能力的缺乏而无法实现其应有的价值。由于数字金融能力可能具有“强者愈强”的特征，外生的干预就显得更加必要。实际上，这正是 T20、CGAP 等国际智库目前关注的一个重要主题。作为走在数字金融发展前列的新兴经济体，我们应该抓住这个机会。

第7章 结论及研究展望

7.1 结论

第一，在数字金融能力与家庭福祉关系的理论框架中，本书首先通过论述数字金融能力通过实际收入效应、财富积累效应和缓解流动性约束效应三个层面提升家庭的收入、财富等客观福祉，得到数字金融能力是一种重要的人力资本的基本结论。从本质上看，数字金融能力是家庭减少信息不对称、降低交易成本、提升交易效率、控制和运用风险的能力，是家庭经济资源管理能力的组成部分，是有利于提升家庭边际收益率的人力资本。在此基础上，本书构建起包含数字金融能力投资的两期生命周期模型，通过消费者剩余和无差异曲线论述了数字金融能力投资如何通过上述三个层面提升生命周期效用最大化水平。进一步地，通过纳入对不完全理性的考虑，结合数字金融能力对相对消费和金融行为的影响，将上述生命周期模型拓展为以福祉为最大化目标变量的家庭福祉模型，并通过横向和纵向的相对消费论述了数字金融能力通过减少以消费衡量的相对贫困来影响当期福祉，通过促进积极的金融行为来提升未来福祉。相应地，当期非理性的过度消费偏好或缺乏积极的金融行为，则有损生命周期的福祉水平。由于数字金融能力的提升受到初始数字金融能力、个体天然能力禀赋、努力或时间投入、货币投入、其他人力资本存量以及社会环境条件的共同影响，而不同的弱势群体通常在个体禀赋条件各方面存在不同的困难，弱势群体的数字金融能力投资可能需要更多的社会环境条件支持或公共服务提供。

第二，关于数字金融能力对相对贫困影响的实证分析主要结论是，在处理内生性问题的前提下，数字能力和金融能力都具有显著的反贫困效应，同时它们也具有显著的交互效应，在数字能力或金融能力越低的水平上，相对贫困群体占比越大，另一种能力减少相对贫困的条件边际效应也越大，这种交互特征将有助于缩小贫富差距。在此基础上，引出对数字能力与金融能力的交融部分——数字金融能力的研究。数字金融能力也显著地减少相对贫困发生概率，间接作用渠道包括：一是提升收入；二是促进财富积累；三是缓解流动性约束，但在该样本期间总效应中的占比还较小；四是影响购物渠道，通过网络购物进入更大的“买方”市场，获取更多种类和更友好价格的商品，实现部分从前被抑制的消费需求。稳健性检验显示，聚焦于相对贫困样本而非全样本时，数字金融能力对减少相对贫困深度也具有类似的作用，此时负债作为中介渠道的效应不显著，表明在该样本期间数字金融能力缓解相对贫困群体流动性约束的效应尚未发挥显著作用。从分样本的异质性检验结果来看，数字金融能力对以居住在农村、低教育程度和老年人为代表的弱势群体的减贫效应更大。值得关注的是，对相对贫困群体而言，如果数字金融能力仅达到了参与数字交易的水平，而未达到参与多样化投资的程度，那么由数字金融能力促进的相对更高的消费意愿有可能不利于家庭为意外、医疗、养老等家庭金融规划做好准备。在家庭福祉不确定性加剧的当下，相关能力建设项目需要格外关注更高层次数字金融能力的培养。

第三，关于数字金融能力影响家庭福祉的作用渠道的实证分析主要结论是，绝对消费水平与家庭福祉之间没有显著关系，而相对贫困深度显著地影响家庭福祉。在处理内生性问题的前提下，相对贫困深度显著减少“幸福”或“非常幸福”的概率，显著增加“一般”“不幸福”“非常不幸福”的概率。数字金融能力同时通过减少相对贫困、改变金融行为来作用于家庭福祉。其中，以消费衡量的相对贫困代表的是家庭当前的经济状况，金融行为影响的是家庭对未来财富的预期。因此，数字金融能力对当下家庭福祉的影响，既包含对当前经济状况的满意度，也包含对未来财富的预期和掌控感。具体而言，数字金融能力的提升会促进流动性投资、保障性投资和增长性投资。流动性投资和保障性投资有助于提升家庭福祉，增长性投资会减少家庭福祉，可能源自这些金融行为使家庭对未来财富产生不同的预期。数字金融能力的提升会减少民间借款，从而增进福祉，可能源自数字交易记录的增加使家庭有机会从商业渠道获取急需的流动性。数字金融能力的提升有助于家庭获取银行贷款，尚未偿清的银行贷款会对家庭福祉形成小幅度的负面作用。

第四，关于我国家庭数字金融能力的影响因素的实证分析主要结论是，即使在以“数字原住民”为代表的年轻群体中也存在明显的数字金融能力鸿沟。虽然数字金融服务具有低门槛、低成本的特征，传统上居住在农村、低收入、低资产和低教育程度等群体依旧是数字金融能力的弱势群体。数字金融能力的“鸿沟”尤其表现在“使用互联网理财服务”的比例中，年轻群体中的弱势群体与对照组的差异达 3～4 倍。通过对数字金融能力影响因素的实证检验发现，数字能力和金融能力对数字金融能力具有正向的交互促进作用，这一方面验证了数字金融能力是数字能力和金融能力的交融部分，另一方面也揭示了数字金融能力可能“强者愈强”的特征，与 3.1 节数字金融能力投资生产函数相符。相应地，由于数字金融能力关系家庭福祉，短期的外生干预可能是必要的。根据分组检验结果，短期而言，直达社区/村层面的外生干预对提升农村家庭、低收入家庭的数字金融能力可能更为有效。长期而言，农村和低收入地区教育条件的改善、教育机会的丰富、教育视野的开阔可能是改善诸多问题的根本之道。在此基础上，本章总结了提升数字能力和金融能力的国际经验，并提出了我国家庭数字金融能力建设的政策建议：从数字金融能力建设的基础设施来看，既要消除“数字鸿沟”；也要健全“软”“硬”金融基础设施。从数字金融能力建设的措施和体系来看，一是可以尝试形成针对具体对象群体和具体主题框架的数字金融能力建设“素材库”。二是可以尝试建立针对所有家庭、不同生命周期的数字金融能力建设机制。例如，将数字金融能力建设内容融入学校学科体系，设计针对金融决策时刻的“适时”干预机制，开展针对弱势群体的数字金融能力建设等。三是建立数字金融能力建设有效性评估机制和更新机制。

7.2 研究展望

围绕数字时代家庭经济活动特征，本书尝试了若干开拓性研究，但仍然存在不少局限，未来还可以从以下这些方向进行深入研究。

第一，可以尝试将本书所构建的包含数字金融能力的两期生命周期模型拓展为动态模型，并通过面板数据和数据模拟进行检验，比较在不同数字金融能力水平下生命周期的福祉差异。

第二，可以尝试纳入对不同福祉指标的分析，使研究结果能够更全面地反映数字金融能力所影响的福祉层面。

第三，可以尝试通过实验性研究，更为具体地分析提升数字金融能力的实际收入效应、财富积累效应和缓解流动性约束的作用。

第四，可以尝试通过田野调查，探索更为细致的数字金融能力影响因素，如识字程度、阅读能力、计算能力、金钱价值观等。

第五，可以尝试通过实验性研究，对数字金融能力投资的成本收益进行分析。

总体而言，面对不断发展变迁的社会经济形态，社会福祉分配是一个值得持续关注的研究主题。与此同时，相关研究者也需要敏感察觉技术变革所引起的社会、经济和文化演变会对人力资本形成哪些新的要求。

附录

附录1 “福祉”词义的变迁

文字含义的变迁反映社会、经济、文化的演变，以下简要分析“福祉”在汉语和世界各国词典中的词义变迁和启示。

一、汉语中“福祉”词义的变迁

附表1是对古代、近代和现代汉语中福祉相关词汇词义变迁的总结。如附表1所示，从古汉语、近代汉语到现代汉语，“福祉”与“幸福”的词义都较为相近。相较之下，直到现当代的现代汉语中，“福祉”“幸福”才变得与“快乐”词义相近。由于“快乐”一词自产生以来一直是表精神状态的词语，那么，我们可以从中较为直观地窥见汉语中“福祉”词义的一项重要变迁，即“福祉”的精神层面的含义在现当代变得更加重要了。

具体而言，甲骨文中“福”“祉”二字为同义动词，均表示以美酒祭献神灵祈求福佑。后引申出名词用法。如《尚书》洪范篇讨论了什么是“五福”：“一曰寿，二曰富，三曰康宁，四曰攸好德，五曰考终命。”春秋时期，《老子》论述了“福”与“祸”的关系：“祸兮福所倚，福兮祸所伏”。战国时期，《韩非子》在《解老》中对《老子》所述的“福”进行了诠释，即“全寿富贵之谓福”。由此可见，古汉语中，“福祉”与早夭、贫困、疾病、不良嗜好(所好非德)、不能颐养天年（横夭）等不利的境遇或生活相对。无论是祈求

附表1　福祉相关词汇的词义变迁

相关词汇	古代	近代[①]	现代[②]
福	甲骨文象形表示以美酒祭献神灵祈求福佑（动词），后引申为名词。先秦文献对“福”的外沿进行了探讨如下： （先秦）《尚书》之“五福”：“一曰寿，二曰富，三曰康宁，四曰攸好德，五曰考终命。” （战国）《韩非子》之《解老》：“全寿富贵之谓福。” （汉）许慎《说文解字》：“福，祐也。”	运气，幸运。 （元）关汉卿《蝴蝶梦》：“福无重受日，祸有并来时。” （明）施耐庵《水浒全传》：“是我没福，不得相遇。” 福佑，好，吉祥。 （清）《康熙字典》：“福，祐也，休也，善也，祥也。”	幸福；福气。
祉	同“福”。	同“福”。	同“福”。
福祉	同“福”。 （汉）《韩诗外传》卷三：“是以德泽洋乎海内，福祉归乎王公。”	同“福”。 （唐）李翱《祭独孤中丞文》：“当臻上寿，福祉昌延。”	福气；幸福。
幸	甲骨文象形表示古代的手梏，表执捕、钳制、夹取之义。该义用法消失，后引申为帝王特赦死囚。后又引申为表示好运、福气。 （汉）许慎《说文解字》：“幸，吉而免凶也。”	侥幸，幸而。 （唐）韩愈《论孔戣致仕状》：“今戣幸而无疾疹。” （清）曹雪芹《红楼梦》：“幸有板壁挡住。” 正好，恰好。 （唐）白居易《宿湖中》：“幸无案牍何妨醉。”	幸福；幸运。

① 参考许少峰2008年编写的《近代汉语大词典》，该词典包含了唐代至清代古籍中出现的词汇。因此，此处对近代的划分早至唐代，晚至清代。

② 此处“现代”主要参考2016年第7版《现代汉语词典》中的现代汉语释义，实际包含了现代到当代的用法。

续表

相关词汇	古代	近代	现代
幸福	—	祈求福佑。 （北宋）《新唐书·李蔚等知传赞》："幸福而祸，无亦左乎"（《新唐书》列传·卷一百零六）。 （清）魏源《默觚下·治篇》："不幸福，斯无祸；不患得，斯无失。" 享福。 （清）李渔《十二楼·鹤归楼》："只有幸福之心既不宜有，弭灾之计亦不可无。"	使人心情舒畅的境遇和生活（名词）。 （现代）曹禺《雷雨》："我们将来一定在这世界为人类谋幸福。" （生活、境遇）称心如意（形容词）。 （现代）柔石《二月》："我是幸福的。" （当代）周而复《上海的早晨》第一部八："陶阿毛羡慕张学海的幸福的家庭生活。"
快	甲骨文中无该字。 （汉）许慎《说文解字》："快，喜也。"	使高兴，愉快。 （明）冯梦龙《古今小说》："非汝不足以快其意耳。" 运气好。 （南宋）《张协状元》："你命快，撞着我一道行。"（明代永乐大典所记载的南宋戏文）	愉快；高兴；舒服。
乐	甲骨文象形表示张丝弦于木，琴瑟之象。 （汉）许慎《说文解字》："五聲八音總名。象鼓鞞。木，虡也。" 后引申为喜悦。 （春秋战国）《论语》："不亦乐乎。"	快乐。 （清）《跻春台·阴阳帽》："谁知乐极生悲。"	快乐。

续表

相关词汇	古代	近代	现代
快乐	开心、愉快。 （汉）《易林·乾之履》：“富饶丰衍，快乐无已。”	欢乐。 （明）唐寅《感怀》：“万场快乐千场醉。”	感到幸福或满意。 （现代）巴金《家》六：“他没有快乐，也没有悲哀。”

注：本表甲骨文解释出自刘兴隆 1993 年《新编甲骨文字典》。近代汉语解释主要出自许少峰 2008 年《近代汉语大词典》。现代汉语解释主要出自商务印书馆 2016 年第 7 版《现代汉语词典》。也有部分古代、近代、现代释义和例证出自罗竹风 1994 年《汉语大词典》。

福祉（动词）还是拥有的福祉（名词），其含义都围绕着境遇的好坏或生活的质量。该义与近代汉语中的“幸福”一词相近。因为“幸”最初表用刑具执捕、钳制之义，后引申为帝王赦死，又引申为好运、福气。如《说文解字》：“幸，吉而免凶也。”到了近代，在“幸”“福”二字并用为一词的早期文献中，如“幸福而祸，无亦左乎”（《新唐书》列传·卷一百零六），“幸福”是指祈望得福，与“福”的字源含义基本相同。在 2016 年第 7 版《现代汉语词典》中，“福祉”更是直接释义为幸福、福气，实际上可以理解为幸福的书面语。

接下来看“福祉”“幸福”与“快乐”的关系。从古代到近代，“快乐”都十分明确地表示精神上的喜悦状态，如在“快”“乐”二字并用为一词的早期文献汉代《易林·乾之履》中，“富饶丰衍，快乐无已”中的“快乐”，与明代唐寅《感怀》中，“万场快乐千场醉”的“快乐”，均表愉快、喜悦、欢乐。到了现代，“快乐”依旧是表示精神状态的形容词，但在《现代汉语词典》中的释义变为“感到幸福或满意”。也就是说，现代汉语中的“福祉”和“快乐”都被解释为“幸福”。“幸福”则被释为“使人心情舒畅的境遇和生活（名词）”或“（生活境遇）称心如意的（形容词）”。

上述分析提供了三点启示，其一，“福祉”和“幸福”的词义非常接近，都围绕着境遇的好坏或生活的质量。其二，“福祉”和“幸福”词义所包含的运气成分从古代到现代呈现出逐渐减弱的趋势。“福祉”和“幸福”的对立面为“祸”与“凶”，象征着境遇或生活中的不确定性。在古代，福为“天佑”，幸为“君赐”，带有强烈的运气的含义。到了近代，“天佑”“君赐”的含义有所弱化，但“福祉”和“幸福”仍然含有较强的运气的含义，依旧是难以凭借个人主观意志实现的（这一点也可以从古代和近代文献中偏向于用对立面“祸”与“凶”来阐释“福”与“幸”看出来）。而在现代汉语中，“福祉”和“幸福”的词义所体现出来的运气成分进一步减弱。其三，在现代汉语中，“福祉”、“幸福”与“快乐”的含义变得更为相近——虽然没有去除与境遇和生活的密切关联，但开始强调精神层面的表征。

二、世界各国词典中的“福祉”

“福祉”在英语中有两个近义的释义——“well-being”和“welfare”。在2002年版的《朗文当代英语辞典》[①]中，“well-being”释为“a feeling of being comfortable，healthy，and happy”；“welfare”释为“health，comfort and happiness；well-being”[②]。可以看出，英语中的“well-being”和“welfare”十分相近，都有古汉语中“福”所包含的“康宁”之义，并且与现代汉语中的“幸福”（happiness）联系密切。既然古今汉语和英语中的“福祉”与“幸福”的含义最为接近，而“幸福”也是被更广泛使用的词汇。那么，在世界各国词典中，“幸福”的词义是否有较大差异？是否也经历了明显的变迁？

横向来看，Oishi、Graham、Kesebir和Galinha（2013）[③]比较了30个国家的词典对幸福（happiness）的解释，发现多达24个国家的词典都将happiness全部或部分解释为运气和有利的外部条件。通过对词典中“运气”（luck or fortune）含义出现的位置进行量化分析[④]，上述研究发现幸福的“运气”含义的重要程度与人均GDP、个人主义、历史病原体流行或移民规模均无显著相关性，但与国家距赤道的距离显著正相关。Oishi等（2013）认为，这可能是由于与赤道的距离意味着气候的恶劣程度——当获取果腹之食

---

① 英国培生教育出版有限公司编写，外语教学与研究出版社出版。

② 此为welfare的第一释义，第二、第三释义指通常由政府提供的福利。

③ OISHI，S.，GRAHAM，J.，KESEBIR，S.，&GALINHA，I. C. Concepts of Happiness Across Time and Cultures [J]. Personality & Social Psychology Bulletin，2013，39：559-577.

④ 若“运气”为词典中的第一释义，赋值为3分；为第二释义，2分；为第三及以后释义，1分；未出现，0分。

和栖身之所充满挑战时，“运气”就可能成为该地区词典中幸福的核心含义[①]。

纵向来看，以英语为例，幸福（happiness）的词义经历了以物质层面的“运气”含义开始，逐渐增加精神层面的含义，甚至精神层面含义取代“运气”含义的过程。具体而言，happiness 于 1530 年首次出现在英国的《牛津英语词典》中，释义为“在生活或某项事务中的运气；成功，繁荣”。精神层面的“心灵愉悦”含义首次作为第二释义出现在《牛津英语词典》中是 1591 年（Oishi，2010[②]）。进一步地，在 20 世纪的美式英语中，幸福（happiness）的含义经历了一个“去运气”的过程（Oishi 等，2013）。一方面，在 1961 年版的《韦伯斯特未删节词典》（Webster's Unabridged Dictionary）中，幸福（happiness）的第一释义特别指出了“好运气、好财运”的含义是过时的。也就是说，从该版词典起，美式英语中幸福的“运气”含义被精神层面的含义所取代。而在此之前，“好运气、好财运”一直是该词的第一释义。另一方面，鉴于词典的改版通常会晚于现实的词汇运用，Oishi 等（2013）还分析了幸福（happiness）在历届总统国情咨文中的出现频率及所代表的含义，发现随着人均 GDP 的提升，幸福（happiness）作为“好运气、好财运”含义出现的频率逐渐减少，与上述词典释义的变迁相符。

综合上述古今中外“福祉”相关词汇的词义变迁梳理可以发现，一是“福祉”和“幸福”的词义非常相近，“福祉”可以理解为“幸福”的书面语。二是“福祉”的物质、运气层面的词义最早出现，指境遇或生活中的好运，其对立面是境遇或生活中的不确定性。虽然在少数国家，“好运”的含义有所减弱甚至消失，但在世界部分地区其仍然是“福祉”或“幸福”的全部或主要含义。三是与“快乐”含义相近的精神层面的“福祉”词义的出现及重要性提升可能与物质生活的发达程度相关。

---

① 横向来看，幸福的“运气”含义在词典中的重要程度与人均 GDP 无关，也可能是因为许多国家词典的修订存在滞后。

② OISHI，S. Culture and Well-Being：Conceptual and Methodological Issues [M] //In E. DIENER，J. F. HELLIWELL，& D. KAHNEMAN（Eds.），International Differences in Well-being. New York：Oxford University Press，2010：34-69.

附录 2　各类投资行为与家庭福祉

被解释变量：家庭福祉	Oprobit								
	(1)	(2)	(3)	(4)	(5)	(6)	(7)	(8)	(9)
股票	−0.0841*** (0.0255)	−0.0865*** (0.0245)							
金融理财产品（5 万元以上起购）	0.0277 (0.0276)		0.0027 (0.0262)						
基金——高风险	−0.0277 (0.0447)			−0.0613 (0.0417)					
基金——中风险	−0.0709 (0.0689)				−0.0658 (0.0647)				
债券	0.0091 (0.0745)					−0.0069 (0.0722)			
金融衍生品	−0.1134 (0.2860)						−0.1415 (0.2739)		
黄金	−0.0842 (0.0797)							−0.1022 (0.0784)	
非人民币资产	0.0609 (0.1479)								0.0263 (0.1429)
观测值	35921	36006	36561	36683	36683	36683	36683	36683	36683

注：（1）*代表 $p<0.1$，**代表 $p<0.05$，***代表 $p<0.01$。（2）括号中为社区层面的聚类标准误。（3）所有回归包含控制变量。

参考文献

[1] AHUVIA, A. C. Wealth, Consumption and Happiness [M] // LEWIS, A. (Ed.), The Cambridge Handbook of Psychology and Economic Behaviour, Cambridge: Cambridge University Press, 2008: 199-226.

[2] AKER, J. C., BOUMNIJEL, R., MCCLELLAND, A., & TIERNEY, N. Payment Mechanisms and Antipoverty Programs: Evidence from a Mobile Money Cash Transfer Experiment in Niger [J]. Economic Development and Cultural Change, 2016, 65 (1): 1-37.

[3] AKER, J. C., & MBITI, I. Mobile Phones and Economic Development in Africa [J]. Journal of Economic Perspectives, 2010, 24 (3): 207-232.

[4] ALLEN, F., MCANDREWS, J. J., & STRAHAN, P. E. E-Finance: An introduction [J]. Journal of Financial Services Research, 2001, 22 (1): 5-27.

[5] ANDO, A., & MODLIGLIANI, F. The life-cycle hypothesis of saving: Aggregate implications and tests. American Economic Review, 1963 (53): 55-84.

[6] ANDREWS, F. M. & WHITHEY, S. B. Social Indicators of Well-Being: American's Perceptions of Life Quality [M]. New York: Plenum, 1976.

[7] ARROW, K. J. Social Choice and Individual Values [M]. New

York: Wiley, 1951.

[8] ATKINSON, A. B. The Strange Disappearance of Welfare Economics [J]. Kyklos, 2001, 54 (2-3): 193-206.

[9] ATKINSON, A. B. The Restoration of Welfare Economics [J]. American Economic Review, 2011, 101 (3): 157-161.

[10] ATKINSON, A., MCKAY, S., COLLARD, S., & KEMPSON, E. Levels of Financial Capability in the UK [J]. Public Money and Management, 2007, 27 (1): 29-36.

[11] BANERJEE, A. V., & DUFLO, E. Poor Economics: A Radical Rethinking of the Way to Fight Global Poverty [M]. New York: Public Affairs, 2012.

[12] BANKS, E. E-Finance, the Electronic Revolution [M]. Chichester: John Wiley & Sons, 2001.

[13] BANSAL, S., BRUNO, P., DENECKER, O., GOPARAJU, M., & NIEDERKORN., M. Global Payments 2018: A Dynamic Industry Continues to Break New Ground [R/OL]. McKinsey Global Banking Report, https://www.mckinsey.com/~/media/McKinsey/Industries/Financial%20Services/Our%20Insights/Global%20payments%20Expansive%20growth%20targeted%20opportunities/Global-payments-map-2018.ashx.

[14] BAUMOL, W. J. Community Indifference [J]. Review of Economic Studies, 1946, 14 (1): 44-48.

[15] BECKER, G. S. Investment in Human Capital: A Theoretical Analysis [J]. Journal of Political Economy, 1962, 70 (5, 2): 9-49.

[16] BECKER, G. S. Human Capital: A Theoretical and Empirical Analysis with Special Reference to Education. 3rd Edition [M]. Chicago: University of Chicago Press, 1993.

[17] BECKER, R. A., DENBY, L., MCGILL, R., & WILKS, A. R. Analysis of Cata from the Places Rated Almanac [J]. The American Statistician, 1987 (41): 169-186.

[18] BEHRMAN, J. R., MITCHELL, O. S., SOO, C. K., &

BRAVO, D. How Financial Literacy Affects Household Wealth Accumulation. American Economic Review [J]. 2012, 102 (3): 300-304.

[19] BENNER, A., & PUTTERMAN, L. On Some Implications of Evolutionary Psychology for the Study of Preferences and Institutions [J]. Journal of Economic Behavior and Organization, 2000, 43 (1): 91-99.

[20] BENNETT, S. & MATON, K. Beyond the "Digital Natives" Debate: Towards a More Nuanced Understanding of Students' Technology Experiences [J]. Journal of Computer Assisted Learning, 2010, 26 (5): 321-331.

[21] BEN-PORATH, Y. The Production of Human Capital and the Life Cycle of Earnings [J]. Journal of Political Economy, 1967, 75 (4): 352-365.

[22] BERGSON, A. A Reformulation of Certain Aspects of Welfare Economics [J]. Quarterly Journal of Economics, 1938 (52): 310-334.

[23] BERNHEIM, B. D. Financial Illiteracy, Education and Retirement Saving [M] //MITCHELL, O. S., SCHIEBER, S., (Eds.). Living with Defined Contribution Pensions. Philadelphia, PA: University of Pennsylvania Press, 1998: 38-68.

[24] BERRIDGE, K. C. Food Reward: Brain Substrates of Wanting and Liking [J]. Neuroscience and Biobehavioral Reviews, 1996 (20): 1-25.

[25] BERTRAND, M., MULLAINATHAN, S. & SHAFIR, E. A Behavioral Economics View of Poverty [J]. American Economic Review, 2004, 94 (2): 419-423.

[26] BHATLI, D., & MEJRI, C. A. The Influence of Social Media on Consumption Practices [M] //Kubacki K. (Eds.). Ideas in Marketing: Finding the New and Polishing the Old. Developments in Marketing Science: Proceedings of the Academy of Marketing Science. Cham: Springer, 2015.

[27] BINDER, M., & FREYTAG, A. Volunteering, Subjective Well-being and Public Policy [J]. Journal of Economic Psychology, 2013, 34 (C): 97-119.

[28] BISWAS-DIENER, R., & DIENER, E. Making the Best of A Bad Situation: Satisfaction in the Slums of Calcutta [J]. Social Indicators Research, 2001 (55): 329-352.

[29] BLAKEMORE, L., MEEK, S., & MARKS, L. Strategies to Improve Digital Literacy Education in A Healthcare MOOC (Preprint) [J]. Journal of Medical Internet Research, 2019.

[30] BLANCHFLOWER, D. G., & OSWALD, A. J. Is Well-being U-shaped over the Life Cycle? [J]. Social Science & Medicine, 2008, 66 (8): 1733-1749.

[31] BLAU, J. H. Arrow's Theorem with Weak Independence [J]. Economica, New Series, 1971, 38 (152): 413-420.

[32] BODKIN, R. Windfall Income and Consumption [J]. American Economic Review, 1959, 49 (4): 602-614.

[33] BOHNKE, P. Does Society Matter? Life Satisfaction in the Enlarged Europe [J]. Social Indicators Research, 2008 (87): 189-210.

[34] BRADBURN, N. M. The Structure of Psychological Well-Being [M]. Chicago: Aldine, 1969.

[35] BROWN, S., TAYLOR, K., & PRICE, S. W. Debt and Distress: Evaluating the Psychological Cost of Credit [J]. Journal of Economic Psychology, 2005, 26 (5): 642-663.

[36] BROWNING, M., & LUSARDI, A. Household Saving: Micro Theories and Micro Facts [J]. Journal of Economic Literature, 1996 (34): 1797-1855.

[37] CALVET, L. E., CAMPBELL, J. Y., & SODINI, P. Down or Out: Assessing the Welfare Costs of Household Investment Mistakes [J]. Journal of Political Economy, 2007, 115 (5): 707-747.

[38] CAMPBELL, A. CONVERSE, P. E., & RODGERS, W. L. The Quality of American Life [M]. New York: Sage, 1976.

[39] CAMPBELL, J., & DEATON, A. Why is Consumption So Smooth [J]. Review of Economic Studies, 1989, 56 (3): 357-373.

[40] CARLIN B. I. & ROBINSON D. T. What does Financial Literacy Training Teach us [R]. NBER Working Paper, 2010 No. 16271.

[41] CARVALHO, L. S., MEIER, S., & WANG, S. W. Poverty and Economic Decision-making: Evidence from Changes in Financial Resources at Payday [J]. American Economic Review, 2016, 106 (2): 260-284.

[42] CHASTELLUX, F. De la Félicité Publique, ou Considérations sur le Sort des Hommes dans les Différentes époques de l'histoire [M]. Amsterdam: Marc-Michel Rey, 1772.

[43] CHATTERJEE, P., & ROSE, R. L. Do Payment Mechanisms Change the Way Consumers Perceive Products [J]. Journal of Consumer Research, 2012, 38 (6): 1129-1139.

[44] CHEN, S., & RAVALLION, M. More Relatively-poor People in A Less Absolutely-poor World [J]. Review of Income and Wealth, 2012, 59 (1): 1-42.

[45] CHOI, S., KARIV, S., MULLER, W., & SILVERMAN, D. Who is (more) Rational [J]. American Economic Review, 2014, 104 (6): 1518-1550.

[46] CLARK, A. E., FRIJTERS, P., & SHIELDS, M. A. Relative Income, Happiness and Utility: An Explanation for the Easterlin Paradox and Other Puzzles [J]. Journal of Economic Literature, 2008, 46 (1): 95-144.

[47] COLE S., SAMPSON T., & ZIA B. Prices or Knowledge? What Drives Demand for Financial Services in Emerging Markets [J]. The Journal of Finance, 2011, 66 (6): 1933-1967.

[48] COUTURE, V., FABER, B., GU, Y., & LIU, L. E-commerce Integration and Economic Development: Evidence from China [R]. NBER working paper, 2018 No. w24384.

[49] CUTLER, N. E. The False Alarms and Blaring Sirens of Financial Literacy: Middle-agers' Knowledge or Retirement Income, Health Finance, and Long-term care [J]. Generations, 1997, 21 (2): 34-40.

[50] DABLANORRIS, E., KOCHHAR, K., SUPHAPHIPHAT, N., RICKA, F., & TSOUNTA, E. Causes and Consequences of Income Inequality: A Global Perspective [R]. IMF Staff Discussion Notes, 2015.

[51] DEATON, A. Health, Inequality, and Economic Development [J]. Journal of Economic Literature, 2003, 41 (1): 113-158.

[52] DEATON, A. The Financial Crisis and the Well-being of Americans [J]. Oxford Economic Papers. 2012 (64): 1-26.

[53] DEATON, A. Measuring and Understanding Behavior, Welfare, and Poverty [J]. American Economic Review, 2016, 106 (6): 1221-43.

[54] DEATON, A. The Analysis of Household Surveys: A Microeconometric Approach to Development Policy [M]. Washington, DC: World Bank. World Bank. https://openknowledge.worldbank.org/handle/10986/30394 License: CC BY 3.0 IGO, 2019.

[55] DEATON, A., & ZAIDI., S. Guidelines for Constructing Consumption Aggregates for Welfare Analysis [R]. LSMS Working Paper, No. 135. Washington, DC: World Bank, 2002.

[56] DELAVANDE A., ROHWEDDER S., & WILLIS, R. Preparation for Retirement, Financial Literacy and Cognitive Resources [R]. Working Papers wp190, University of Michigan, Michigan Retirement Research Center, 2008.

[57] DELIS, M. D., & MYLONIDIS, N. Trust, Happiness, and Households' Financial Decisions [J]. Journal of Financial Stability, 2015, 20 (C): 82-92.

[58] DEMIRGÜÇ-KUNT, A., HONOHAN, P., & BECK, T. Finance for All?: Policies and Pitfalls in Expanding Access [R]. World Bank Policy Report. Washington, DC: World Bank, 2008.

[59] DENISON, E. F. Trends in American Economic Growth, 1929-1982 [M]. Washington, D. C.: The Brookings Institution, 1985.

[60] DIENER, E. Subjective well-being [J]. Psychological Bulletin, 1984, 95 (3): 542-575.

[61] DIENER, E. The Science of Well-Being [J]. Social Indicators Research Series, Vol 37. Dordrecht: Springer, 2009.

[62] DIENER, E., & BISWAS-DIENER, R. Will Money Increase Subjective Well-being [J]. Social Indicators Research, 2002, 57 (2): 119-169.

[63] DIENER, E., & SUH, E. Measuring Quality of Life: Economic, Social, and Subjective Indicators [J]. Social Indicators Research: An International and Interdisciplinary Journal for Quality-of-Life Measurement, 1997, 40 (1): 189-216.

[64] DI TELLA, R., & MACCULLOCH, R. Some Uses of Happiness Data in Economics [J]. Journal of Economic Perspectives, 2006, 20 (1): 25-46.

[65] DODGE, R., DALY, A. P., HUYTON, J., & SANDERS, L. D. The Challenge of Defining Wellbeing [J]. International Journal of Wellbeing, 2012, 2 (3): 222-235.

[66] DUFLO, E. The Economist as Plumber [J]. American Economic Review, 2017, 107 (5): 1-26.

[67] DUESENBERRY, J. Income, Saving, and the Theory of Consumer Behavior [M]. Cambridge, Mass.: Harvard University Press, 1949.

[68] EASTERLIN, R. A. Does Economic Growth Improve the Human lot? Some Empirical Evidence [M] //P. A. DAVID & M. W. REDER (Eds.). Nations and Households in Economic Growth. New York: Academic Press, 1974: 89-125.

[69] EASTERLIN, R. A. Will Raising the Incomes of All Increase the Happiness of All [J]. Journal of Economic Behavior & Organization, 1995, 27 (1): 35-47.

[70] EASTERLIN, R. A. Income and Happiness Towards a Unified Theory [J]. Economic Journal, 2001 (111): 465-484.

[71] EASTERLIN, R. A. Explaining Happiness [J]. Proceedings of

the National Academy of Sciences of the United States of America, 2003, 100 (19): 11176-11183.

[72] EDGEWORTH, F. Y. Mathematical Psychics [M]. London: Kegan Paul, 1881.

[73] ENTORF, H., & HOU, J. Financial Education for the Disadvantaged [J]. A review. IZA Discussion Papers 11515, Institute of Labor Economics (IZA), 2018.

[74] ESKELINEN T. Relative Poverty [M] //CHATTERJEE D. K. (Eds.). Encyclopedia of Global Justice. Dordrecht: Springer, 2011.

[75] FALK, T., KUNZ, W. H., SCHEPERS, J. J., & MROZEK, A. J. How Mobile Payment Influences the Overall Store Price Image [J]. Journal of Business Research, 2016, 69 (7): 2417-2423.

[76] FAN, J., TANG, L., ZHU, W., & ZOU, B. The Alibaba Effect: Spatial Consumption Inequality and the Welfare Gains from E-commerce [J]. Journal of International Economics, 2018, 114: 203-220.

[77] FANG, Z. Panel Quantile Regressions and the Subjective Well-being in Urban China: Evidence from RUMiC Data [J]. Social Indicators Research, 2017, 132 (1): 11-24.

[78] FANG, Z., & SAKELLARIOU, C. Social Insurance, Income and Subjective Well-being of Rural Migrants in China—An Application of Unconditional Quantile Regression [J]. Journal of Happiness Studies, 2016, 17 (4): 1635-1657.

[79] FERNANDES, D., LYNCH, J. G. & NETEMEYER, R. G. Financial Literacy, Financial Education and Downstream Financial Behaviors [J]. Management Science, 2014, 60 (8): 1861-1883.

[80] FERRO, E., HELBIG, N. C., & GIL-GARCIA, J. R. The Role of IT Literacy in Defining Digital Divide Policy Needs [J]. Government Information Quarterly, 2011, 28 (1): 3-10.

[81] FISHER, I. The Theory of Interest [M]. New York: Macmillan, 1930.

[82] FLAVIN, M. The Adjustment of Consumption to Changing Expectations About Future Income [J]. Journal of Political Economy, 1981, 89: 974-1009.

[83] FLEMING, M. A Cardinal Concept of Welfare [J]. Quarterly Journal of Economics, 1952, 66 (3): 366-384.

[84] FOLEY, D. K. Resource Allocation in the Public Sector [J]. Yale Economic Essays, 1967 (7): 73-76.

[85] FOSTER, J. E., GREER, J. W., & THORBECKE, E. A Class of Decomposable Poverty Measures [J]. Econometrica, 1984, 52 (3): 761-776.

[86] FRANK, R. H. The Mysterious Disappearance of James Duesenberry [N]. New York Times, 2005-06-09.

[87] FREDERICK, S., LOEWENSTEIN, G., & O'DONOGHUE, T. Time Discounting and Time Preference: A Critical Review [J]. Journal of Economic Literature, 2002, 40: 351-401.

[88] FREY, B. S., & STUTZER, A. What Can Economists Learn from Happiness Research [J]. Journal of Economic literature, 2002, 40 (2): 402-435.

[89] FRIEDMAN, M. Theory of the Consumption Function [M]. Princeton, NJ.: Princeton University Press, 1957.

[90] FSA and BSA (Financial Services Authority and Basic Skills Agency). Adult Financial Capability Framework [M]. London: Government of the United Kingdom, 2002.

[91] FSA and BSA (Financial Services Authority and Basic Skills Agency). Adult Financial Capability Framework. 2nd Edition [M]. London: Government of the United Kingdom, 2006.

[92] FUCHS, C., & HORAK, E. Africa and the Digital Divide [J]. Telematics and informatics, 2008, 25 (2): 99-116.

[93] GARG, N., & SINGH, S. Financial Literacy Among Youth [J]. International Journal of Social Economics, 2018, 45 (1): 173-186.

[94] GATHERGOOD, J. Debt and Depression: Causal Links and Social Norm Effects [J]. Economic Journal, 2012, 122 (563): 1094-1114.

[95] GILSTER, P. Digital Literacy [M]. New York: Wiley Computer Pub, 1997.

[96] GOLDSMITH, R. W. A Study of Saving in the United States: Nature and deprivation of annual estimates of saving, 1897 to 1949 [M]. Princeton, NJ.: Princeton University Press, 1955.

[97] GOODE, R. B. Adding to the Stock of Physical and Human Capital [J]. American Economic Review, 1959, 49 (2): 147-155.

[98] GOODE, J. The Digital Identity Divide: How Technology Knowledge Impacts College Students [J]. New Media & Society, 2010, 12 (3): 497-513.

[99] GUSTAFSSON B., & LINDBLOM, M. Poverty Lines and Poverty in Seven European Countries, Australia, Canada and the USA [J]. Journal of European Social Policy, 1993, 3 (1): 21-38.

[100] GUTIÉRREZ, L. H., & GAMBOA, L. F. Determinants of ICT Usage Among Low-income Groups in Colombia, Mexico, and Peru [J]. The Information Society, 2010, 26 (5): 346-363.

[101] GUVEN, C. Reversing the Question: Does Happiness Affect Consumption and Savings Behavior [J]. Journal of Economic Psychology, 2012, 33 (4): 701-717.

[102] GUVEN, C., & HOXHA, I. Rain or Shine: Happiness and Risk-taking [J]. The Quarterly Review of Economics and Finance, 2015, 57: 1-10.

[103] HALIOSSOS, M., & BERTAUT, C. C. Why do So Few Hold Stocks [J]. Economic Journal, 1995, 105 (432): 1110-1129.

[104] HALL, R. The Stochastic Implications of the Life Cycle-Permanent Income Hypothesis: Theory and Evidence [J]. Journal of Political Economy, 1978, 86: 971-987.

[105] HARSANYI, J. Cardinal Utility in Welfare Economics and in the

Theory of Risk-taking [J]. Journal of Political Economy, 1953, 61 (5): 434-435.

[106] HARSANYI, J. Utilities, Preferences, and Substantive Goods [J]. Social Choice and Welfare, 1997, 14: 129-145.

[107] HARTER, C., & HARTER, J. F. R. Is Financial Literacy Improved by Participating in A Stock Market Game [J]. Journal for Economic Educators, 2010, 10 (1): 21-32.

[108] HAYES, A. F. Introduction to Mediation, Moderation, and Conditional Process Analysis: A Regression-Based Approach [M]. New York: Guilford Press, 2013.

[109] HEADEY, B. Poverty is Low Consumption and Low Wealth, Not Just Low Income [J]. Social Indicators Research, 2008, 89 (1): 23-39.

[110] HEADEY, B., & WEARING, A. J. Subjective Well-being: A Stocks and Flows Framework [M] //F. STRACK, M. ARGYLE, & N. SCHWARZ (Eds.). Subjective Wellbeing-An Interdisciplinary Perspective. Oxford: Pergamon Press, 1991: 49-76.

[111] HELLIWELL, J. F. How's Life? Combining Individual and National Variables to Explain Subjective Well-being [J]. Economic Modelling, 2003, 20 (2): 331-360.

[112] HICKS, J. R. Foundations of Welfare Economics [J]. Economic Journal, 1939, 49 (4): 696-712.

[113] HICKS, J. R. The Valuation of Social Income [J]. Economica, 1940 (7): 105-124.

[114] HICKS, J. R. Robbins on Robertson on Utility [J]. Economica, 1954, 21 (82): 154-157.

[115] HILTON, G. L. Using Student Tutors to Deliver Financial Literacy [J]. Mentoring & Tutoring: Partnership in Learning, 1995, 3 (2): 3-7.

[116] HOSEIN, A., RAMANAU, R. & JONES, C. Learning and Living Technologies: A Longitudinal Study of First Year Students' Frequency

and Competence in the Use of ICT [J]. Learning, Media and Technology, 2010, 35 (4): 403-418.

[117] INADA, K. On the Economic Welfare Function [J]. Econometrica, 1964, 32 (3): 316-338.

[118] JACK, W., & SURI, T. Mobile Money: The Economics of M-PESA [R]. NBER working paper, No. w16721, 2011.

[119] JACK, W., & SURI, T. Risk Sharing and Transactions Costs: Evidence from Kenya's Mobile Money Revolution [J]. American Economic Review, 2014, 104 (1): 183-223.

[120] JAMES, J. The Distributional Effects of Leapfrogging in Mobile Phones [J]. Telematics and Informatics, 2012, 29 (3): 294-301.

[121] JAMES, J. Product Use and Welfare: The Case of Mobile Phones in Africa [J]. Telematics and Informatics, 2014, 31: 356-363.

[122] JANTSCH, A., & VEENHOVEN, R. Private Wealth and Happiness [M] //G. BRULÉ, & C. SUTER (Eds.). Wealth (s) and Subjective Well-Being. Cham: Springer, 2019: 17-50.

[123] JAPPELLI, T., & PADULA, M. Investment in Financial Literacy and Saving Decisions [J]. Journal of Banking and Finance, 2013, 37 (8): 2779-2792.

[124] JENSEN, R. The Digital Provide: Information (Technology), Market Performance, and Welfare in the South Indian Fisheries Sector [J]. Quarterly Journal of Economics, 2007, 122 (3): 879-924.

[125] JOHNSON, E., & SHERRADEN, M. S. From Financial Literacy to Financial Capability Among Youth [J]. Journal of Sociology and Social Welfare, 2007 (34): 119.

[126] JUNG, Y., PENG, W., MORAN, M., JIN, S-A. A., MCLAUGHLIN, M., CODY, M., JORDAN-MARSH, M., ALBRIGHT, J, & SILVERSTEIN, M. Low-Income Minority Seniors' Enrollment in A Cybercafé: Psychological Barriers to Crossing the Digital Divide [J]. Educational Gerontology, 2010, 3 (36): 193-212.

[127] KAHNEMAN, D., KRUEGER, A. B., SCHKADE, D. A., SCHWARZ, N., & STONE, A. A. Would You be Happier If You Were Richer? A Focusing Illusion [J]. Science, 2006, 312 (5782): 1908-1910.

[128] KAHNEMAN, D., & THALER, R. H. Anomalies: Utility Maximization and Experienced Utility [J]. Journal of Economic Perspectives, 2006, 20 (1): 221-234.

[129] KAHNEMAN, D., WAKKER, P. P., & SARIN, R. K. Back to Bentham? Explorations of experienced Utility [J]. Quarterly Journal of Economics, 1997, 112 (2): 375-406.

[130] KAISER, T., & MENKHOFF, L. Does Financial Education Impact Financial Literacy and Financial Behavior, and If So, When [J]. The World Bank Economic Review, 2017, 31 (3): 1-77.

[131] KALDOR, N. Welfare Propositions and Inter-personal Comparison of Utility [J]. Economic Journal, 1939, 49: 549-552.

[132] KARLAN, D., & MORDUCH, J. Chapter 71-Access to Finance [J] //D. RODRIK & M. ROSENZWEIG (Eds.). Handbook of Development Economics: Elsevier, 2010 (5): 4703-4784.

[133] KEYNES, J. M. Economic Possibilities for Our Grandchildren [M] //PECCHI L. & PIGA G. (Eds.). Revisiting Keynes: Economic Possibilities for Our Grandchildren. Cambridge, Massachusetts; London, England: The MIT Press, 2008: 17-26.

[134] KEYNES, J. M. The General Theory of Employment, Interest, and Money [M]. Cham, Switzerland: Palgrave Macmillan, 2018.

[135] KÉZDI, G. & WILLIS, R. J. Stock Market Expectations and Portfolio Choice of American Households [R]. University of Michigan Working Paper, 2009, 39.

[136] KENNEDY, C. Concerning Utility [J]. Economica, 1954, 21 (81): 7-20.

[137] KENNY, C. Does Growth Cause Happiness, or Does Happiness Cause Growth [J]. Kyklos, 1999, 52 (1): 3-25.

[138] KIKULWE, E. M., FISCHER, E., & QAIM, M. Mobile Money, Smallholder Farmers, and Household Welfare in Kenya [J]. Plos One, 2014, 9 (10).

[139] KUZNETS, S. Uses of National Product in Peace and War [R]. NBER Occasional Paper, No. 6, 1942.

[140] LANGE, O. The Foundations of Welfare Economics [J]. Econometrica, 1942, 10: 215-228.

[141] LAYARD, R. Happiness: Lessons from a New Science [M]. New York: Penguin, 2005.

[142] LEELAKULTHANIT, O., DAY, R., & WALTERS, R. Investigating the Relationship between Marketing and Overall Satisfaction with Life in A Developing Country [J]. Journal of Macromarketing, 1991, 11: 3-23.

[143] LERA-LÓPEZ, F., BILLON, M., & GIL, M. Determinants of Internet Use in Spain [J]. Economics of Innovation and New Technology, 2011, 20 (2): 127-152.

[144] LEVIN, K. A., TORSHEIM, T., VOLLEBERGH, W., RICHTER, M., DAVIES, C. A., SCHNOHR, C. W., DUE, P., & CURRIE, C. National Income and Income Inequality, Family Affluence and Life Satisfaction Among 13-Year-Old Boys and Girls: A Multilevel Study in 35 Countries [J]. Social Indicators Research, 2011, 104: 179-194.

[145] LI, Y. & RANIERI, M. Are "Digital Natives" Really Digitally Competent? A Study on Chinese Teenagers [J]. British Journal of Educational Technology, 2010: 1029-1042.

[146] LI, J., WU, Y., & XIAO, J. J. The Impact of Digital Finance on Household Consumption: Evidence from China [J]. Economic Modelling, 2020, 86: 317-326.

[147] LITTLE, I. M. D. A Critique of Welfare Economics, 2nd Edition [M]. Oxford: Oxford University Press, 2003.

[148] LIU, Z., ZHONG, X., ZHANG, T., & LI, W. Household

Debt and Happiness: Evidence from the China Household Finance Survey [J]. Applied Economics Letters, 2020, 27 (3): 199-205.

[149] LUO, Y., & ZENG, L. Digital Financial Capabilities and Household Entrepreneurship [J]. Economic and Political Studies, 2020, 8 (2): 165-202.

[150] LUSARDI A. Financial Literacy: An Essential Tool for Informed Consumer Choice [R]. NBER Working Paper No. 14084, 2008.

[151] LUSARDI, A. Americans' Financial Capability [R]. NBER working paper, No. w17103, 2011.

[152] LUSARDI, A., MICHAUD, P., & MITCHELL, O. S. Optimal Financial Knowledge and Wealth Inequality [J]. Journal of Political Economy, 2017, 125 (2): 431-477.

[153] LUSARDI, A., & MITCHELL, O. S. Financial Literacy and Planning: Implications for Retirement Wellbeing [R]. NBER working paper, No. w17078, 2011.

[154] LUSARDI, A., &MITCHELL, O. S. The Economic Importance of Financial Literacy: Theory and Evidence [J]. Journal of Economic Literature, 2014, 52 (1): 5-44.

[155] LYONS, A., KASS-HANNA, J., LIU, F., GREENLEE, A., & ZENG L. Building Financial Resilience Through Financial and Digital Literacy in South Asia and Sub-Saharan Africa [R]. ADBI Working Paper Series, No. 1098, March 2020. Asian Development Bank Institute, 2020.

[156] MANDELL L. Financial Literacy, If It's So Important, Why isn't It Improving [J]. Policy Brief, Networks financial institute, Indiana State University, 2006 (8).

[157] MÄNDMAA, S. Financial Literacy-What and Why Should We Improve [J]. Eurasian Journal of Social Sciences, Eurasian Publications, 2019, 7 (2): 12-28.

[158] MARISCAL AVILÉS, J., BENÍTEZ LARGHI, S., & MARTÍNEZ AGUAYO, M. A. The Informational Life of the Poor: A Study

of Digital Access in Three Mexican Towns [J]. Telecommunications Policy, 2016, 40 (7): 661-672.

[159] MARTIN, A. A European Framework for Digital Literacy [J]. Nordic Journal of Digital Literacy, 2006, 1 (2): 151-161.

[160] MARX, K. The Economic and Philosophical Manuscripts of 1844 [M]. Moscow: Progress Publishers, 1959.

[161] MAS, I. The Economics of Branchless Banking [J]. Innovations: Technology, Governance, Globalization, MIT Press, 2009, 4 (2): 57-75.

[162] MAYOUX, L. Taking Gender Seriously: Towards A Gender Justice Protocol for Financial Services, World Scientific Book Chapters [M] //B. ARMENDÁRIZ & M. LABIE (Ed.). The Handbook of Microfinance, chapter 28. Singapore: World Scientific Publishing Co. Pte. Ltd., 2011: 613-641.

[163] MBARIRE, T. T., & ALI, A. I. Determinants of Financial Literacy Levels Among Employees of Kenya Ports Authority in Kenya [J]. Research Journal of Finance and Accounting, 2014, 5 (16): 44-52.

[164] MCCAIN, R. A. Welfare Economics: An Interpretive History [M]. London: Routledge, 2019.

[165] MCCORMICK, K. James Duesenberry as A Practitioner of Behavioral Economics [J]. Journal of Behavioral Economics for Policy, 2018, 2 (1): 13-18.

[166] MCMAHON, D. M. From the Paleolithic to the Present: Three Revolutions in the Global History of Happiness [M] //E. DIENER, S. OISHI, & L. TAY (Eds.). Handbook of well-being. Salt Lake City, UT: DEF Publishers, 2018.

[167] MERKLE, C., EGAN, D. P., & DAVIES, G. B. Investor Happiness [J]. Journal of Economic Psychology, 2015, 49: 167-186.

[168] MERTON, R. Lifetime Portfolio Selection Under Uncertainty: The Continuous-Time Case [J]. Review of Economics and Statistics, 1969, 51: 247-257.

[169] MEYER, B. D & SULLIVAN, J. X. Measuring the Well-being of the Poor Using Income and Consumption [J]. Journal of Human Resources, 38 (Supplement), 2003: 1180-1220.

[170] MILLER, M., REICHELSTEIN, J., SALAS, C., & ZIA, B. Can You Help Someone Become Financially Capable? A Meta-analysis of the Literature [J]. World Bank Research Observer, 2014, 30 (2): 1-77.

[171] MINCER, J. Investment in Human Capital and Personal Income Distribution. Journal of Political Economy, 1958, 66 (4): 281-302.

[172] MIRRLEES, J. A. An Exploration in the Theory of Optimum Income Taxation. Review of Economic Studies, 1971, 38 (2): 175-208.

[173] MODIGLIANI, F. Utility Analysis and the Consumption Function: An Attempt at Integration [M] //ABEL, A., (Eds.) . The Collected Papers of Franco Modigliani, Vol. 2. Cambridge, Mass.: MIT Press, 1979: 128-197.

[174] MODIGLIANI, F., & ANDO, A. Tests of the Life-Cycle Hypothesis of Savings. Bulletin of the Oxford University Institute of Economics and Statistics, 1957, 19: 99-124.

[175] MODIGLIANI, F., & BRUMBERG, R. H. Utility Analysis and the Consumption Function: An Interpretation of Cross-Section Data [M] // Kurihara, K. K., (Eds.) . Post-Keynesian Economics. Brunswick, NJ: Rutgers University Press, 1954: 388-436.

[176] MORDUCH, J. The Microfinance Promise [J]. Journal of Economic Literature, 1999, 37 (4): 1569-1614.

[177] MORGAN, P. J., HUANG, B., & TRINH., L. Q. The Need to Promote Digital Financial Literacy for the Digital Age [R]. InRealizing education for all in the digital age. T20 Report, 2019: 40-46.

[178] MUELLER, D. C. Public Choice II [M]. Cambridge and New York: Cambridge University Press, 1989.

[179] MUSTAFA, Z., WACHIRA, M., BERSUDSKAYA, V., NANJERO W., & WRIGHT, G. A. N. Where Credit is Due Customer

Experience of Digital Credit in Kenya [EB/OL]. https://www.microsave.net/wp-content/uploads/2018/10/Where_Credit_Is_Due_Customer_Experience_of_Digital_Credit_In_Kenya.pdf.

[180] NANDHI, M. A. Effects of Mobile Banking on the Savings Practices of Low-income Users-The Indian Experience [R]. IMTFI Working Paper. Institute for Money, Technology and Financial Inclusion, University of California, Irvine, 2012.

[181] NANO, D., & CANI, S. The Differences in Students' Financial Literacy Based on Financial Education [J]. Academicus: International Scientific Journal, 2013, 8 (8): 149-160.

[182] NASAH, A., DACOSTA, B., KINSELL, C., & SEOK, S. The Digital Literacy Debate: An Investigation of Digital Propensity and Information and Communication Technology [J]. Educational Technology Research and Development, 2010, 58: 531-555.

[183] NECKERMAN, K. M., & TORCHE, F. Inequality: Causes and Consequences [J]. Review of Sociology, 2007, 33 (1): 335-357.

[184] NEUMANN, R., & STRACK, F. "MOOD CONTAGION": The Automatic Transfer of Mood Between Persons [J]. Journal of Personality and Social Psychology, 2000, 79 (2): 211-223.

[185] NG, W. Can We Teach Digital Natives Digital Literacy [J]. Computers & Education, 2012, 59 (3): 1065-1078.

[186] NG, Y. Bentham or Bergson? Finite Sensibility, Utility Functions and Social Welfare Functions [J]. Review of Economic Studies, 1975, 42: 545-570.

[187] NG, Y. Welfare Economics: Introduction and Development of Basic Concepts [M]. Macmillan: London, 1979.

[188] NG, Y. Welfarism: A defence against Sen's attack [J]. Economic Journal, 1981, 91: 527-530.

[189] NG, Y. A Case for Happiness, Cardinal Utility, and Interpersonal Comparability [J]. Economic Journal, 1997, 107 (445): 1848-1858.

[190] NG, Y. Utility, Informed Preference, or Happiness: Following Harsanyi's Argument to Its Logical Conclusion [J]. Social Choice and Welfare, 1999, 16 (2): 197-216.

[191] NG, Y. From Preference to Happiness: Towards A More Complete Welfare Economics [J]. Social Choice and Welfare, 2003, 20 (2): 307-350.

[192] NG, Y. Welfare Economics: Toward A More Complete Analysis [M]. Palgrave Macmillan, New York, 2004.

[193] NISHIJIMA, M., IVANAUSKAS, T. M., & SARTI, F. M. Evolution and Determinants of Digital Divide in Brazil (2005-2013) [J]. Telecommunications Policy, 2017, 41 (1): 12-24.

[194] NOLAN, B. A Comparative Perspective on the Development of Poverty and Exclusion in European Societies [J]. International Policy Analysis. Bonn: Friedrich-Ebert-Stiftung, 2007.

[195] O'CONNOR, A. Poverty Knowledge: Social Science, Social Policy, and the Poor in Twentieth-Century U. S. History [M]. Princeton, NJ.: Princeton University Press, 2001.

[196] OECD (Organization for Economic Co-operation and Development). Improving Financial Literacy: Analysis of Issues and Policies [R]. Geneva: OECD Publications, 2005.

[197] OECD. G20/OECD INFE Report on Adult Financial Literacy in G20 countries [R/OL]. Paris: OECD Publications. http://www.oecd.org/daf/fin/financial-education/G20-OECD-INFE-report-adult-financialliteracy-in-G20-countries.pdf, 2017.

[198] OKUN, A. Prices and Quantities [M]. Washington: Brookings Institution, 1981.

[199] OSBORNE, D. K. Irrelevant alternatives and social welfare [J]. Econometrica, 1976, 44 (5): 1001-1015.

[200] OSIICHUK, M., & SHEPOTYLO, O. Conflict and Well-being of Civilians: The Case of the Russian-Ukrainian hybrid War. Economic

Systems, 2020, 44 (1): 1-46.

[201] OSWALD, A. J., PROTO, E., & SGROI, D. Happiness and Productivity [J]. Journal of Labor Economics, 2015, 33 (4): 789-822.

[202] OSWALD, A. J. & WU, S. Objective Confirmation of Subjective Measures of Human Well-being: Evidence from the USA, IZA [R]. Discussion Papers 4695, Institute of Labor Economics (IZA), 2010.

[203] OWENS, J. Responsible Digital Credit: What Does Responsible Digital Credit Look Like [R/OL]. Accion Report. http://www.ruralfinanceandinvestment.org/sites/default/files/Responsible_Digital_Credit_FINAL_2018.07.02.pdf.

[204] PAPIES, D., EBBES, P., & VAN HEERDE, H. J. Addressing Endogeneity in Marketing Models [M] //LEEFLANG, P., WIERINGA, J., BIJMOLT, T., & PAUWELS, K. (Eds.). Advanced Methods for Modeling Markets. International Series in Quantitative Marketing. Cham: Springer, 2017.

[205] PARK, S., & GUPTA, S. Handling Endogenous Regressors by Joint Estimation Using Copulas [J]. Marketing Science, 2012, 31 (4): 567-586.

[206] PEREZ-TRUGLIA, R. A Test of the Conspicuous-consumption Model Using Subjective Wellbeing Data [J]. Journal of Socio-Economics, 2013, 45: 46-154.

[207] PIGOU, A. C. Wealth and Welfare [M]. London: Macmillan, 1912.

[208] PIGOU, A. C. The Economics of Welfare [M]. London: Macmillan, 1920.

[209] PIGOU, A. C. Some aspects of welfare economics [J]. American Economic Review, 1951, 41 (3): 287-302.

[210] PIKETTY, T., YANG, L., & ZUCMAN, G. Capital Accumulation, Private Property and Rising Inequality in China, 1978-2015 [J]. American Economic Review, 2019, 109 (7): 2469-2496.

[211] POTOCKI, T. Financial Capabilities and Poverty Alleviation: The Role of Responsible Financial Decisions [M] //VERTIGANS, S., & IDOWU, S. (Eds.) . Corporate Social Responsibility. CSR, Sustainability, Ethics & Governance. Cham: Springer, 2017.

[212] PRASAD, H., MEGHWAL, D., & DAYAMA, V. Digital Financial Literacy: A Study of Households of Udaipur [J]. Journal of Business Management, 2018, 5 (1): 23-32.

[213] PRENSKY, M. Digital Natives, Digital Immigrants [J]. On the Horizon, 2001, 9 (5) .

[214] PROTO, E. Are Happy Workers More Productive [J]. The IZA World of Labor, Institute of Labor Economics (IZA), 2016: 315-315.

[215] Rao, Y., MEI, L., & ZHU, R. Happiness and Stock-market Participation: Empirical Evidence from China [J]. Journal of Happiness Studies, 2016, 17 (1): 271-293.

[216] RAVALLION, M. Poverty Comparisons [M]. Harwood Academic Press, Chur: Switzerland, 1994.

[217] RAWLS, J. A Theory of Justice [M]. Cambridge, Mass.: Belknap Press, 1971.

[218] REDDY, W. The Navigation of Feeling: A Framework for the History of Emotions [M]. Cambridge: Cambridge University Press, 2001.

[219] REYERS, M. Financial Capability and Emergency Savings among South Africans Living Above and Below the Poverty Line [J]. International Journal of Consumer Studies, 2019, 43 (4): 335-347.

[220] ROBBINS, L. An Essay on the Nature and Significance of Economic Science [M]. London: Macmillan, 1932.

[221] ROBBINS, L. Interpersonal Comparison of Utility: A Comment [J]. Economic Journal, 1938, 48: 635-641.

[222] ROBBINS, L. Robertson on Utility and Scope [J]. Economica, 1953, 20 (78): 99-111.

[223] ROBERTSON, D. H. Utility and All That [M]. London:

Macmillan, 1952.

[224] SAINI, S. Digital Financial Literacy: Awareness and Access [J]. International Journal of Management, IT & Engineering, 2020, 9 (4): 201-207.

[225] SALAJAN, F. D., SCHÖNWETTER, D. J. & CLEGHORN, B. M. Student and Faculty Inter-generational Digital Divide: Fact or Fiction [J]. Computers & Education, 2010, 55 (3): 1393-1403.

[226] SAMUELSON, P. A. Foundations of Economic Analysis [M]. Cambridge, Mass.: Harvard University Press, 1953.

[227] SAMUELSON, P. A. Social Indifference Curves [J]. Quarterly Journal of Economics, 1956, 70 (1): 1-27.

[228] SAMUELSON, P. A. A. P. Lerner at Sixty [J]. Review of Economic Studies, 1964, 31 (3): 169-178.

[229] SANDVIK E., DIENER E., & SEIDLITZ L. Subjective Well-being: The Convergence and Stability of Self-report and Non-self-report Measures [M] //DIENER E. (Eds.). Assessing Well-Being. Social Indicators Research Series, vol 39. Dordrecht: Springer, 2009.

[230] SCHULTZ, T. W. Investment in Human Capital [J]. American Economic Review, 1961, 51: 1-17.

[231] SCITOVSKY, T. A Note on Welfare Propositions in Economics [J]. Review of Economic Studies, 1941, 9: 77-88.

[232] SCOTT, J. C. Against the Grain: A Deep History of the Earliest States [M]. New Haven: Yale University Press, 2017.

[233] SEKABIRA, H., & QAIM, M. Mobile Money, Agricultural Marketing, and Off-farm Income in Uganda [J]. Agricultural Economics, 2017, 48 (5): 597-611.

[234] SELWYN, N. An Investigation of Differences in Undergraduates' Academic Use of the Internet [J]. Active Learning in Higher Education, 2008, 9 (1): 11-22.

[235] SEN, A. The Impossibility of A Paretian Liberal [J]. Journal of

Political Economy，1970，78 (1)：152-157.

[236] SEN，A. Poverty and Famine：An Essay on Entitlement and Deprivation [M]. Oxford：Oxford University Press，1981.

[237] SEN，A. Poor，Relatively Speaking [J]. Oxford Economic Papers，1983，35 (2)：153-169.

[238] SEN A. Commodities and Capabilities [M]. Amsterdam：North-Holland，1985.

[239] SEN，A. The Idea of Justice [M]. London：Penguin，2009.

[240] SENIK，C. Wealth and Happiness [J]. Oxford Review of Economic Policy，2014，30 (1)：92-108.

[241] SHANNON，C. E. The Mathematical Theory of Communication [J]. The Bell System Technical Journal，1948，27：379-423+623-656.

[242] SHEA，J. Myopia，Liquidity Constraints，and Aggregate Consumption：A Simple Test [J]. Journal of Money，Credit and Banking，1995，27 (3)：798-805.

[243] SHEN，Y.，& Huang，Y. Introduction to the Special Issue：Internet Finance in China [J]. China Economic Journal，2016，9 (3)：221-224.

[244] SHERRADEN，M. S.，& ANSONG，D. Financial Literacy to Financial Capability：Building Financial Stability and Security [M] //C. APREA，E. WUTTKE，K. BREUER，N. K. KOH，P. DAVIES，B. GREIMEL-FUHRMANN，& J. S. LOPUS (Eds.). International Handbook of Financial Literacy. Singapore：Springer Singapore，2016：83-96.

[245] SHILLER，R. J. The New Financial Order：Risk in the 21st Century [M]. Princeton，NJ.：Princeton University Press，2003.

[246] SINGH，A.，& VENKATARAMANI，B. Financial Education：Institutes of Higher Education as Delivery Channels [J]. MPRA Paper，2012，12 (4).

[247] SIRGY M. J. Material Well-being [M] //The Psychology of

Quality of Life. Social Indicators Research Series, Vol 50. Dordrecht: Springer, 2012.

[248] SMITH, A. An Enquiry into the Nature and Causes of the Wealth of Nations. Oxford: Oxford University Press, 2008.

[249] SMITHIES, A. Forecasting Postwar Demand [J]. Econometrica, 1945, 13: 4-6.

[250] SOMAN, D. Effects of Payment Mechanism on Spending Behavior: The Role of Rehearsal and Immediacy of Payments [J]. Journal of Consumer Research, 2001, 27 (4): 460-474.

[251] STAHL, D. O. Intertemporal Choice with Liquidity Constraints: Theory and Experiment [J]. Economics Letters, 2013, 118 (1): 101-103.

[252] STERN, M. J., ADAMS, A. E. & ELSASSER, S. Digital Inequality and Place: The Effects of Technological Diffusion on Internet Proficiency and Usage Across Rural, Suburban, and Urban Counties [J]. Sociological Inquiry, 2009, 79 (4): 391-417.

[253] SUSAN L. R. Consumer Protection and Financial Literacy: Lessons from Nine Country Studies [R]. Policy Research Working Paper, 5326, The World Bank, June, 2016.

[254] STUTZER, A. & FREY, B. S. Reported Subjective Well-being: A Challenge for Economic Theory and Economic Policy [J]. Schmollers Jahrbuch: Journal of Applied Social Science Studies / Zeitschrift für Wirtschafts-und Sozialwissenschaften, 2004, 124 (2): 191-231.

[255] SURI, T. & JACK, W. The Long-run Poverty and Gender Impacts of Mobile Money [J]. Science, 2016, 354 (6317): 1288-1292.

[256] SYRÉN, S. M., KOKKO, K., PULKKINEN, L., & PEHKONEN, J. Income and Mental Well-being: Personality Traits as Moderators [J]. Journal of Happiness Studies, 2019, 21 (2), 547-571.

[257] TAYLOR, M. P. Measuring Financial Capability and Its Determinants Using Survey Data [J]. Social Indicators Research, 2011, 102 (2): 297-314.

[258] TEFFT, N. Insights on Unemployment, Unemployment Insurance, and Mental Health [J]. Journal of Health Economics, 2011, 30 (2): 258-264.

[259] THALER, R. H. Some Empirical Evidence on Dynamic Inconsistency [J]. Economics Letters, 1981 (8): 201-207.

[260] THOMAS, J. J., & PARAYIL, G. Bridging the Social and Digital Divides in Andhra Pradesh and Kerala: A Capabilities Approach [J]. Development and Change, 2008, 39 (3): 409-435.

[261] TØMTE, C. & HATLEVIK, O. E. Gender-differences in Self-efficacy ICT Related to Various ICT User Profiles in Finland and Norway. How do Self-efficacy, Gender and ICT-user Profiles Relate to Findings from PISA 2006 [J]. Computers & Education, 2011, 57 (1): 1416-1424.

[262] TRAN, N. L., WASSMER, R. W., & LASCHER, E. L. The Health Insurance and Life Satisfaction Connection [J]. Journal of Happiness Studies, 2017, 18 (2): 409-426.

[263] University of Derby TEL. University of Derby digital capability toolkit [EB/OL]. Creative Commons License. https://digitalcapabilitytoolkit.wp.derby.ac.uk/what-are-digital-capabilities/, 2020.

[264] UNSDSN. World Happiness Report [R/OL]. Sustainable Development Solutions Network, United Nations. https://happiness-report.s3.amazonaws.com/2020/WHR20.pdf, 2020.

[265] VAN DEN BEEMT, A., AKKERMAN, S., & SIMONS, R.-J. The Use of Interactive Media among Today's Youth: Results of A Survey [J]. Computers in Human Behavior, 2010, 26 (5): 1158-1165.

[266] VAN ROOJI, M., LUSARDI, A., & ALESSIE, R. Financial Literacy and Stock Market Participation [J]. Journal of Financial Economics, 2011, 101 (2): 449-472.

[267] VEENHOVEN, R. Is Happiness Relative [J]. Social Indicators Research, 1991, 24 (1): 1-34.

[268] VEENHOVEN, R. How Do We Assess How Happy We Are

[M] //A. DUTT, B. RADCLIFF (Eds.). Happiness, Economics and Politics: Towards A Multi-Disciplinary Approach. Cheltenham UK: Edward Elger Publishers, 2009: 45-69.

[269] VEENHOVEN, R., & TIMMERMANS, D. Welvaart En Geluk [J]. Economisch-Statistische Berichten, 1998, 83: 628-631.

[270] VOLMAN, M., VAN ECK, E., HEEMSKERK, I., & KUIPER, E. New Technologies, New Differences. Gender and Ethnic Differences in Pupils' Use of ICT in Primary and Secondary Education [J]. Computers & Education, 2005, 45 (1): 35-55.

[271] VON NEUMANN, J. & MORGENSTERN, O. Theory of Games and Economic Behavior [M]. Princeton, NJ.: Princeton University Press, 1944.

[272] WALKOWITZ, J. City of Dreadful Delights: Narratives of Sexual Danger in Late-Victorian London [M]. Chicago: University of Chicago Press, 1992.

[273] WAMALWA, P., RUGIRI, I., & LAULER, J. Digital Credit, Financial Literacy and Household Indebtedness [R/OL]. KBA Working paper series 08/19. https://www.kba.co.ke/downloads/WPS-08-2019.pdf, 2019.

[274] WANG, H., CHENG, Z., & SMYTH, R. Consumption and Happiness [J]. Journal of Development Studies. 2019, 55: 120-136.

[275] WILLIAMS, B. Ethics and the Limits of Philosophy [M]. London: Routledge, 2006.

[276] WILLIS, L. E. Against Financial Literacy Education [J]. Iowa Law Review, Vol. 94. U of Penn Law School, Public Law Research Paper No. 8-10; Loyola-LA Legal Studies Paper No. 2008-2013.

[277] WINCH, D. M. Consumer's Surplus and the Compensation Principle [J]. American Economic Review, 1965, 55: 395-423.

[278] WINEMAN, A., MASON, N. M., OCHIENG, J., & KIRIMI, L. Weather Extremes and Household Welfare in Rural Kenya [J]. Food Security, 2017, 9 (2): 281-300.

［279］ WOOLDRIDGE，J. M. Control Function Methods in Applied Econometrics ［J］. Journal of Human Resources，2015，50（2）：420-445.

［280］ World Bank. Making Sense of Financial Capability Surveys around the World-A Review of Existing Financial Capability and Literacy Measurement Instruments ［EB/OL］. http：//documents1. worldbank. org/curated/en/220801468323962930/pdf/806140WP0Revie0Box0379807B00PUBLIC0. pdf，2013.

［281］ World Bank. World Development Report 2016：Digital Dividends ［EB/OL］. https：//openknowledge. worldbank. org/bitstream/handle/10986/23347/9781464806711. pdf，2016.

［282］ World Bank. Ending Extreme Poverty：Progress，but Uneven and Slowing ［EB/OL］. https：//openknowledge. worldbank. org/bitstream/handle/10986/30418/9781464813306_Ch01. pdf，2018.

［283］ WRIGHT，R. Robbins as A Political Economist：A Response to O'Brien ［J］. Economic Journal，1989，99（396）：471-478.

［284］ XIAO，J.，TANG，C.，& SHIM，S. Acting for Happiness：Financial Behaviour and Life Satisfaction of College Students ［J］. Social Indicators Research，2009（92）：53-68.

［285］ YANG，L. Measuring Well-being：A Multidimensional Index Integrating Subjective Well-being and Preferences ［J］. Journal of Human Development and Capabilities，2018，19（4）：456-476.

［286］ ZELDES，S. P. Consumption and Liquidity Constraint：An Empirical Investigation ［J］. Journal of Political Economy，1989，97（2）：305-346.

［287］ ZHAO，L.，LU，Y.，HUANG，W.，& WANG，Q. Internet Inequality：The Relationship between High School Students' Internet Use in Different Locations and Their Internet Self-efficacy ［J］. Computers & Education，2010，55（4）：1405-1423.

［288］ 陈屹立．家庭债务是否降低了幸福感？——来自中国综合社会调查的经验证据［J］．世界经济文汇，2017（4）：102-119.

[289] 邓大松，杨晶．养老保险、消费差异与农村老年人主观幸福感——基于中国家庭金融调查数据的实证分析［J］．中国人口科学，2019（4）：43-55＋127.

[290] 甘犁，尹志超，贾男，徐舒，马双．中国家庭资产状况及住房需求分析［J］．金融研究，2013（4）：1-14.

[291] 郭峰，王靖一，王芳，孔涛，张勋，程志云．测度中国数字普惠金融发展：指数编制与空间特征［J］．经济学季刊，2020，19（4）：1401-1418.

[292] 贺京同，那艺，郝身永．决策效用、体验效用与幸福［J］．经济研究，2014（7）：176-188.

[293] 何立新，潘春阳．破解中国的“Easterlin 悖论”：收入差距、机会不均与居民幸福感［J］．管理世界，2011（8）：11-22＋187.

[294] 胡珺，高挺，常启国．中国家庭金融投资行为与居民主观幸福感——基于 CGSS 的微观经验证据［J］．金融论坛，2019，24（9）：46-57.

[295] 黄有光．快乐之道：个人与社会如何增加快乐［M］．上海：复旦大学出版社，2013.

[296] 李东荣．提升消费者数字金融素养需多方协力［J］．清华金融评论，2020（6）：23-24.

[297] 李实，李玉青，李庆海．从绝对贫困到相对贫困：中国农村贫困的动态演化［J］．华南师范大学学报（社会科学版），2020（6）：30-42＋189.

[298] 李树，陈刚．幸福的就业效应——对幸福感、就业和隐性再就业的经验研究［J］．经济研究，2015，50（3）：62-74.

[299] 刘子宁，郑伟，贾若，景鹏．医疗保险、健康异质性与精准脱贫——基于贫困脆弱性的分析［J］．金融研究，2019（5）：56-75.

[300] 陆方文，刘国恩，李辉文．子女性别与父母幸福感［J］．经济研究，2017，52（10）：173-188.

[301] 路晓蒙，赵爽，罗荣华．区域金融发展会促进家庭理性投资吗？——基于家庭资产组合多样化的视角［J］．经济与管理研究，2019，40（10）：60-87.

[302] 罗廷锦，茶洪旺．“数字鸿沟”与反贫困研究——基于全国31个省市面板数据的实证分析［J］．经济问题探索，2018（2）：11-18+74.

[303] 梅立兴，游子榕，许焕．幸福感是否影响居民储蓄行为？——基于中国家庭金融调查的实证研究［J］．商业研究，2018（9）：91-100.

[304] 宁薛平，文启湘．中国居民房贷幸福指数影响因素及作用路径——理论分析与实证研究［J］．财经研究，2011，37（11）：27-38.

[305] 彭继增，陶旭辉，徐丽．我国数字化贫困地理集聚特征及时空演化机制［J］．经济地理，2019，39（2）：169-179.

[306] 彭信威．中国货币史［M］．上海：上海人民出版社，1958.

[307] 单德朋．金融素养与城市贫困［J］．中国工业经济，2019（4）：136-154.

[308] 宋全云，吴雨，尹志超．金融知识视角下的家庭信贷行为研究［J］．金融研究，2017（6）：95-110.

[309] 宋全云，肖静娜，尹志超．金融知识视角下中国居民消费问题研究［J］．经济评论，2019（1）：133-147.

[310] 谭燕芝，彭千芮．金融能力、金融决策与贫困．经济理论与经济管理，2019（2）：62-77.

[311] 肖忠意，赵鹏，周雅玲．主观幸福感与农户家庭金融资产选择的实证研究［J］．中央财经大学学报，2018（2）：38-52.

[312] 谢平，邹传伟．互联网金融模式研究［J］．金融研究，2012（12）：11-22.

[313] 徐瑞朝，曾一昕．英国政府数字包容战略及启示［J］．图书情报工作，2017，61（5）：66-72.

[314] 杨滨伊，孟泉．多样选择与灵活的两面性：零工经济研究中的争论与悖论［J］．中国人力资源开发，2020，37（3）：102-114.

[315] 叶德珠，周丽燕．幸福感会影响家庭金融资产的选择吗？——基于中国家庭金融调查数据的实证分析［J］．南方金融，2015（2）：24-32.

[316] 易行健，周利．数字普惠金融发展是否显著影响了居民消费——来自中国家庭的微观证据［J］．金融研究，2018（11）：47-67.

[317] 尹志超，宋全云，吴雨．金融知识、投资经验与家庭资产选择

[J]. 经济研究，2014，49（4）：62-75.

[318] 尹志超，岳鹏鹏，陈悉榕．金融市场参与、风险异质性与家庭幸福 [J]. 金融研究，2019（4）：168-187.

[319] 赵安琪，付少雄．欧盟数字化贫困治理战略、实践及启示 [J]. 图书与情报，2019（2）：1-10.

[320] 中国银保监会，中国人民银行．2019 年中国普惠金融发展报告 [R]. 2019-09-29.

[321] 周向红．从数字鸿沟到数字贫困：基本概念和研究框架 [J]. 学海，2016（4）：154-157.

[322] 朱国林．消费理论最新发展动态 [J]. 经济学动态，2002（4）：62-65.